한 번에 합격, 자격증은 이기적

이렇게 기막힌 적중률

함께 공부하고 특별한 혜택까지!
이기적 스터디 카페

구독자 약 15만 명, 전강 무료!
이기적 유튜브

오직 스터디 카페 멤버에게만 주어지는 특별 혜택!

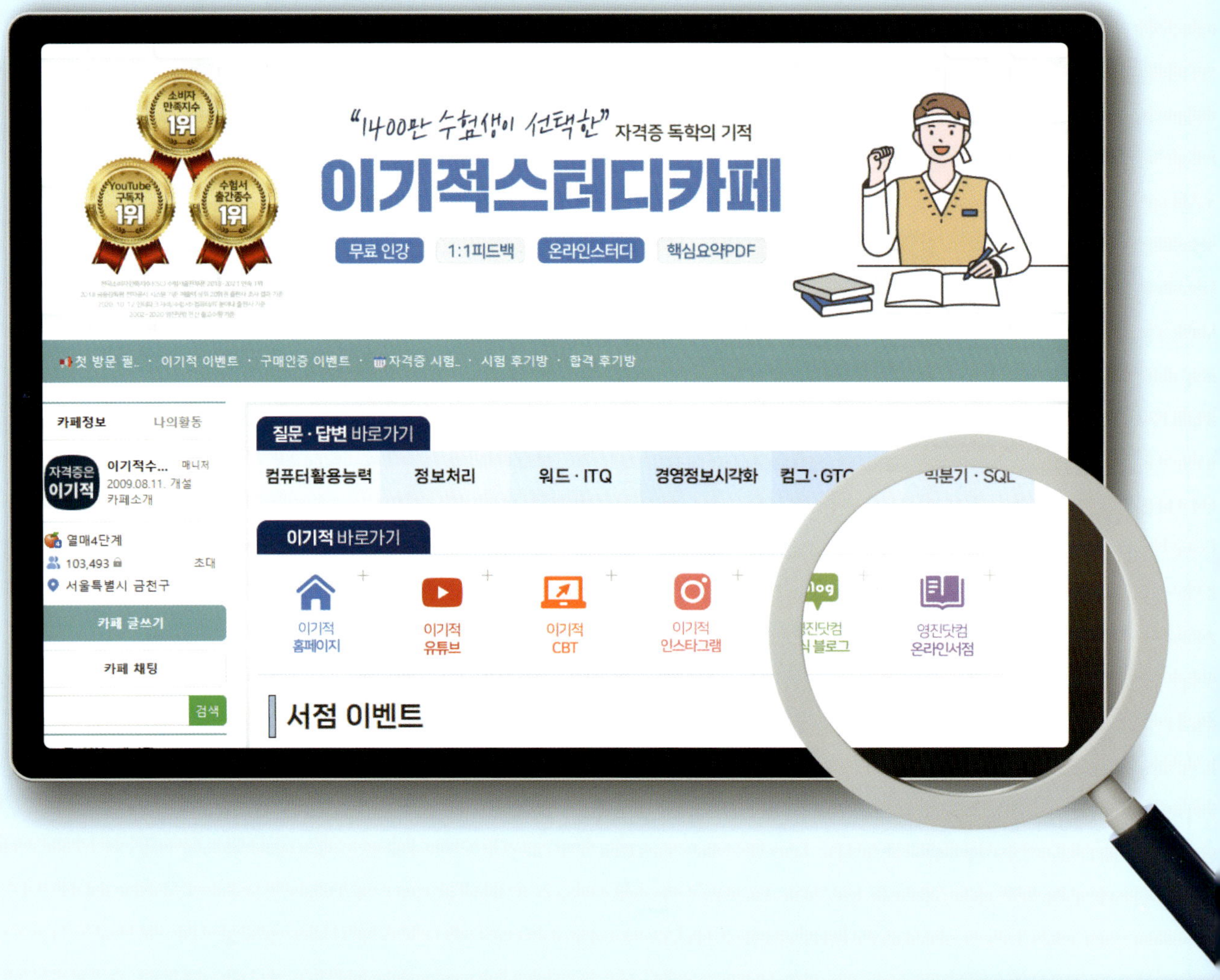

이기적 스터디 카페

합격을 위한 기적 같은 선물
또기적 합격자료집

혼자 공부하기 외롭다면?
온라인 스터디 참여

모든 궁금증 바로 해결!
전문가와 1:1 질문답변

1년 내내 진행되는
이기적 365 이벤트

도서 증정 & 상품까지!
우수 서평단 도전

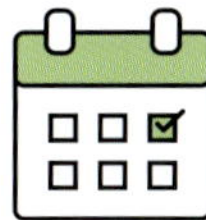
간편하게 한눈에
시험 일정 확인

합격까지 모든 순간 이기적과 함께!
이기적 365 EVENT

QR코드를 찍어 이벤트에 참여하고 푸짐한 선물 받아가세요!

1 기출문제 복원하기

이기적 책으로 공부하고 시험을 봤다면 7일 내로 문제를 제보해 주세요!

2 합격 후기 작성하기

당신만의 특별한 합격 스토리와 노하우를 전해 주세요!

3 온라인 서점 리뷰 남기기

온라인 서점에서 책을 구매하고 평점과 리뷰를 남겨 주세요!

4 정오표 이벤트 참여하기

더 완벽한 이기적이 될 수 있게 수험서의 오류를 제보해 주세요!

※ 이벤트별 혜택은 변경될 수 있으므로 자세한 내용은 해당 QR을 참고해 주세요.

모두에게 당신의 합격 스토리를 들려주세요
합격 후기 EVENT

합격하고 마음껏 자랑하세요.
후기를 남기면 네이버페이 포인트를 선물로 드려요.

블로그에 자랑 남기기

개인 블로그에
합격 후기 작성하고 20,000원 받기!

 **20,000원**
네이버페이 포인트 지급

▲ 자세히 보기

카페에 자랑 남기기

이기적 스터디 카페에
합격 후기 작성하고 5,000원 받기!

5,000원
네이버페이 포인트 지급

▲ 자세히 보기

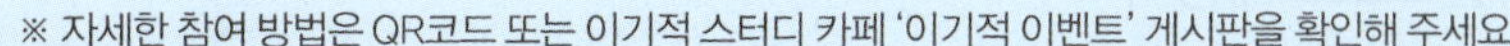

※ 자세한 참여 방법은 QR코드 또는 이기적 스터디 카페 '이기적 이벤트' 게시판을 확인해 주세요.
※ 이벤트에 참여한 후기는 추후 마케팅 용도로 활용될 수 있으며 혜택은 변동될 수 있습니다.

가장 가까이 만날 수 있는 선생님

김규석의 빅데이터 카페

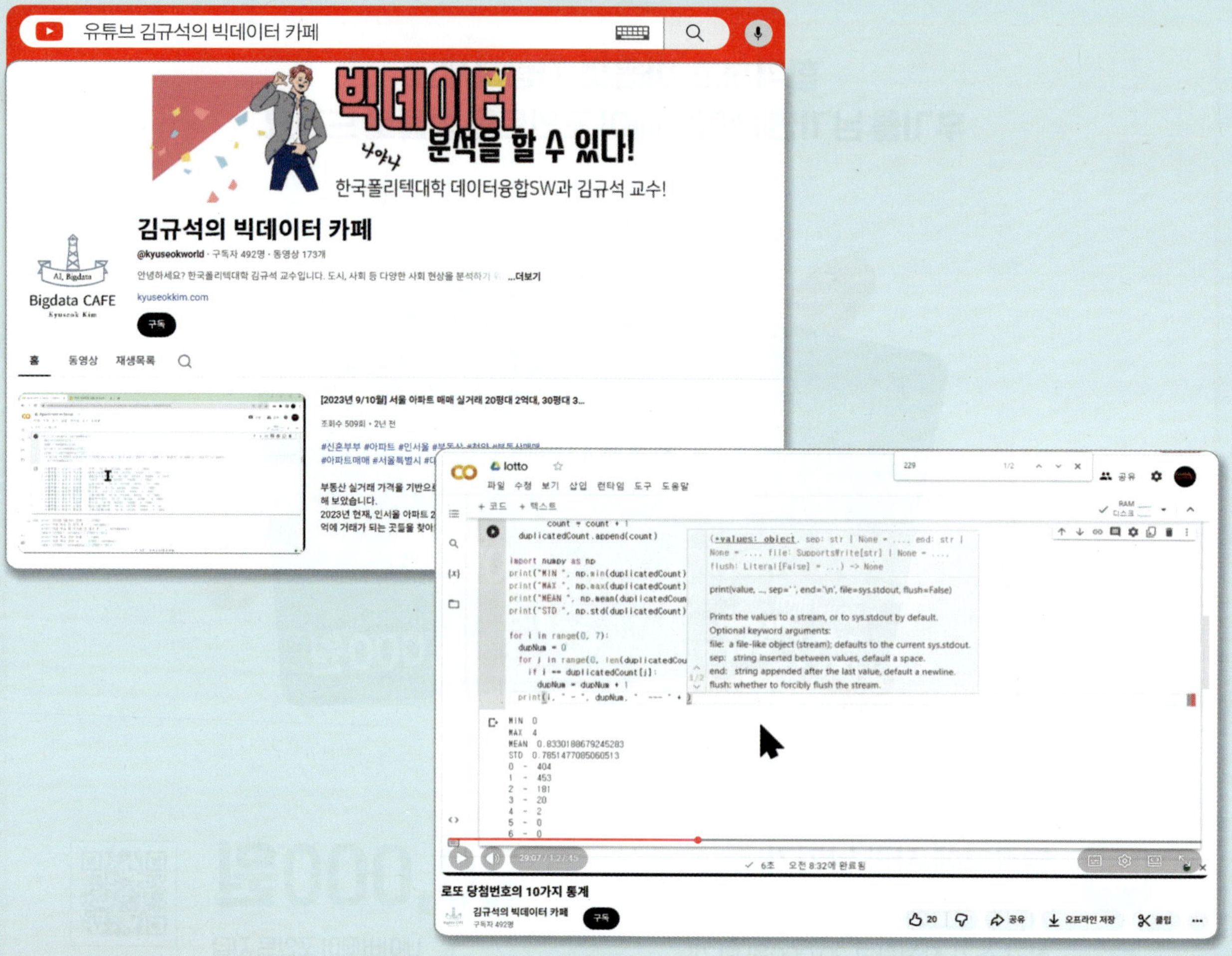

선생님 채널에서는!

- 재무빅데이터분석사(FDA) 2급 기본서 동영상 강의 시청
- 빅데이터를 포함한 무엇이든 분석&예측하기
- ChatGPT부터 모바일 프로그래밍까지

◀ 선생님 채널 바로가기

김규석의 빅데이터 카페

합격을 위해 모두 드려요. 이기적 합격 솔루션!

이기적이 여러분을 위해 준비했어요

시험 직전까지! 또기적 합격자료집

통계부터 파이썬까지, 분야가 너무 다양해서 고민이라고요?
걱정마세요. 인증만 하면 요약 자료를 무료로 드립니다.

무엇이든 물어보세요, 1:1 질문답변

공부하다 궁금한 게 생기셨나요? 무엇이든 물어보세요.
금방 답해 드릴게요.

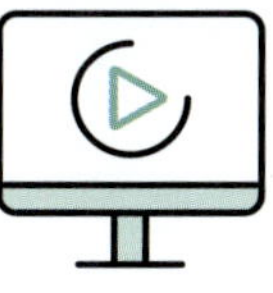

더 이상 낯설지 않다! 무료 동영상 강의

자격증 독학 어렵지 않아요. 혼자 공부하지 마세요.
선생님 특강으로 Colab과 Fraudit 실습에 충분히 익숙해질 수 있어요.

※ 〈이기적 재무빅데이터분석사〉 도서를 구매하고 인증한 회원에게만 드리는 자료입니다.

정오표 바로가기 ▶

재무빅데이터분석사

FDA 2급 기본서

"이" 한 권으로 합격의 "기적"을 경험하세요!

차례

난이도에 따라 분류하였습니다.

- 상 : 여러 번 학습해야 하는 이론
- 중 : 문제로 익숙해질 수 있는 이론
- 하 : 빠르게 학습 가능한 이론

◀ QR코드를 찍어 도서와 관련된
무료 동영상 특강을 확인하세요.
Fraudit과 Colab 실습 방법을 빠르게 익힐 수 있습니다.

BONUS 또기적 합격자료집 (PDF)

• 통계&파이썬 요약집
• Fraudit 핵심 기능
• 스터디 플래너

※ **참여 방법** : '이기적 스터디 카페' 검색 → 이기적 스터디카페(cafe.naver.com/yjbooks) 접속 → '구매 인증 PDF 증정' 게시판 → 구매 인증 → 메일로 자료 받기

이 책의 구성

핵심만 정리한 이론

PART별 문제로 복습

전문가가 핵심만 정리한
완벽 이론

합격을 다지는 예상문제로
빠르게 복습

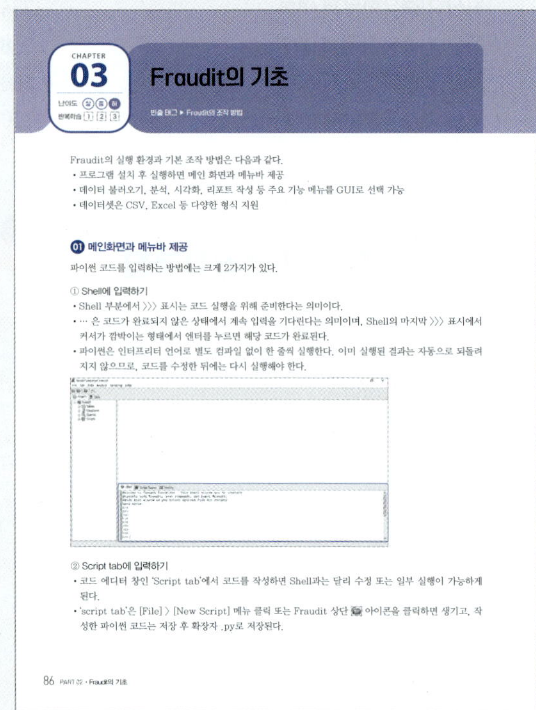

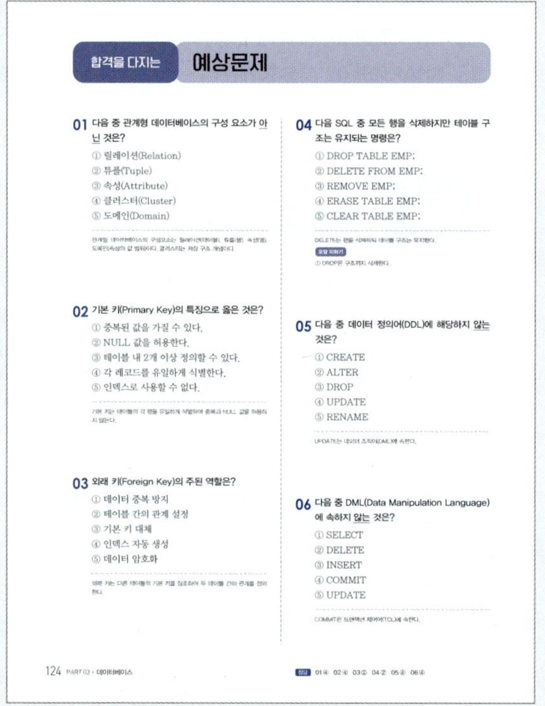

- ✔ 난이도와 빈출태그 확인
- ✔ 사진과 그림 자료로 학습 능률 상승
- ✔ 다양한 TIP으로 심화학습

- ✔ 이론이 어떻게 적용되는지 확인
- ✔ 정확하고 상세한 해설
- ✔ 오답 피하기로 문제 분석

최신 기출유형문제

또기적 합격자료집

출제경향을 제대로 반영한 기출유형문제 4회

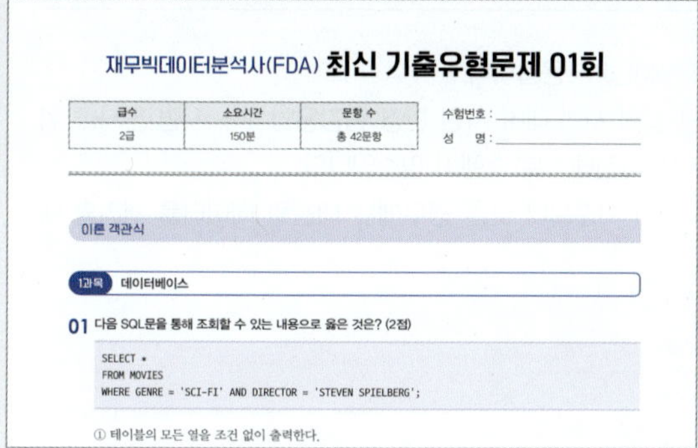

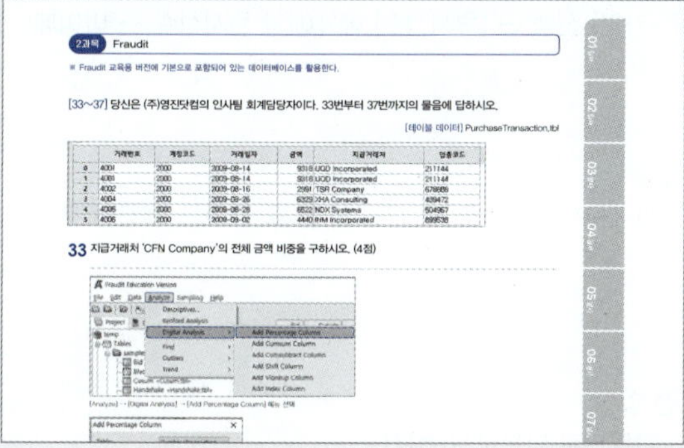

도서 구매자 특별 제공

구매인증 시 100% 무료

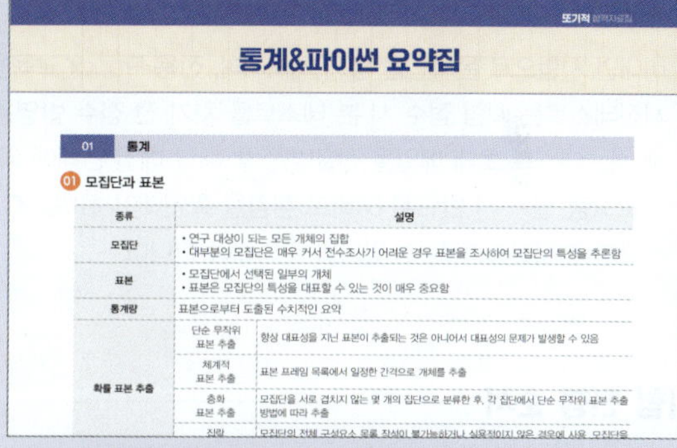

✔ 실제 시험 같은 구성과 난이도

✔ 정확하고 상세한 해설

✔ 캡처 화면으로 보여주는 Fraudit 풀이 과정

✔ 통계&파이썬 요약집

✔ Fraudit 핵심 기능

Fraudit 시험 가이드

Fraudit이란?

- 전 세계적으로 널리 사용되는 프로그래밍 언어 파이썬을 기반으로 하는 데이터 분석 전문 소프트웨어입니다.
- Fraudit 환경에서는 파이썬의 라이브러리를 그대로 사용하기 때문에 데이터 과학(머신러닝/딥러닝/AI), RPA, 데이터 전처리 등 분석가들의 다양한 요구를 충족시킬 수 있습니다.
- 분석에 빈번히 사용되는 기능들을 메뉴에 추가하여 간편하고 빠르게 사용할 수 있습니다.

유의사항

- 비대면 시험으로 온라인을 통해 치러지며, 전용 Fraudit 교육용 소프트웨어를 사용합니다.
- 사전테스트는 시험 접수 시 본 테스트를 치기 전 점수 반영용이 아닌 실제 시험 대비 사전 환경 점검용입니다. 시험 응시를 위해서는 테스트 초대 메일을 전달받은 후 해당 메일 안내에 따라 기한 내 사전테스트 수행이 필수입니다.
- 프로그램 설치 시 반드시 64비트 환경을 확인해야 하며, PC 사양이 권장 기준보다 낮을 경우에는 대용량 데이터를 처리할 때 속도가 현저히 느려질 수 있음을 주의해야 합니다.

시험 진행 순서

시험 접수	[재무빅데이터분석사] 홈페이지 접속 → [회원가입] 진행 → [원서접수] 메뉴에서 원서접수 → 마이페이지에서 확인 및 수정 가능
사전테스트	• 초대 메일 수취 → 기간 내 사전테스트 필수 • 웹캠, 마이크, 모니토 앱(주변 환경 촬영 앱), 신분증, 쌀집용 계산기, A4 용지, 필기구, 깨끗한 책상 준비 • 듀얼모니터 사용 불가
입실	• 사전 테스트와 준비물 동일, 시험 60분 전 입실 • 데이터파일(문제별로 파일 링크를 누르면 자동으로 다운로드) 설치 • 감독관의 실시간 모니터링과 채팅이 있을 수 있음
시험 시행	• 온라인 문제지에 답안 입력 • Fraudit 프로그램과 쌀집용 계산기 외 어떠한 프로그램도 사용 불가 • 시험 종료 시 화면 우측 상단의 시험 종료 클릭
가답안 공개	시험 당일 저녁에 가답안 공개
결과 및 점수 확인	[재무빅데이터분석사] 홈페이지 접속 → [마이페이지] → [접수/응시내역] → [종목/등급] 재무빅데이터분석사 1급/2급 → [합격여부(결과 확인)] 또는 [응시정보(점수 확인)] 클릭

Q 재무빅데이터분석사(FDA) 비대면 시험의 PC 권장 사양은 어떻게 되나요?

A 운영체제는 Window 10(64bit) 혹은 11 사용하심을 권장해 드립니다. 자세한 안내는 시험 전 재무빅데이터분석사 홈페이지 공지사항에 게시되는 수험자 공지사항에서 확인할 수 있습니다.

Q 시험을 치려고 하는데, 윈도우 PC 보호가 뜨면서 프로그램을 설치할 수 없어요. 어떻게 해야 하나요?

A '추가정보' 클릭 후 '실행' 버튼을 누릅니다.

Q 시험에서 교육용 프로그램 버전이 달라 답이 틀린 경우 어떻게 되나요?

A 응시자 귀책사유에 해당합니다. 정답으로 인정하지 않습니다. 교육용 프로그램은 반드시 사전테스트 때 제공하는 버전을 확인한 후 설치하셔야 합니다.

Q 사전테스트를 꼭 해야 하나요?

A 사전테스트를 이수하지 않았을 경우 본테스트 시험 입장이 불가하며, 응시자 귀책사유로 응시료는 환불되지 않습니다.

Q 재시험 도중 SQL을 사용할 수 있나요?

A 시험 도중 Fraudit 교육용 프로그램 외 타 소프트웨어 및 프로그램은 사용할 수 없습니다.

Q 시험 사전테스트때는 네트워크 연결이 잘 되었는데 본 테스트때 연결이 원활하지 않았어요.

A 와이파이나 유선네트워크의 회선 속도는 정해져 있습니다. 무선인터넷보다는 유선인터넷을 권장합니다.

Q Fraudit 다운로드 사이트 오류 안내

A 〈https://www.fraudit.io/downloadFraudit.do〉에서 다운로드가 진행되지 않을 경우 [재무빅데이터분석사] 홈페이지 → [고객센터] → [공지사항] → 'Fraudit 교육용 소프트웨어 다운로드 안내' 게시글을 통해 별도의 Fraudit 파일 다운로드 진행해 주시기 바랍니다.

시험의 모든 것

시험 알아보기

● 자격 필요성

빅데이터와 인공지능기술의 확산으로, 하루에도 수억 건의 기업 정보가 생성 · 유통되는 데이터 범람의 시대에 필요정보를 찾아 가공 · 활용할 수 있는 능력은 이제 기업의 필수 생존전략이 되었습니다.

이에 한국공인회계사회에서 경제사회의 분석인력 수요에 부응하는 재무빅데이터분석사 자격시험을 시행하게 되었습니다. 재무빅데이터분석사는 미래융합형 인재를 양성함으로써 국가 경쟁력 제고에 기여하고 자격취득자는 데이터분석전문가로서 산업전반에서 양질의 직무수행기회를 제공받을 수 있게 될 것입니다.

● 자격검정 분야

- 기업 재무 데이터의 이해와 활용을 위한 기본적인 회계지식 검증
- 전산화된 데이터 직접 저장, 추출에 필요한 데이터 베이스 이해도 검증
- 데이터의 요약, 예측 및 결론 도출에 필요한 통계지식 검증
- 대용량의 데이터 활용을 위해 프로그래밍 언어 Python과 전산감사소프트웨어 Fraudit의 실무활용능력 검증

● 응시 자격

제한 없음
(단, 1급 응시자는 2급 합격자로 제한)

● 시험 형식

- 비대면 온라인 시험
- 시행처의 안내에 따라 사전테스트 후 필요 프로그램 설치

● 프로그램

프로그램 or 시행처 홈페이지에서 Fraudit 교육용 소프트웨어 다운로드

검정 기준

● 출제 기준

구성		평가범위
이론 (객관식)	70점	기초회계
		기초통계
		데이터베이스 개요
		Python 기초
실기 (주관식)	30점	Python 기초
		Fraudit (데이터 분석)

● 시험시간 및 합격 기준

시험시간	150분 (먼저 종료 가능)
합격 기준	100점 만점 기준 70점 이상 득점 시 합격

● 주의사항

- 재무빅데이터분석사(FDA) 2급 시험의 문항 수는 매회 다릅니다(예 제5회 36문항, 제9회 38문항). 각 평가범위 문항의 수도 매회 달라질 수 있으나, 이론 70점과 실기 30점 배점은 동일합니다.
- 시행처 홈페이지 공지사항의 기출문제와 이기적 도서의 기출유형문제를 다양하게 풀어 연습하시기를 바랍니다.
- 자세한 내용은 오른쪽 QR코드를 통해 확인할 수 있습니다.

접수 및 응시

● 2026년 시험 일정

회차	10회	11회	12회
접수	12.15.~01.15.	04.06.~05.07.	08.10.~09.10.
사전 테스트	01.21.~01.23.	05.13.~05.15.	09.16.~09.18.
시험	01.24.(토)	05.16.(토)	09.19.(토)
합격자 발표	01.30.	05.22.	10.02.

● 개인 원서 접수

시행처 홈페이지(https://fda.kicpa.or.kr)에서 접수
① 회원가입 : 화면 우측 상단의 [회원가입] 버튼을 클릭한 후
   본인인증을 통해 회원가입
② 개인정보 입력 : 홈페이지의 안내에 따라 개인정보를 입력한
   후 [동의 후 가입] 버튼을 클릭하여 회원가입 완료
③ 원서접수 메뉴 접속 : [마이페이지] → [원서접수] 클릭하여
   접수(접수 기간에만)
④ [응시원서등록] 후 등급과 인적사항 확인
⑤ 고사장 선택 : 비대면 온라인 시험으로 1인 1실의 독립되고
   조용한 공간 필요
⑥ [응시료 결제] → [접수 완료]
※ 단체 원서 접수는 홈페이지의 안내사항을 확인하세요.

● 사진 등록 시 유의사항

• 사진 크기 : 3*4cm, 증명(반명함판) 스캔
• 픽셀 : 235*315pixel
• 해상도 : 150dpi~200dpi
• 최대 파일 용량 : 60kb 미만
• 파일 저장 형태 : jpg

합격 발표

● 온라인 합격증명서

시행처 홈페이지에서 정해진 일정에 발표
① 로그인 후 [마이페이지] 접속
② [접수/응시내역]에서 해당 종목과 등급 확인
③ [합격여부(결과 확인)] 클릭 시 합격 여부 확인 가능
④ [응시정보(점수 확인)] 클릭 시 취득 점수 확인 가능

● 자격증 발급 및 수령

• 자격증 신청 기간은 합격 발표일로부터 3주간입니다.
• 신청 기간 종료 후 1~2주 내로 일괄 발급 및 발송됩니다.

● 자격증 유효기간 및 갱신

• 합격증에 명시된 유효기간은 자격증 자체의 유효기간으로,
  합격 일자로부터 5년입니다.
• 갱신을 위해서는 자격증 등록일부터 5년이 경과되기 30일
  전까지 보수교육 이수가 필요합니다. 해당 교육은 추후 시행
  처 홈페이지에서 공개됩니다.

● (참고) 과년도 응시 현황

연도	접수	응시	취득	합격률
2024	833	687	333	48.47
2023	394	306	153	50.00

고사장 및 시험 관련 문의

• 시행처 : 한국공인회계사회
• https://fda.kicpa.or.kr

📞 **02-3149-0236~2**

Q 재무빅데이터분석사(FDA) 시험 자격증 취득자 지원 및 우대현황은 어떻게 되나요?

A 자격증 취득 시 한국공인회계사회의 취업 지원이 가능하고, 여러 회계 관련 업계에서도 채용 우대조건으로 내세우고 있습니다. 뿐만 아니라, 2025년부터 공인회계사 응시 필요조건 중 대학 수업 IT 관련 과목 3학점 이수가 추가되었으며, 8개 4년제 대학에서 재무빅데이터 분석과정을 정규과목으로 채택한 것을 보면 재무빅데이터분석사 자격증 취득 필요성이 점점 더 높아지고 있는 것을 확인할 수 있어요.

Q 시험 볼 때 신분 확인 및 환경 점검은 어떻게 하나요?

A 시험 시작 60분 전 테스트에 접속하여 시험 준비(화상기기 설정&수험용 데이터 파일 설치)를 마치고 대기하고 있으면 담당 감독관이 신분 확인과 환경 점검을 진행하게 됩니다. 이때, 감독관이 채팅으로 지시하는 내용을 잘 따라주시면 됩니다.

Q 시험 볼 때 cvs 등의 수험용 데이터는 어디서 다운받나요?

A 해당 문제별로 파일 링크를 누르면 다운로드가 자동으로 실행됩니다.

Q 사전테스트를 수행한 장소와 본시험 장소가 반드시 같아야 하나요?

A 사전테스트는 본시험을 문제없이 보기 위한 점검 단계로서 동일한 장소에서 응시하는 것이 원칙이나, 수험자의 부득이한 사정으로 인하여 다른 장소에서 응시하더라도 응시에 제한은 없습니다.

Q 웹캠이 없으면 시험 응시가 불가능한가요? 휴대폰이나 태블릿으로 웹캠을 대신할 수 없나요?

A 비대면 시험을 응시하기 위해서는 웹캠이 반드시 있어야 합니다. 휴대폰과 태블릿의 카메라로 웹캠을 대체하는 것은 허용하지 않습니다. 즉, 웹캠 및 휴대폰 카메라 모두 필수입니다. 자세한 안내는 시험 전 재무빅데이터분석사 홈페이지 공지사항에 게시되는 수험자 공지사항에서 확인할 수 있습니다.

Q 시험 노트북 화면이 작아 듀얼모니터를 사용하고 싶어요.

A 시험 접속 시 듀얼 모니터를 감지하여 자동으로 차단됩니다. 이 경우 키보드 자판의 ⊞+P 를 눌러 프로젝트 옵션 실행 후 '두 번째 화면만'을 선택하면 노트북 웹캠은 활성화 되며, 보조모니터에 화면이 송출됩니다.

저자의 말

재무빅데이터분석사(FDA, Financial Big-Data Analyst)는 빅데이터와 인공지능 기술의 확산에 따라 한국공인회계사회가 주관하여 도입한 융합형 전문 자격시험이다. 이는 회계 지식을 기반으로 데이터베이스, 통계, Python, 전산감사 소프트웨어 Fraudit까지 아우른다. 특히 기업 데이터를 활용한 부정 적발, 분식회계 탐지, 경영 비효율 감지 등 실무 현장에서 바로 적용 가능한 분석 역량을 중점적으로 평가한다는 점에서 기존 자격시험과 차별성을 가진다.

본 도서는 FDA 2급 자격시험 대비를 목표로 하되, 단순한 기본서에 그치지 않고 재무 데이터 분석의 흐름과 사고 체계를 함께 이해할 수 있도록 구성하였다. 전체 학습 과정은 총 10일로 설계되었으며, 1~8일까지는 핵심 이론과 분석 기법을 중심으로 재무 데이터의 구조와 처리 과정을 단계적으로 학습하도록 하였다. 그리고 9~10일차에는 기출유형문제를 통해 실제 시험 환경에서 요구되는 문제 해결 능력을 강화할 수 있도록 구성하였다.

본서의 집필에는 서로 다른 전문성을 지닌 저자들이 참여하였다. 김규석은 LG그룹에서의 ICT 기술 경험을 기반으로 빅데이터와 인공지능, 도시계획을 아우르는 융합 연구를 수행해 온 박사이자 교수로서, 본서의 이론적 체계와 분석 프레임을 정립하였다. 소하영은 재무·회계 실무 경험을 바탕으로 빅데이터를 분석 및 연구하는 박사과정 연구자로서, 시험과 실무를 연결하는 분석 관점을 제시하였다. 신진주는 SK그룹에서 웹과 앱을 포함한 Full Stack 개발을 15년 이상 수행한 정보통신공학 석사로서, Python과 데이터 처리 과정의 기술적 이해를 실무 관점에서 풀어내는 역할을 담당하였다.

이 책은 FDA 자격시험을 준비하는 수험생뿐만 아니라, 재무·회계 분야에서 데이터 분석 역량을 확장하고자 하는 실무자, 그리고 데이터 기반 의사결정에 관심을 가진 독자들에게도 실질적인 길잡이가 되기를 목표로 한다. 마지막으로 본 도서의 기획과 콘셉트 수립, 편집 전 과정을 함께해 주신 영진닷컴 유향숙 님에게 깊은 감사의 뜻을 전한다.

저자 **김규석, 소하영, 신진주**

https://www.youtube.com/@kyuseokworld

01

파이썬

파트 소개

재무빅데이터분석사(FDA) 시험을 본격적으로 준비하는 1일차입니다. 시험에서 사용하는 Fraudit 프로그램의 언어인 파이썬에 대해 기초부터 관련 문법과 코드, 자료구조, 제어문에 대해서 학습하겠습니다. 우리 시험의 기본이 되는 내용이므로 정확히 알아두세요.

01

파이썬 소개와 개발환경 구축

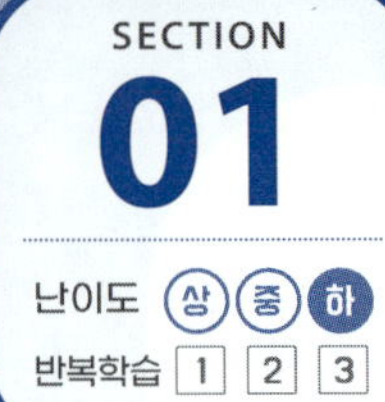

파이썬의 특징과 데이터 분석

01 파이썬의 특징

- 파이썬은 사람이 읽기 쉬운 문법 구조를 제공한다. 복잡하지 않아 코드의 이해와 수정이 용이하며, 불필요한 코드를 줄여 개발 생산성을 획기적으로 높일 수 있다.
- 변수의 자료형을 미리 지정할 필요 없이 실행 중에 자동으로 자료형이 결정된다. 또한, 더 이상 사용하지 않는 메모리를 자동으로 해제하는 기능을 제공하여 개발 편의성을 높인다.
- Windows, macOS, Linux 등 다양한 운영체제에서 동일한 코드를 수정 없이 실행할 수 있다. 이는 개발 환경의 차이에 구애받지 않는 높은 호환성을 보장함을 의미한다.
- 누구나 무료로 사용하고 개선에 참여할 수 있는 오픈소스 언어를 사용한다. 방대한 사용자 커뮤니티를 통해 풍부한 라이브러리를 제공받으며, 지속적인 업데이트를 통해 최신 기술을 빠르게 적용할 수 있다.
- 데이터 분석 및 자동화, 웹 개발, 통계 및 빅데이터 처리뿐만 아니라, 인공지능(AI)과 머신러닝 등 첨단 분야에서 핵심 언어로 활용되고 있다.
- 문법이 단순하고 직관적이어서 프로그래밍 초보자도 빠르게 개념을 습득할 수 있다. 프로그래밍 입문용 언어로 매우 적합하다.

02 파이썬과 데이터 분석

1) 데이터 분석의 필요성

- 기업과 개인의 합리적인 의사결정을 위해 데이터를 기반으로 움직여야 하고, 방대한 데이터 속에서 의미 있는 패턴과 정보를 추출하는 것이 필수적이다.
- 재무, 마케팅, 고객 행동 분석 등 비즈니스의 다양한 분야에서 데이터를 활용하여 가치를 창출한다.

2) 파이썬의 데이터 분석의 경쟁력

- 데이터 처리를 위한 pandas와 고성능 수치 계산을 위한 NumPy 등 전문적인 분석 라이브러리를 제공한다.
- 복잡한 통계 분석과 수학 계산을 간결하게 처리하며, 대규모 데이터 세트도 효율적으로 처리할 수 있는 구조를 갖추고 있다.

> **기적**의 TIP
>
> **라이브러리(Library)**
> - 프로그래밍에서 자주 쓰이는 기능들을 미리 만들어 모아둔 도구 상자로, 예를 들어 엑셀에서 '정렬', '평균 구하기', '그래프 만들기'와 같은 기능이 버튼 하나로 제공되는 것과 비슷하다.
> - 파이썬에서는 이런 기능들을 하나하나 직접 만들 필요 없이, 라이브러리 불러오기(Import)만 하면 바로 사용 가능하다.

3) 데이터 시각화를 통한 이해

- matplotlib, seaborn과 같은 라이브러리를 통해 분석결과를 시각화한다.
- 분석된 숫자 데이터를 그래프와 차트로 변환하여 복잡한 데이터와 패턴을 시각적인 형태로 쉽고 빠르게 이해하도록 도움을 준다.

4) AI/머신러닝과의 연동성

- 파이썬은 빅데이터 분석과 머신러닝 분야에서 가장 널리 사용되는 언어이다.
- AI 전문 라이브러리(scikit-learn, TensorFlow, PyTorch 등)를 활용해 인공지능 모델을 쉽게 구현할 수 있다.
- 데이터 분석을 통해 예측, 분류는 물론, 추천 시스템 개발까지 가능하다.

5) 재무 데이터 분석

- 주가 데이터, 매출 데이터, 고객 행동 데이터 등 다양한 재무데이터를 분석하는 데 활용된다.
- 데이터 정리와 분석을 통한 투자 의사결정을 지원한다.

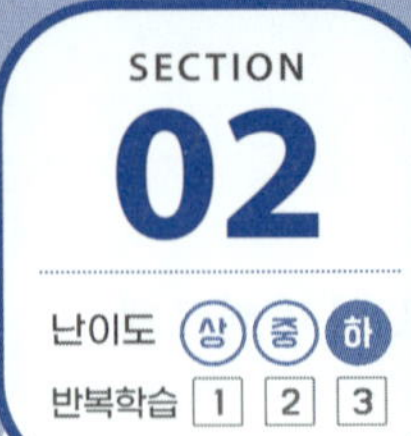

파이썬 실습 개발환경

빈출 태그 ▶ Google Colab

01 파이썬 개발환경 선택 – Google Colab

- 파이썬 코드를 작성하고 실행하려면 통합 개발 환경(IDE)이 필요하다.
- 초보 학습자들이 환경 설정의 복잡함 없이 쉽고 빠르게 실습에 집중할 수 있도록 Google Colab (Colaboratory) 사용을 추천한다.
- 특히 데이터 분석 및 인공지능 분야에서 필수적인 Jupyter Notebook 환경을 기반으로 하며, 학습자들이 가장 먼저 접하기 쉬운 최적의 환경을 제공한다.

02 Google Colab을 선택하는 이유

특징	장점 및 설명
설치 불필요 (Web–based)	별도의 프로그램 설치 없이 웹 브라우저만 있다면 바로 파이썬 코드를 작성하고 실행할 수 있기 때문에 운영체제(OS) 환경 설정에 대한 고민이 필요 없다.
즉각적인 실습 환경	코드와 해당 코드의 실행 결과를 한 화면에서 즉시 확인할 수 있는 노트북(Notebook) 형태의 환경을 제공하여 학습 효율을 크게 높인다.
간편한 접근성 및 저장	Google 계정만 있으면 누구나 바로 시작할 수 있으며, 작성한 모든 실습 파일은 자동으로 Google Drive에 저장되어 언제든지 열람하고 공유할 수 있다.
고급 패키지 지원	데이터 분석 및 머신러닝 분야에서 널리 사용되는 pandas, numpy 등 기본 패키지는 물론, 이후 Fraudit과 같은 전문 패키지를 다룰 때도 Colab 환경에서 원활하게 실습이 가능하다.

PART 01에서는 Google Colab을 활용해 파이썬 기초 문법(조건문, 반복문, 함수, 기본 데이터 구조 등)을 학습한 후 PART 02부터는 Fraudit 프로그램을 설치하고 본격적인 데이터 분석 실습을 진행하도록 하겠다.

03 Google Colab 첫 실습 시작하기

1) Google Colab 접속 및 시작

① Google 계정 준비 : Colab은 Google 서비스이므로 유효한 Google(Gmail) 계정이 필요하다.
② Colab 접속 : 웹 브라우저를 열고 Google 검색창에 'Google Colab'을 검색하거나, 주소창에 'colab.research.google.com'을 입력하여 접속한다.
③ 새 노트북 생성 : 접속하면 나타나는 창에서 하단의 [새 노트북] 버튼을 클릭(또는 상단 메뉴에서 [파일] 〉 [새 노트북]을 선택)한다.

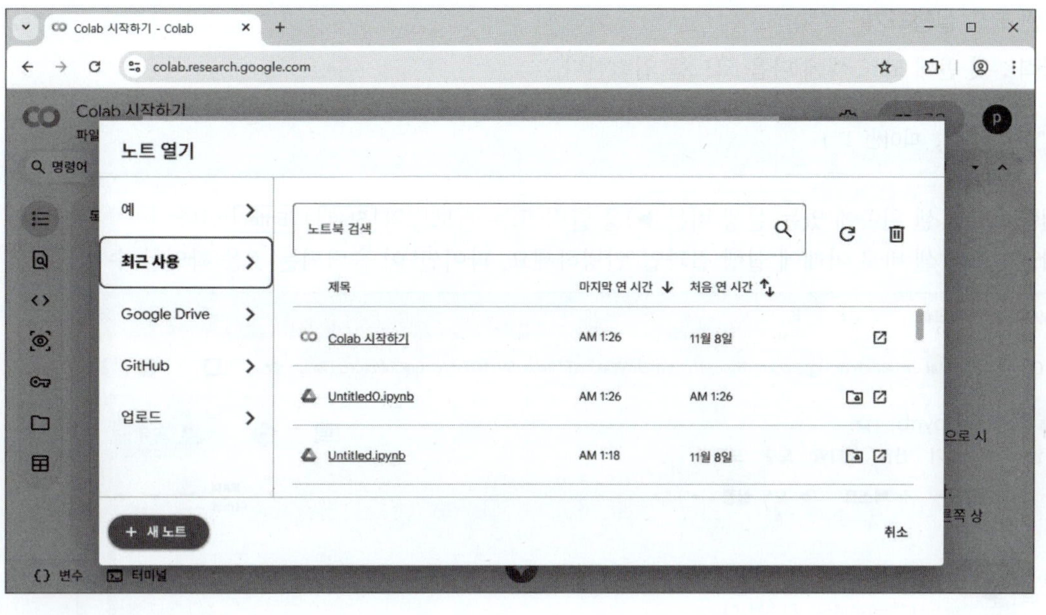

2) Colab 화면 구성 이해하기

새 노트북을 생성하면 다음과 같은 화면이 나타난다.

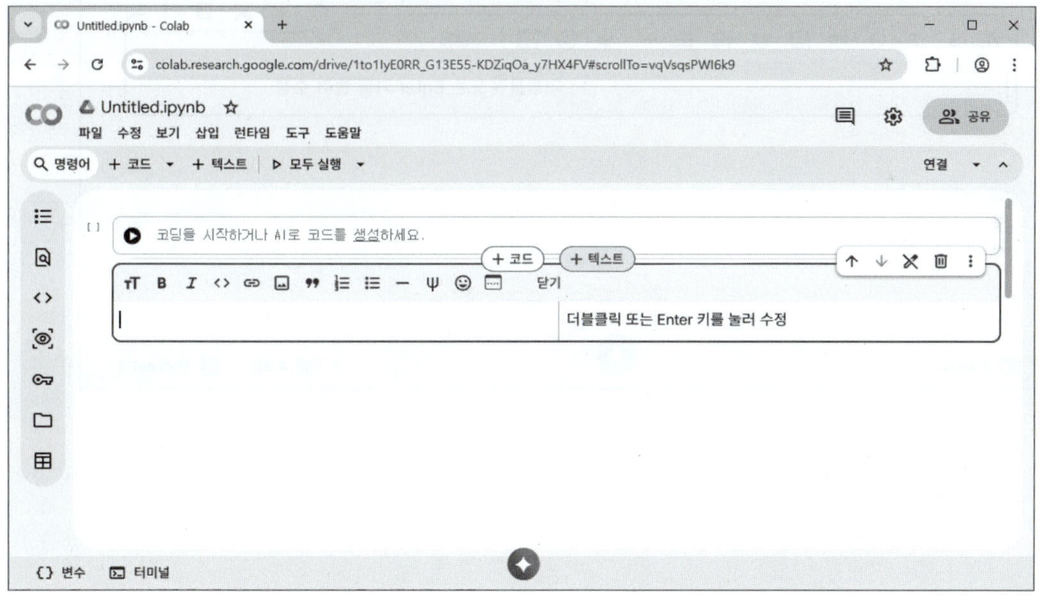

① **제목 표시줄** : 노트북 파일의 이름. 기본적으로 Untitled.ipynb로 되어 있으며, 클릭하여 원하는 제목
   으로 변경할 수 있다.

② **코드 셀 (Code Cell)** : 파이썬 코드를 작성하는 공간. 셀 안에 코드를 입력한다.

③ **실행 버튼** : 코드 셀 왼쪽에 있는 ▶ 모양의 버튼. 이 버튼을 클릭하거나 Shift + Enter 를 누르면 코드가
   실행된다.

④ **텍스트 셀 (Text Cell)** : 설명을 추가하거나 주석을 달 때 사용하는 공간이다. 상단 메뉴의 [+ 텍스트]를
   클릭하여 추가할 수 있다.

3) 첫 파이썬 코드 실행하기

① **코드 입력** : 첫 번째 코드 셀에 다음 코드를 입력한다.

```python
print("안녕하세요, 파이썬 !")
```

② **코드 실행** : 코드 셀 왼쪽에 있는 실행 버튼(▶)을 클릭(또는 키보드의 Shift + Enter)한다.

③ **결과 확인** : 코드 셀 바로 아래에 실행 결과인 '안녕하세요, 파이썬!'이 출력되는 것을 확인할 수 있다.

02

파이썬 기초 문법

SECTION 01

난이도 상 중 하
반복학습 1 2 3

변수와 자료형

빈출 태그 ▶ 변수 이름 규칙, 변수값 할당

01 변수의 개념과 값 할당

1) 변수의 개념

- 변수란 데이터를 임시로 저장하는 메모리 공간의 이름이다.
- 변수 이름은 메모리에 보관된 값을 가리키는 별명 또는 꼬리표와 같다.
- 프로그램은 이 변수 이름을 통해 값에 접근하고, 계산, 출력, 함수 전달 등 다양한 작업을 수행한다.
- 변수에 저장된 값은 프로그램 실행 중에 언제든지 새로운 값으로 변경될 수 있다.

2) 값 할당(Assignment)과 변수 생성 과정

① 파이썬은 다른 언어와 달리 변수를 미리 선언하는 절차 없이 값 할당만으로 변수가 생성되는 특징을 가지고 있다.

② **값 할당의 기본 구조 :** 파이썬에서는 등호(=)를 사용하여 변수에 값을 할당한다. 이 때 등호는 '같다'가 아닌 '값을 오른쪽에서 왼쪽으로 저장한다'는 의미이다.

```
변수이름 = 값
```

③ **값 할당 과정 (파이썬 내부 동작) :** 파이썬이 'age = 25'라는 코드를 처리하는 과정은 다음과 같다.

㉠ 값 저장 (객체 생성) : 메모리 공간에 데이터 25를 보관한다.

㉡ 변수 이름 등록 : 'age'라는 이름표를 등록한다.

㉢ 참조 연결 (바인딩) : 이름표 'age'가 메모리에 있는 값 25의 위치를 가리키도록 연결한다.

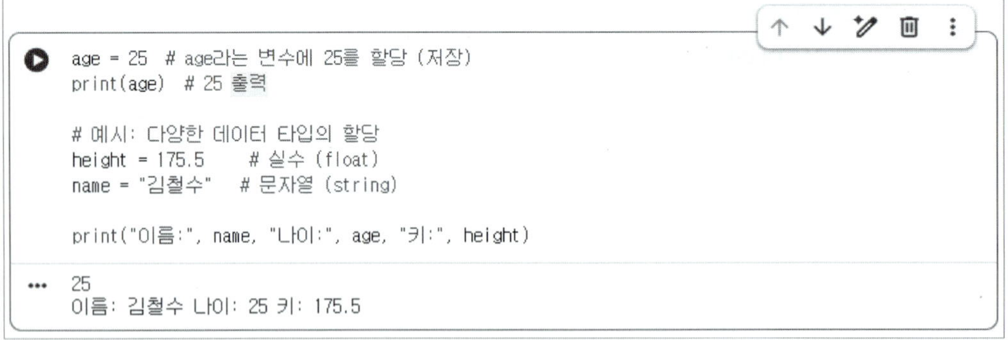

```
age = 25  # age라는 변수에 25를 할당 (저장)
print(age)  # 25 출력

# 예시: 다양한 데이터 타입의 할당
height = 175.5     # 실수 (float)
name = "김철수"    # 문자열 (string)

print("이름:", name, "나이:", age, "키:", height)
```

```
25
이름: 김철수 나이: 25 키: 175.5
```

3) 메모리 관리 관점 : 참조(Reference) 이해

① 파이썬에서 변수는 데이터 자체를 저장하는 것이 아니라, 데이터가 저장된 메모리 위치를 가리키는 '참조' 역할을 한다.

② 효율적인 메모리 사용 : 만약 여러 변수가 동일한 값을 가리킨다면, 파이썬은 메모리 효율을 위해 그 값을 단 하나의 객체로만 만들어두고 여러 변수가 같은 객체를 참조하도록 연결한다.

```
a = 100
b = 100
# a와 b는 서로 다른 변수 이름이지만, 메모리상의 '100'이라는 객체를 함께 가리킨다.
```

③ 실행 원리 이해 : 변수와 값이 연결되는 이 참조 개념을 이해하는 것은 파이썬이 데이터를 처리하고 메모리를 관리하는 실행 원리를 파악하는 데 필수적이다.

4) 변수 이름 규칙

규칙	예시 (○)	예시 (×)
알파벳, 숫자, 밑줄(_)	name, age_2, _temp	total-score, my&name
숫자로 시작할 수 없음	age1, score_3	1age, 5num
파이썬이 특별한 용도로 사용하는 예약어(if, for, class, print 등)는 변수 이름으로 사용할 수 없음	my_if, for_loop	if, class
변수의 역할이 드러나도록 의미 있는 이름을 사용해야 함	total_score, user_name	a, b1, x (의미 불분명)
두 단어 이상 결합 시 밑줄(_ : 스네이크 케이스) 또는 카멜 표기법을 사용	total_score, userName	totalscore (가독성 낮음)

02 변수 초기화와 빈값

- 변수를 사용하기 전에 미리 만들어 두거나 현재는 특정 값이 없음을 표시하기 위해 변수를 초기화할 수 있다. 파이썬에서는 None 키워드를 사용하여 '값이 없음(Null)' 상태를 명시적으로 나타낸다.
- None은 값이 0이거나 빈 문자열("")과는 다른 별도의 자료형(NoneType)이다.
- 변수를 None으로 초기화 해두면, 나중에 필요한 시점에 새로운 값을 할당하여 사용할 수 있다.

```
data = None              # 변수를 '빈값'인 None으로 초기화
print(data)              # 출력 : None


# 나중에 실제 데이터(값)를 할당
data = 100
print(data)              # 출력 : 100
```

① 파이썬은 한 줄에 여러 개의 변수를 동시에 생성하고 초기화할 수 있는 편리한 기능을 제공한다.
② 콤마(,)를 사용한 다중 할당 : 쉼표(,)를 기준으로 여러 변수 이름과 값을 나열하여 각 위치에 대응하는 값을 순서대로 할당할 수 있다.

```python
a, b, c = 10, 20, 30
print(a, b, c)  # 출력 : 10 20 30
```

③ 등호(=)를 사용한 일괄 할당 : 모든 변수에 동일한 값을 할당할 때는 등호(=)를 연속해서 사용한다.

```python
x = y = z = 0
print(x, y, z)  # 출력 : 0 0 0
```

04 변수 삭제

- 더 이상 사용하지 않는 변수는 del 키워드를 사용하여 메모리에서 해당 변수의 참조를 제거할 수 있다.
- del 명령이 실행되면 해당 변수 이름은 더 이상 메모리의 값을 가리키지 않는다.
- 삭제된 변수를 호출하면 오류(NameError)가 발생한다.

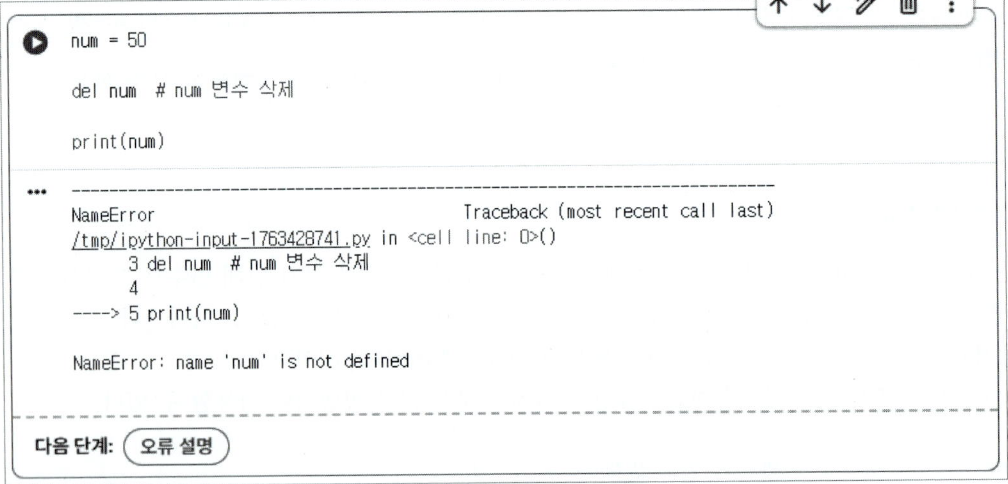

```
num = 50

del num  # num 변수 삭제

print(num)
```

```
---------------------------------------------------------------------------
NameError                                 Traceback (most recent call last)
/tmp/ipython-input-1763428741.py in <cell line: 0>()
      3 del num  # num 변수 삭제
      4
----> 5 print(num)

NameError: name 'num' is not defined
```

다음 단계: (오류 설명)

05 자료형의 종류

자료형이란 데이터의 종류를 의미한다. 파이썬은 변수에 저장되는 데이터의 성격(숫자, 문자, 참/거짓 등)에 따라 적절한 자료형을 자동으로 결정한다.
프로그램의 목적에 맞게 데이터를 정확히 다루기 위해서는 각 자료형의 특징을 이해하는 것이 필수이다.

1) 기본 숫자형(Numeric Types)

숫자형은 수학적 계산에 사용되는 데이터 타입이다.

① 정수형(Integer, int) : 소수점 이하가 없는 정수를 저장한다. 양수, 음수, 0을 포함하며, 파이썬에서는 C 언어와 달리 숫자의 크기 제한이 거의 없다.

```
# 정수형 예시
age = 30
year = -2025
print(type(age))
```

[실행결과]

```
<class 'int'>
```

② 실수형(Floating Point Number, float) : 소수점 이하를 포함하는 숫자를 저장한다. 소수점이나 지수 표기법(과학적 표기법)으로 표현된다.

```
# 실수형 예시
pi = 3.14159
height = 175.5
scientific_notation = 3e8  # 3 * 10^8
print(type(pi))
```

[실행결과]

```
<class 'float'>
```

2) 불리언(Boolean, bool)

- 논리적인 참 또는 거짓을 나타내는 자료형으로, 주로 조건문이나 반복문에서 흐름 제어에 사용된다.
- True : 참 (Truth)을 의미한다.
- False : 거짓 (Falsity)을 의미한다.

※ 주의 : True와 False의 첫 글자는 반드시 대문자여야 한다.

```python
# 불리언 예시
is_adult = True
is_empty = False

print(is_adult)
print(type(is_empty))
```

[실행결과]

```
True
<class 'bool'>
```

3) 문자열(String, str)

- 문자들의 집합을 저장하는 자료형이다. 텍스트 데이터를 다룰 때 사용되며, 작은따옴표(' ')나 큰따옴표
(" ")로 묶어 표현한다.
- 문자열은 따옴표 안에 있는 모든 문자를 포함한다.
- 따옴표 종류는 자유롭게 선택할 수 있으며, 문자열 내부에 따옴표를 포함해야 할 경우 다른 종류의 따옴
표를 사용하면 편리하다.

```python
# 문자열 예시
name = "파이썬 교재"
message = 'Hello World'
quote = "작은따옴표 '사용' 가능"

print(name)
print(type(message))
```

[실행결과]

```
파이썬 교재
<class 'str'>
```

4) 자료형 확인 함수(type)

파이썬에서는 특정 변수나 값이 어떤 자료형인지 확인하고 싶을 때 type() 함수를 사용한다.

```
a = 100
b = 3.14
c = "Text"
d = True

print(type(a))
print(type(b))
print(type(c))
print(type(d))
```

[실행결과]

```
<class 'int'>
<class 'float'>
<class 'str'>
<class 'bool'>
```

자료형 변환

01 자료형 변환(Type Casting)의 개념

- 특정 목적을 위해 변수에 저장된 데이터의 자료형을 다른 형태로 바꾸는 것을 의미한다.
- 파이썬에서는 내장된 변환 함수를 사용하여 쉽게 자료형을 바꿀 수 있다.
- 상황에 따라 자료형을 바꿔야 연산이 가능하거나, 원하는 형태로 데이터를 다룰 수 있다.
- 자료형 변환은 연산 오류를 막고, 데이터를 더 편리하게 활용하도록 도와준다.

02 자료형 변환 함수

1) 변환 함수의 종류와 사용법

종류	설명	변환 예시
int(x)	해당 값을 정수형(int)으로 변환한다. 실수형을 정수형으로 변환할 때 소수점 이하는 버려진다(내림 처리).	int(3.14) → 3
float(x)	해당 값을 실수형(float)으로 변환한다. 정수형을 실수형으로 변환하면 .0이 추가된다.	float(10) → 10.0
str(x)	해당 값을 문자열(str)로 변환한다. 숫자나 불리언 값을 따옴표로 묶인 텍스트 형태로 바꾼다.	str(123) → "123"
bool(x)	해당 값을 불리언(bool) 값(True 또는 False)으로 변환한다.	bool(0) → False
Set (iterable)	리스트, 튜플 등의 컬렉션을 중복이 제거된 집합(Set)으로 변환한다.	set([1,2,2,3]) → {1,2,3}

2) 변환 예시 및 유의점

① 문자열 ↔ 숫자형 변환 : 문자열 형태의 숫자를 실제 계산이 가능한 숫자형으로 변환하는 것은 데이터 분석에서 자주 사용된다.

- 숫자로 변환(int, float)

```python
str_int = "123"
str_float = "98.6"

# 문자열 -> 정수/실수
num_int = int(str_int)          # num_int는 123 (int)
num_float = float(str_float)    # num_float는 98.6 (float)

print(num_int + 1)              # 출력 : 124
```

※ 주의(오류 발생) : 문자가 포함된 문자열을 숫자로 변환하려고 시도하면 ValueError가 발생한다.

```python
int("Hello")                        # 실행 시 ValueError 발생
```

• 문자열로 변환(str)

```python
score = 95
price = 199.99

# 숫자 -> 문자열
score_str = str(score)
price_str = str(price)

print("점수: " + score_str)  # 출력 : 점수: 95 (문자열 결합)
```

② **불리언 변환(bool)** : bool() 함수는 파이썬에서 어떤 값이 참(True)인지 또는 거짓(False)인지를 확인하는 데 사용된다.

False(거짓이 되는 경우)	True(참이 되는 경우)
• 숫자 : 0 (정수 0 또는 실수 0.0) • 문자열 : "" (빈 문자열) • 컬렉션 : [], (), {} (빈 리스트, 튜플, 딕셔너리) • 특수 값 : None	False로 간주되는 값을 제외한 모든 값 예 0이 아닌 숫자, 공백이 하나라도 있는 문자열 등

```python
# False로 변환되는 값
print(bool(0))          # 출력 : False
print(bool(""))         # 출력 : False (빈 문자열)
print(bool(None))       # 출력 : False

# True로 변환되는 값
print(bool(10))         # 출력 : True (0이 아닌 숫자)
print(bool("A"))        # 출력 : True (공백이 아닌 문자열)
```

3) 자동 형변환

- 파이썬은 개발자가 명시적으로 변환 함수를 사용하지 않아도, 연산을 수행할 때 데이터 손실을 최소화하기 위해 자동으로 자료형을 변환하는 기능을 제공한다.
- 주로 정수형(int)과 실수형(float)을 함께 연산할 때 발생하며, 더 넓은 범위를 표현할 수 있는 자료형(실수형)으로 변환된다.

```python
num_int = 10          # 정수형 (int)
num_float = 3.5       # 실수형 (float)

result = num_int + num_float
# 파이썬 내부적으로 10을 10.0으로 자동 변환한 후 연산

print(result)         # 출력 : 13.5
print(type(result))   # 출력 : <class 'float'>
```

※ 주의 : 자동 형변환은 숫자형 사이에서만 발생하며, 문자열과 숫자형은 자동으로 변환되지 않는다.
（예 "1" + 2는 오류 발생)

➕ 더 알기 TIP

집계 및 계산에 사용되는 함수

함수	용도	설명
len(x)	길이/개수 계산	컬렉션(리스트, 문자열 등)의 항목 개수 반환한다.
sum(x)	합계 계산	컬렉션 내의 모든 숫자 항목의 합계 반환한다.
max(x)	최댓값	컬렉션 내의 가장 큰 값을 반환한다.
min(x)	최솟값	컬렉션 내의 가장 작은 값을 반환한다.
count(x)	항목 개수	리스트나 문자열 등에서 특정 항목 x의 개수를 반환한다.

※ 통계 함수 유의점 : mean(평균), stdev(표준편차), variance(분산) 등 통계 관련 함수는 파이썬 내장 함수가 아니며, 사용을 위해서는 statistics 모듈을 import해야 한다.

연산자

01 산술 연산자

1) 산술 연산자 개념

- 산술 연산자는 숫자형 데이터(정수형, 실수형 등)를 대상으로 계산을 수행하는 연산자이다.
- 기본적인 덧셈, 뺄셈부터 나눗셈, 제곱, 나머지 연산까지 포함한다.
- 연산 수행 시 결괏값을 새로운 값으로 반환하며, 원래 변수의 값은 변하지 않는다.
- 여러 연산자가 함께 쓰일 경우 연산자 우선순위에 따라 계산이 진행된다.
- 예 2 + 3 * 4 → 곱셈이 먼저 계산되어 2 + 12 = 14

2) 주요 산술 연산자

연산자	의미	예시
+	덧셈	3 + 2 → 5
−	뺄셈	5 − 2 → 3
*	곱셈	4 * 2 → 8
/	나눗셈	7 / 2 → 3.5
//	몫	7 // 2 → 3
%	나머지	7 % 2 → 1
**	제곱	2 ** 3 → 8

3) 산술 연산자의 특징

- / 연산자는 항상 실수(float) 결과를 반환한다.
  - 예 10 / 5 → 2.0
- // 연산자는 소수점을 버린 정수 결과 반환한다.
  - 예 7 // 3 → 2
- % 연산자는 나눗셈의 나머지를 구한다. → 짝수/홀수 판별 등에 활용할 수 있다.
- ** 연산자는 거듭제곱 계산에 사용된다. → 수학적 계산에서 활용할 수 있다.

```
a = 10
b = 3
print(a + b, a - b, a * b, a / b, a // b, a % b, a ** b)
```

[실행결과]

```
13 7 30 3.3333333333333335 3 1 1000
```

📘02 비교 연산자

1) 비교 연산자 개념

- 비교 연산자는 두 값(데이터)을 서로 비교하여 그 관계가 맞는지 확인하는 연산자이다.
- 비교의 결과는 참(True) 또는 거짓(False) 중 하나의 값으로 나온다.
- 즉, "맞다/틀리다"를 판별하는 질문을 컴퓨터에게 던지는 것과 같다.
  - 예 5 〉 3 → "5는 3보다 큰가?" 라는 질문 → 정답은 맞으므로 결과는 True
    2 == 4 → "2와 4가 같은가?" 라는 질문 → 정답은 아니므로 결과는 False

2) 주요 비교 연산자

연산자	의미	예시
==	같다	3 == 3 → True
!=	같지 않다	3 != 2 → True
〉	크다	5 〉 2 → True
〈	작다	5 〈 2 → False
〉=	크거나 같다	5 〉= 5 → True
〈=	작거나 같다	3 〈= 5 → True

3) 비교 연산자의 특징

- 결과는 항상 참(True) 또는 거짓(False) 으로 반환된다. → 자료형은 bool
- 숫자뿐만 아니라 문자열, 변수 값에도 적용 가능하다.
  - 예 "apple" == "apple" → True
  - 예 "a" 〈 "b" → True (알파벳 순서 비교)
- 조건문(if, while 등)에서 주로 사용되어 프로그램의 흐름을 제어한다.

```
x = 10
y = 7

print(x == y, x != y, x > y, x < y, x >= y, x <= y)
```

[실행결과]

```
False True True False True False
```

03 논리 연산자

1) 논리 연산자 개념

- 불리언 값(True, False)들 사이의 논리적인 관계를 판단하여 최종적으로 하나의 불리언 값을 반환한다.
- 조건(비교 결과)을 여러 개 결합하거나 부정할 때 사용한다.
- 연산 결과는 항상 참(True) 또는 거짓(False)으로 나온다.

2) 주요 논리 연산자

연산자	의미	예시
and	모두 참일 때 참 : 논리 곱(AND)	(5 > 2) and (10 > 3) → True
or	하나라도 참이면 참 : 논리 합(OR)	(5 > 10) or (3 < 7) → True
not	참/거짓 반전 : 논리 부정(NOT)	not (5 > 3) → False
is	같은 객체인지 확인	a is b → True/False
is not	같은 객체가 아닌지 확인	a is not b → True/False

기적의 TIP

- is : 두 변수가 같은 객체(메모리 위치)를 가리키는지 확인한다.
- is not : 두 변수가 서로 다른 객체를 가리키는지 확인한다.
- ※ 주의 : ==(값이 같은지 비교)와 is(객체가 같은지 비교)는 다르다는 점에 주의한다.

```python
# 논리 연산자 예시
age = 25
is_student = True

# 18세 이상 '이면서' 학생일 때 (두 조건 모두 True여야 함)
condition1 = (age >= 18) and is_student
print(condition1)    # 출력 : True

# 18세 미만 '또는' 학생이 아닐 때
condition2 = (age < 18) or (not is_student)
print(condition2)    # 출력 : False
```

[실행결과]

```
True
False
```

04 할당 연산자(Assignment Operators)

할당 연산자는 변수에 값을 저장하는 데 사용되는 연산자이다. 파이썬에서는 가장 기본적인 할당 외에도 연산과 할당을 동시에 수행하는 복합 대입 연산자를 제공한다.

1) 기본 할당 연산자(=)

가장 기본적인 할당 연산자는 등호(=). 오른쪽 피연산자의 값을 왼쪽 변수에 저장한다.

> 변수 이름 = 값

```python
# 기본 할당 연산자 예시
data = 100       # data 변수에 100을 할당
name = "Python"  # name 변수에 "Python"을 할당
```

2) 복합대입연산자

- 산술 연산자와 할당(= 기호)를 하나의 연산자로 결합한 형태이다.
- 기존 변수의 값에 연산을 수행한 후, 그 결과를 다시 같은 변수에 저장(재할당)한다.
- 코드를 짧고 간결하게 작성할 수 있다.

연산자	의미	예시	실행 후 결과
+=	왼쪽 변수에 오른쪽 값을 더한다.	a = 5; a += 3	a = 8
-=	왼쪽 변수에서 오른쪽 값을 뺀다.	a = 5; a -= 2	a = 3
*=	곱한 값을 다시 저장한다.	a = 4; a *= 3	a = 12
/=	나눈 값을 다시 저장한다(실수형 결과).	a = 10; a /= 4	a = 2.5
//=	나눈 몫을 다시 저장한다(정수).	a = 10; a //= 4	a = 2
%=	나눈 나머지를 다시 저장한다.	a = 10; a %= 3	a = 1
**=	거듭제곱 결과를 다시 저장한다.	a = 2; a **= 3	a = 8

```python
# 복합 대입 연산자 예시
count = 5
count += 3       # count에 3을 더한 후 다시 count에 저장(count = 8)
print(count)

balance = 10000
balance *= 0.9   # balance에 0.9를 곱한 후 다시 balance에 저장(balance = 9000.0)
print(balance)
```

[실행결과]

```
8
9000.0
```

05 연산자 우선순위

- 하나의 수식에 여러 연산자가 포함될 경우, 어떤 연산자가 먼저 실행될지를 결정하는 규칙이다.
- 우선순위가 높은 연산자부터 먼저 계산되며, 같은 순위의 연산자는 일반적으로 왼쪽에서 오른쪽으로 계산된다.

1) 우선순위 표

다음 표는 파이썬에서 자주 사용되는 연산자들의 우선순위를 높은 순서부터 낮은 순서로 정리한 것이다.

순위	연산자	설명	결합 방향
1 (최고)	()	괄호(묶여 있는 수식부터 최우선 계산)	
2	**	거듭제곱	오른쪽에서 왼쪽
3	*, /, //, %	곱셈, 나눗셈, 몫, 나머지(산술 연산)	왼쪽에서 오른쪽
4	+, −	덧셈, 뺄셈(산술 연산)	왼쪽에서 오른쪽
5	>, <, >=, <=, ==, !=	비교 연산자	왼쪽에서 오른쪽
6	not	논리 부정(NOT)	오른쪽에서 왼쪽
7	and	논리 곱(AND)	왼쪽에서 오른쪽
8 (최저)	or	논리 합(OR)	왼쪽에서 오른쪽
9	=, +=, −= 등	할당 및 복합 대입 연산자	오른쪽에서 왼쪽

2) 우선순위 적용 예시

① [예시 1] 괄호와 산술 연산 : 수학적 규칙과 동일하게, 괄호([])는 모든 산술 연산보다 우선한다.

```python
result = 10 + 2 * 3          # 곱셈(*)이 덧셈(+)보다 우선
# 1. 2 * 3 = 6
# 2. 10 + 6 = 16
print(result)               # 출력 : 16

result_paren = (10 + 2) * 3  # 괄호()가 최우선
# 1. (10 + 2) = 12
# 2. 12 * 3 = 36
print(result_paren)         # 출력 : 36
```

② [예시 2] 비교 및 논리 연산 : 비교 연산의 결과(True, False)가 먼저 결정된 후, 그 결과를 논리 연산자가 처리한다.

```python
score = 80
check = score >= 70 and score <= 90
# 1. score >= 70  -> 80 >= 70  -> True
# 2. score <= 90  -> 80 <= 90  -> True
# 3. True and True -> True
print(check)  # 출력 : True
```

3) 괄호 사용

- 복잡한 수식을 작성할 때는 우선순위 규칙을 일일이 기억하는 것보다 괄호[()]를 사용하는 것이 좋다.
- 괄호를 사용하면 연산 순서를 명확히 지정할 수 있어 코드의 가독성을 크게 높일 수 있다.

```python
# 괄호가 없으면 복잡함
complex_calc = a * b + c / d ** 2

# 괄호를 사용하여 순서를 명확히 함
clear_calc = (a * b) + (c / (d ** 2))
```

주석과 코드 관리

01 주석의 개념과 활용

1) 주석의 개념

- 주석이란 코드를 작성하면서 내부에 추가하는 설명이나 메모이다. 파이썬 인터프리터는 주석을 무시하고 실행하므로, 주석은 프로그램 동작에 아무런 영향을 미치지 않는다.
- 코드의 가독성을 향상시키고, 복잡한 로직이나 작성 의도를 명확히 하여 유지보수 및 협업 시 다른 사람이 코드를 쉽게 이해할 수 있도록 돕는다.

2) 주석의 종류

① 한 줄 주석(#)

- # 기호 뒤에 작성되는 내용은 그 줄 끝까지 주석으로 처리된다. 간단한 설명이나 특정 코드의 동작 원리를 설명할 때 적합하다.

```python
x = 10      # 변수 x에 정수 10을 할당
print(x)    # 이 부분은 화면에 x의 값을 출력하는 코드입니다.
```

② 여러 줄 주석

- 연속된 여러 줄의 설명이나 함수, 클래스에 대한 상세한 문서형 주석을 작성할 때 사용한다.
- 작은따옴표 3개(''' ''') 또는 큰따옴표 3개(""" """)로 감싸서 표현한다.

```python
"""
이 코드는 월별 매출 데이터를 불러와
데이터를 분석하고 합계를 계산하는 프로그램입니다.
최초 작성일: 2024년 1월 1일
"""
monthly_sales = [100, 120, 150]
```

02 코드 관리와 가독성

1) 코드 가독성(Readability)

코드 가독성은 다른 사람이나 자신이 작성한 코드를 얼마나 쉽고 빠르게 이해할 수 있는지에 대한 원칙이다. 가독성을 높이는 것은 효율적인 개발의 핵심이다.

① 핵심 요소
- 의미 있는 변수 이름 : a, b 대신 total_score, monthly_sales 등 역할이 명확히 드러나는 이름 사용한다.
- 들여쓰기 활용 : 일관된 들여쓰기를 통해 코드의 구조와 계층을 명확히 한다.
- 주석 활용 : 복잡한 로직이나 함수 사용 목적 등 코드의 의도를 설명한다.

② 코드 블록 구분 : 프로그램을 효과적으로 관리하고 재사용성을 높이기 위해 코드를 기능 단위로 구분해야 한다.
- 함수(Function) : 반복되는 작업을 하나의 단위로 묶는다.
- 클래스(Class) : 관련 데이터와 기능을 묶어 객체 지향 프로그래밍을 구현한다.
- 모듈(Module) : 파일 단위로 기능을 분리하여 관리한다.

③ 효과 : 가독성이 높으면 유지보수가 용이해지고 오류 발견이 빨라지며 협업 효율이 크게 향상된다.

2) PEP 8 스타일 권장

PEP 8(Python Enhancement Proposal 8)은 파이썬 코드를 가장 읽기 쉽고 표준적으로 작성하기 위한 공식 스타일 가이드이다. 모든 파이썬 개발자에게 준수가 강력히 권장된다.

① 주요 규칙 (예시)
- 들여쓰기 : 공백을 4칸 사용(탭 사용 금지)한다.
- 변수명 : total_score와 같은 스네이크 표기법(snake_case)을 사용한다.
- 공백 : 연산자(+, =) 양옆에 공백을 한 칸 사용한다.

② 예제

```python
def calculate_area(radius):
    """원의 넓이 계산 함수"""
    pi = 3.14159
    area = pi * radius ** 2
    return area
r = 5
print("반지름:", r, "원의 넓이:", calculate_area(r))
```

[실행결과]

반지름: 5 원의 넓이: 78.53975

03 들여쓰기

1) 들여쓰기의 개념

- 들여쓰기는 코드의 구조를 시각적으로 보여주는 공백이다.
- 파이썬에서는 다른 언어와 달리 들여쓰기가 단순한 스타일이 아닌 문법적인 의미를 가진다.
- 문법적 역할 : 들여쓰기는 코드가 어느 한 코드 블록(Code Block)에 속하는지를 구분하는 역할을 한다. 만약 들여쓰기가 없거나 일관되지 않으면 문법 오류(SyntaxError)가 발생한다.

2) 들여쓰기가 필요한 상황

콜론(:)으로 끝나는 구문(제어문, 정의문) 다음에는 반드시 들여쓰기를 통해 코드 블록을 구분해야 한다.

① 조건문(if, elif, else) : 조건이 참일 때 실행할 명령을 정의할 때 필요하다.

```python
x = 10
if x > 5:
    print("x는 5보다 큼")      # 들여쓰기 필수
```

② 반복문(for, while) : 반복적으로 실행할 명령 블록을 정의할 때 필요하다.

```python
for i in range(3):
    print(i)                  # 들여쓰기 필수
```

③ 함수 정의(def) : 함수가 호출되었을 때 실행될 명령들(함수의 본문)을 정의할 때 필요하다.

```python
def greet():
    print("Hello")            # 들여쓰기 필수
```

④ 클래스 정의(class) : 클래스 내부에 속성이나 메서드(함수)를 정의할 때 필요하다.

```python
class Person:
    def __init__(self, name):
        self.name = name       # 들여쓰기 필수
```

⑤ 예외 처리(try, except, finally): try 블록에서 실행할 명령, 오류 발생 시(except) 처리할 명령 등을 정의할 때 필요하다.

```python
try:
    x = int("10a")
except ValueError:
    print("숫자로 변환 불가")    # 들여쓰기 필수
```

3) 들여쓰기 규칙

- PEP 8 규칙에 따라 공백 4칸을 표준으로 사용한다.
- 탭(Tab)과 공백(Space)을 혼용하여 사용해서는 안 된다. 이는 에디터 설정에 따라 코드가 다르게 보여 오류를 유발할 수 있다.
- 동일한 코드 블록 내의 모든 줄은 반드시 같은 깊이로 들여쓰기가 되어야 한다.

4) 들여쓰기 오류의 예

다음 예시처럼 콜론(:) 다음 줄에서 들여쓰기를 하지 않으면 파이썬은 해당 코드 블록의 시작을 인식하지 못하고 문법 오류를 발생시킨다.

```
for i in range(3):
print(i)  # <- 이 줄에서 들여쓰기가 없으므로 오류 발생
# SyntaxError: expected an indented block
```

기본 자료구조

문자열과 처리 함수

01 문자열(String)

- 문자열은 문자들이 순서대로 나열된 데이터 타입이다. 텍스트 데이터를 저장하고 처리하는 데 사용되며, 파이썬에서는 작은따옴표(' ')나 큰따옴표(" ")로 감싸서 표현한다. 문자열이 한 번 생성되면 그 내용(문자) 자체를 바꿀 수 없다. 만약 문자열의 일부를 수정하려면, 기존 문자열을 바탕으로 새로운 문자열을 만들어야 한다.
- 문자열 생성 : 문자열 내부에 다른 종류의 따옴표를 포함해야 할 경우, 바깥 따옴표를 다르게 지정하면 편리하다.

```
str1 = "Hello, Python!"              # 큰따옴표 사용
str2 = '파이썬을 배웁시다.'            # 작은따옴표 사용
str3 = "이것은 '따옴표'를 포함합니다."   # 내부/외부 따옴표 다르게 사용
```

- 여러 줄 문자열 : 여러 줄에 걸쳐 긴 텍스트를 작성할 때는 따옴표 3개(""" """ 또는 ''' ''')를 사용한다. 이 방법은 주석으로도 사용된다.

```
long_text = """
이 문장은
여러 줄에 걸쳐 작성된
문자열입니다.
"""
```

02 문자열 인덱싱(indexing)

- 인덱싱이란 문자열에서 특정 위치의 문자를 선택하여 가져오는 기능이다.
- 문자열은 순서가 있는 자료구조이므로, 고유한 위치 번호(인덱스)를 가진다.

1) 인덱스의 개념과 접근

문자열의 인덱스는 항상 0부터 시작한다. 문자열 뒤에 대괄호([])를 사용하고 그 안에 인덱스 번호를 넣어 문자에 접근한다.

① 정방향 인덱스(0부터 시작) : 문자열의 가장 왼쪽(첫 번째 문자)이 인덱스 0이다.

문자열	P	y	t	h	o	n
정방향 인덱스	0	1	2	3	4	5

② **역방향 인덱스(−1부터 시작)** : 문자열의 가장 오른쪽(마지막 문자)이 인덱스 −1이다. 역방향 인덱스는 문자열의 길이를 알 필요 없이 끝에서부터 접근할 때 유용하다.

문자열	P	y	t	h	o	n
역방향 인덱스	−6	−5	−4	−3	−2	−1

2) 인덱싱 사용 예시

```python
text = "Python"

# 정방향 인덱싱
print(text[0])    # 출력 : P (첫 번째 문자)
print(text[3])    # 출력 : h (네 번째 문자)

# 역방향 인덱싱
print(text[-1])   # 출력 : n (마지막 문자)
print(text[-4])   # 출력 : t
```

※ 주의 : 문자열의 길이를 벗어나는 인덱스를 사용하면 IndexError 오류가 발생한다.
　예 길이가 6인 문자열에서 text[6] 접근 시 오류

03 문자열 슬라이싱(Slicing)

슬라이싱이란 문자열의 특정 위치에 있는 단 하나의 문자를 가져오는 인덱싱과 달리, 연속된 부분 문자열을 잘라내는(Slice) 기능이다.

1) 슬라이싱의 기본 문법

슬라이싱은 대괄호([]) 안에 시작 인덱스, 끝 인덱스, 그리고 옵션으로 스텝(step)을 콜론(:)으로 구분하여 지정한다.

> 문자열 [시작 인덱스 : 끝 인덱스 : 스텝]

① **시작 인덱스** : 슬라이싱을 시작할 첫 문자의 인덱스(이 위치의 문자는 포함)
② **끝 인덱스** : 슬라이싱을 끝낼 마지막 문자 다음 인덱스(이 위치의 문자는 제외)
③ **스텝(Step)** : 몇 칸씩 건너뛰며 문자를 선택할지 지정한다(생략 가능, 기본값은 1).
※ 핵심 : 슬라이싱은 '시작 ~ 끝 직전' 까지의 범위를 포함한다. 예 [0:5]는 0, 1, 2, 3, 4번 인덱스를 포함)

2) 슬라이싱 사용 예시

```
text = "BigData Analysis"
print(text[0:7])    # 인덱스 0부터 6까지
print(text[8:])     # 인덱스 8부터 끝까지
print(text[:7])     # 처음부터 6까지
```

```
[실행결과]
BigData
Analysis
BigData
```

3) 스텝 (Step) 활용

• 스텝 값을 지정하여 일정 간격으로 문자를 건너뛰며 가져올 수 있다.

```
numbers = "0123456789"
print(numbers[0:10:2])    # 출력 : 0부터 끝까지 2칸씩 건너뛰기
# 결과: "02468"
print(numbers[::3])       # 출력 : 전체 문자열을 3칸씩 건너뛰기
# 결과: "0369"
```

• 역순 문자열 생성(Step: −1) : 스텝 값에 −1을 지정하면 문자열 전체를 역순으로 가져올 수 있다. 이는 데이터를 뒤집을 때 유용하다.

```
word = "data"
print(word[::-1])  # 출력 : 시작과 끝을 생략하고 스텝만 -1 지정
# 결과: "atad"
```

04 문자열 연산

문자열은 숫자형 데이터와 마찬가지로 연산자를 사용하여 다양한 작업을 수행할 수 있다. 주로 덧셈(+)과 곱셈(*) 연산이 사용된다.

1) 문자열 더하기

덧셈 연산자(+)는 두 문자열을 연속적으로 이어 붙여 새로운 문자열을 만든다.

```python
str_a = "Hello, "
str_b = "Python!"

result = str_a + str_b
print(result)                    # 출력 : Hello, Python!

# 숫자형과 문자열은 직접 더할 수 없습니다. (오류 발생)
# print("점수: " + 90) # TypeError 발생
# 반드시 숫자형을 문자열로 변환해야 합니다.
# print("점수: " + str(90))
```

2) 문자열 곱하기

곱셈 연산자(*)는 문자열을 반복하여 이어 붙인다. 문자열을 숫자(정수)만큼 반복한다.

```python
star = "*"
line = star * 20
print(line)    # 출력 : ******************** (별 20개)

tag = "Data "
tags = tag * 3
print(tags)    # 출력 : Data Data Data
```

⑤ 주요 문자열 처리 함수

파이썬에서 문자열 데이터를 효율적으로 처리하고 가공할 수 있도록 다양한 내장 함수(메서드)를 제공한다.

함수(메서드)	설명	예시	결과
len(str)	문자열 길이를 반환한다.	len("python")	6
str.lower()	문자열을 소문자로 변환한다.	"ABC".lower()	"abc"
str.upper()	문자열을 대문자로 변환한다.	"python".upper()	"PYTHON"
str.strip()	문자열 양쪽 공백을 제거한다.	" hello ".strip()	"hello"
str.replace(a, b)	특정 문자열 a를 b로 교체한다.	"data".replace("a","o")	"doto"
str.split(sep)	문자열을 구분자로 나누어 리스트를 생성한다.	"a,b,c".split(",")	['a', 'b', 'c']
str.join(iterable)	리스트 항목을 구분자로 넣어 문자열로 결합한다.	",".join(["a","b","c"])	"a,b,c"
str.find(sub)	특정 문자열 sub의 첫 위치 인덱스를 반환한다.	"banana".find("a")	1
str.count(sub)	특정 문자열 sub의 개수를 반환한다.	"banana".count("a")	3

• 예시

```python
text = "  Python Programming  "

print(text.lower())                     # 소문자 변환
print(text.upper())                     # 대문자 변환
print(text.strip())                     # 공백 제거
print(text.replace("Python", "Data"))   # 문자열 교체
print(text.split())                     # 공백 기준 분리
```

[실행결과]
```
python programming
PYTHON PROGRAMMING
Python Programming
Data Programming
['Python', 'Programming']
```

▼ 문자열 검색 및 위치 확인

메서드	설명	예시
str.find(sub)	특정 문자열 sub의 첫 위치 인덱스를 반환하고, 찾지 못하면 −1을 반환한다.	"Python".find("th") → 2
str.rfind(sub)	문자열 끝에서부터 찾아 첫 위치 인덱스를 반환한다.	"banana".rfind("a") → 5
str.index(sub)	find()와 동일한 첫 위치 인덱스를 반환하고, 찾지 못하면 ValueError를 발생한다.	"Python".index("P") → 0
str.rindex(sub)	rfind()와 동일한 위치 인덱스를 반환하고, 찾지 못하면 ValueError를 발생한다.	"banana".rindex("b") → 0

▼ 문자열 시작/끝 검증

메서드	설명
str.startswith(prefix)	문자열이 prefix로 시작하는지 True/False를 반환한다.
str.endswith(suffix)	문자열이 suffix로 끝나는지 True/False를 반환한다.

▼ 문자열 내용 검증

메서드	설명
str.isalnum()	문자열이 영문 및 숫자로만 구성되어 있는지 True/False를 반환한다.
str.isalpha()	문자열이 영문(알파벳)으로만 구성되어 있는지 True/False를 반환한다.
str.isdigit()	문자열이 숫자로만 구성되어 있는지 True/False를 반환한다.
str.isspace()	문자열이 공백 문자로만 구성되어 있는지 True/False를 반환한다.

▼ 문자열 변형 및 정돈

메서드	설명
str.lstrip()	문자열 왼쪽(앞)의 공백/지정 문자를 제거한다.
str.rstrip()	문자열 오른쪽(뒤)의 공백/지정 문자를 제거한다.
str.zfill(width)	문자열을 괄호 안 숫자만큼의 길이로 만들고, 필요한 자리수만큼 앞에 '0'으로 채운다.

06 문자열 포매팅(Formatting)

문자열 포매팅이란 변수에 담긴 값을 문자열 안에 삽입하거나 특정 형식으로 출력하는 기술이다. 파이썬은 여러 포매팅 방식을 제공하며, 그중 최신 방식인 f-String을 가장 권장한다.

1) f-String – 권장 방식

문자열 앞에 f 를 붙이고, 문자열 내부에 삽입할 변수를 중괄호({}) 안에 넣어 사용한다.

```python
name = "김철수"
age = 20

# f-String 사용
message = f"이름은 {name}이고, 나이는 {age}세입니다."
print(message)
# 출력 : 이름은 김철수이고, 나이는 20세입니다.

# 수식 계산도 가능
price = 1000
count = 5
total = f"총 금액은 {price * count}원입니다."
print(total)                    # 출력 : 총 금액은 5000원입니다.
```

2) format() 메서드

문자열에 {} 플레이스홀더를 만든 후, format() 메서드를 사용하여 값을 순서대로 대입한다.

```python
template = "이름: {}, 나이: {}"

# 순서대로 값 대입
result = template.format("박영희", 25)
print(result)                    # 출력 : 이름: 박영희, 나이: 25
```

3) % 연산자

C언어 스타일의 포맷 코드(%s, %d)를 사용하여 값을 대입한다. 가독성이 낮아 최신 파이썬 코드에서는 잘 사용되지 않는다.

포맷 코드	설명
%s	문자열(String)
%d	정수(Decimal Integer)
%f	실수(Floating-point)

```python
score = 95
grade = "A"

# % 연산자 사용
result = "점수는 %d점, 등급은 %s입니다." % (score, grade)
print(result)             # 출력 : 점수는 95점, 등급은 A입니다.
```

리스트(List)

빈출 태그 ▶ 리스트의 인덱싱, 리스트의 내장함수, 리스트 결과값 출력

01 리스트

① 개념
- 리스트(List)란 파이썬에서 가장 기본적이고 널리 사용되는 순서가 있는 자료구조이다.
- 여러 개의 데이터를 하나의 변수에 저장할 때 사용된다.

② 특징
- 저장된 데이터의 순서가 유지된다(인덱스 사용 가능).
- 한 번 생성된 후에도 항목(요소)을 추가, 삭제, 수정할 수 있다.
- 정수, 문자열, 실수, 심지어 다른 리스트까지 서로 다른 자료형을 함께 저장할 수 있다.

③ 리스트 생성 : 대괄호([])를 사용하고, 항목들을 쉼표(,)로 구분하여 나열한다.

예

```
fruits = ["사과", "배", "바나나", "포도"]
numbers = [10, 20, 30, 40]
mixed = [1, "apple", True, 3.14]
```

기적의 TIP

- 항목(Item) : 파이썬 공식 문서에서 List, Tuple, Dictionary 등의 컬렉션 안에 들어있는 개별 데이터를 지칭할 때 가장 자주 사용하는 용어이다.
- 요소(Element) : 수학이나 컴퓨터 과학에서 '집합(Set)을 구성하는 개체'를 지칭하는 일반적인 용어로, '항목'과 혼용되지만 '항목'이 파이썬 컬렉션의 개별 데이터를 지칭하는 데 더 특화된 느낌을 준다.

```python
# 다양한 자료형을 포함하는 리스트
my_list = [10, "Apple", 3.14, True]
print(my_list)   # 출력 : [10, 'Apple', 3.14, True]

# 빈 리스트 생성
empty_list = []
```

02 리스트 인덱싱과 슬라이싱

리스트는 순서가 있으므로, 문자열처럼 인덱싱과 슬라이싱을 통해 원하는 항목이나 부분 리스트를 쉽게 가져올 수 있다.

1) 리스트 인덱싱

- 인덱싱은 리스트 안의 특정 항목을 참조하거나 접근할 때 사용된다.
- 정방향 인덱스 : 0부터 시작하여 순서대로 접근한다.
- 역방향 인덱스 : −1부터 시작하여 리스트의 끝에서부터 접근한다.

```python
fruits = ["apple", "banana", "cherry", "date"]

print(fruits[1])      # 출력 : banana (인덱스 1)
print(fruits[-1])     # 출력 : date (마지막 항목)
```

2) 리스트 슬라이싱(Slicing)

슬라이싱은 리스트의 연속된 부분을 잘라내어 새로운 리스트를 반환한다.

```python
numbers = [1, 2, 3, 4, 5, 6, 7]

# 인덱스 2부터 5 직전까지 (3, 4, 5)
print(numbers[2:5])    # 출력 : [3, 4, 5]

# 처음부터 4 직전까지 (1, 2, 3, 4)
print(numbers[:4])     # 출력 : [1, 2, 3, 4]

# 5부터 끝까지 (6, 7)
print(numbers[5:])     # 출력 : [6, 7]
```

3) 항목 값 변경

리스트는 가변적이므로, 인덱싱을 통해 특정 항목에 접근하여 값을 변경할 수 있다.

```python
data = [10, 20, 30]
data[1] = 50     # 인덱스 1의 값 20을 50으로 변경

print(data)      # 출력 : [10, 50, 30]
```

③ 리스트 주요 메서드

리스트는 내장 메서드를 통해 추가, 삭제, 정렬 등 다양한 조작이 가능하다.

메서드	설명	예시
append(x)	리스트 끝에 x 추가	fruits.append("복숭아")
insert(i, x)	특정 인덱스(위치) i에 x 삽입	fruits.insert(1, "딸기")
remove(x)	리스트에서 첫 번째 x 삭제	fruits.remove("배")
pop([i])	i번째 항목 제거하고 그 값을 반환 (인덱스 생략 시 마지막항목 제거/반환)	fruits.pop(0)
sort()	오름차순으로 정렬	numbers.sort()
reverse()	역순으로 뒤집기	numbers.reverse()
count(x)	리스트에 x가 몇 개 있는지 개수 반환	fruits.count("사과")
index(x)	x가 리스트에서 첫 번째로 나타나는 인덱스 반환	fruits.index("바나나")
extend(list2)	다른 리스트 합치기	fruits.extend(["키위", "자두"])

④ 리스트 관련 내장 함수

파이썬은 리스트와 함께 쓸 수 있는 다양한 내장 함수를 제공한다. 이 함수들은 리스트의 원본을 변경하지 않고 결과를 반환한다.

함수	설명	예시
len(list)	리스트 길이(개수) 반환	len([10,20,30]) → 3
max(list)	가장 큰 값 반환	max([1,5,3]) → 5
min(list)	가장 작은 값 반환	min([1,5,3]) → 1
sum(list)	합계	sum([1,2,3]) → 6
sorted(list)	정렬된 새로운 리스트 반환	sorted([3,1,2]) → [1,2,3]
list(iterable)	다른 반복 가능한 객체를 리스트로 변환	list('abc') → ['a','b','c']

리스트는 순서가 있기 때문에 반복문(for)과 함께 사용하여 리스트 내의 모든 항목을 순회하고 처리할 때 매우 효과적이다.

1) 항목에 직접 접근하는 반복(가장 권장)

for 반복문은 리스트의 항목을 처음부터 끝까지 하나씩 변수에 할당하며 반복한다.

```python
scores = [80, 95, 75, 100]

for score in scores:
    print(f"점수: {score}점")

# 출력 :
# 점수: 80점
# 점수: 95점
# ...
```

기적의 TIP

리스트에서 in 연산자 사용

리스트 안에 특정 값이 있는지 확인하는 연산자이다.

```python
my_list = [10, 20, 30, 40]

print(20 in my_list)        # True
print(30 not in my_list)    # False



in → 포함 여부 확인



not in → 미포함 여부 확인
```

2) 인덱스를 사용하여 접근하는 반복

range() 함수와 len() 함수를 사용하여 인덱스 번호를 생성한 후, 인덱스를 통해 항목에 접근한다. 항목의 값뿐만 아니라 위치 정보(인덱스)가 필요할 때 사용된다.

```python
scores = [80, 95, 75]
n = len(scores) # n = 3

# range(3) -> 0, 1, 2
for i in range(n):
    print(f"{i+1}번째 점수: {scores[i]}")

# 출력 :
# 1번째 점수: 80
# 2번째 점수: 95
# 3번째 점수: 75
```

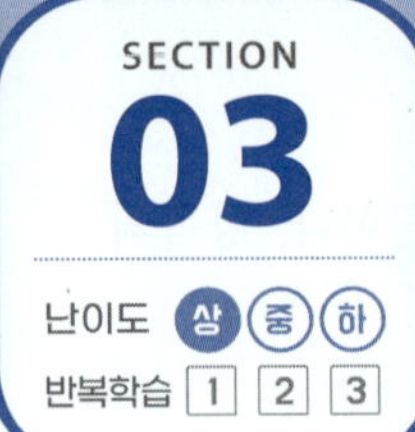

튜플(Tuple)

01 튜플의 개념

튜플(Tuple)은 여러 개의 값을 순서대로 저장하는 자료구조이다. 리스트와 비슷하게 보이지만, 수정이 불가능하다는 점에서 차이가 있다. 즉, 한 번 생성된 튜플의 원소는 변경, 추가, 삭제가 불가능하다.

① 특징
- 항목들의 순서가 유지된다(인덱스 사용 가능).
- 한 번 생성된 후에는 항목을 추가, 삭제, 수정할 수 없다.
- 리스트와 동일하게 서로 다른 자료형을 함께 저장할 수 있다.

② 튜플 생성 : 소괄호[()]를 사용하고, 항목들을 쉼표(,)로 구분하여 나열한다. 괄호는 생략할 수도 있다.

```python
# 튜플 생성(소괄호 사용)
my_tuple = (10, "Data", 3.14, False)
print(my_tuple)                # 출력 : (10, 'Data', 3.14, False)

# 괄호 생략(자동 튜플 처리)
another_tuple = 1, 2, 3
print(another_tuple)           # 출력 : (1, 2, 3)

# 빈 튜플
empty_tuple = ()

# 항목이 하나인 튜플(반드시 쉼표를 추가해야 튜플로 인식)
single_tuple = (5,)
print(type(single_tuple))    # 출력 : <class 'tuple'>

# 쉼표를 빼면 단순한 값으로 인식
not_a_tuple = (5)
print(type(not_a_tuple))     # 출력 : <class 'int'>
```

02 튜플 사용의 장점과 용도

튜플은 리스트보다 기능은 적지만, 다음과 같은 장점 때문에 사용된다.
- 데이터가 절대 변하지 않음을 보장해야 하는 경우(예 날짜, 좌표, 함수 반환 값 등)에 적합하다.
- 튜플은 수정이 불가능하므로, 의도치 않은 데이터 변경으로 인한 오류를 방지할 수 있다.
- 리스트보다 구조가 단순하여 메모리를 적게 사용한다.

03 튜플 인덱싱과 슬라이싱

튜플도 리스트와 동일하게 인덱싱과 슬라이싱을 지원한다.

```
location = ("Seoul", 37.56, 126.97)

print(location[0])      # 출력 : Seoul (정방향 인덱스)
print(location[-2])     # 출력 : 37.56 (역방향 인덱스)

data = (10, 20, 30, 40, 50)

# 인덱스 1부터 4 직전까지
sub_data = data[1:4]
print(sub_data)         # 출력 : (20, 30, 40)
```

04 튜플에서 유의할 점

① 항목 변경 불가 : 리스트와 달리 값을 수정할 수 없음을 반드시 인지해야 한다.

```
t = (10, 20, 30)
t[0] = 100   # 오류 발생 (TypeError)
```

② 항목이 하나일 때 주의 : 괄호만 쓰면 그냥 값으로 인식된다. 항목이 하나라면 반드시 쉼표(,)를 붙여야 튜플로 인식된다.

```
t = (10)     # 정수형(int)
t = (10,)    # 튜플(tuple)
```

③ 소괄호 생략 가능 : 파이썬은 내부적으로 튜플로 자동 인식한다.

```
t = 1, 2, 3
print(t)   # (1, 2, 3)
```

🔵05 튜플 관련 내장 함수 및 연산

튜플은 원소 변경은 불가능하지만, 기본적인 연산은 리스트와 동일하게 가능하다.

```python
t = (10, 20, 30, 20)

print(len(t))         # 4
print(max(t))         # 30
print(min(t))         # 10
print(t.count(20))    # 2
print(t.index(30))    # 2
```

🔵06 튜플 활용 예시

튜플은 값이 변하지 않아야 하는 데이터를 다룰 때 유용하다. 예를 들어, 좌표 값이나 설정 값, 요일 데이터 등을 튜플로 관리할 수 있다.

```python
# 좌표 예시
point = (3, 7)
print("x 좌표:", point[0])
print("y 좌표:", point[1])

# 요일 예시
days = ("월", "화", "수", "목", "금", "토", "일")
print(days[0])    # 월
print(days[6])    # 일
```

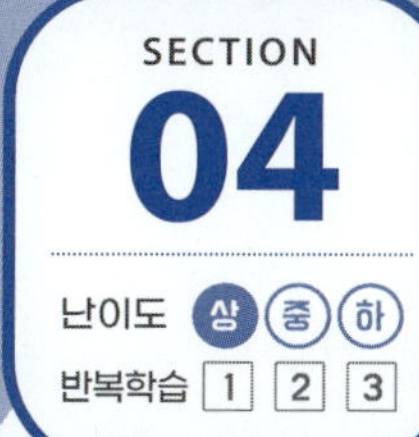

딕셔너리(Dictionary)

난이도 상 중 하
반복학습 1 2 3

빈출 태그 ▶ 딕셔너리의 키와 값

01 딕셔너리의 개념

딕셔너리(Dictionary)는 키(key)와 값(value)의 쌍으로 이루어진 자료구조이다. 순서대로 저장되지 않고, 키를 통해 값에 접근하는 방식이 마치 사전과 같다고 하여 딕셔너리라고 불린다.

① 특징
- 전통적으로 순서가 없었으나, 최신 버전(Python 3.7+)에서는 항목이 삽입된 순서가 유지된다. 하지만 인덱스 번호가 아닌 키로 접근해야 한다.
- 항목을 추가, 삭제, 수정할 수 있다.
- 딕셔너리 내의 모든 키는 반드시 고유해야 한다. 중복된 키를 사용하면 나중에 추가된 값이 이전 값을 덮어쓰게 된다.
- 키는 불변한 자료형(문자열, 숫자, 튜플 등)만 사용할 수 있으며, 리스트나 다른 딕셔너리는 키로 사용할 수 없다.

② 딕셔너리 생성 : 중괄호({})를 사용하고, 각 항목을 Key : Value 형태로 정의하며 쉼표(,)로 구분한다.

```python
# Key: Value 쌍으로 이루어진 딕셔너리
user_info = {
    "name": "김민수",
    "age": 30,
    "city": "Seoul",
    "is_student": False
}
print(user_info)

# 빈 딕셔너리 생성
empty_dict = {}
```

딕셔너리는 인덱스 대신 키(Key)를 사용하여 항목의 값에 접근하고 조작한다.

1) 값에 접근하기

키를 사용하여 해당 키에 연결된 값을 가져올 수 있다.

- 대괄호([]) 사용

```python
info = {"name": "김철수", "age": 30}
print(info["name"])  # 출력 : 김철수

# 존재하지 않는 키로 접근 시 KeyError 발생
# print(info["gender"])
```

- get() 메서드 사용 : 키가 존재하지 않을 때 오류를 발생시키는 대신 None을 반환하거나, 기본값을 설정하여 안전하게 접근할 수 있다.

```python
print(info.get("age"))                # 출력 : 30
print(info.get("gender", "Unknown"))   # 키가 없으면 "Unknown" 반환
```

2) 항목 추가 및 수정

- 딕셔너리는 가변적이므로 항목을 자유롭게 추가하거나 수정할 수 있다.
- 추가 : 존재하지 않는 새로운 키에 값을 할당하면 항목이 추가된다.

```python
info["gender"] = "Male"
print(info)        # 출력 : {'name': '김철수', 'age': 30, 'gender': 'Male'}
```

- 수정 : 이미 존재하는 키에 새로운 값을 할당하면 값이 수정된다.

```python
info["age"] = 31
print(info["age"])   # 출력 : 31
```

3) 항목 삭제

del 키워드를 사용하거나, pop() 메서드를 사용하여 항목을 삭제한다.

- del 키워드 사용

```python
del info["city"]
# print(info)
```

- pop(key) 메서드 사용 : 항목을 삭제하면서 그 값을 반환한다. 삭제하려는 키가 없을 때 기본값을 설정하여 오류를 방지한다.

```python
removed_age = info.pop("age")
print(removed_age)    # 출력 : 31
```

03 딕셔너리 주요 메서드(키, 값, 쌍 가져오기)

딕셔너리의 항목들을 개별적으로 다루기 위해 키, 값, 또는 전체 쌍을 얻어내는 메서드가 주로 사용된다.

메서드	설명
keys()	모든 키를 반환한다.
values()	모든 값을 반환한다.
items()	(키, 값) 쌍을 반환한다.
get(key)	키에 해당하는 값을 반환(없으면 None)한다.
update(dict)	다른 딕셔너리를 병합한다.
pop(key)	해당 키의 값을 삭제한다.
clear()	모든 항목을 삭제한다.

04 딕셔너리 활용 예시

```python
# 학생 성적 관리
scores = {"철수": 85, "영희": 92, "민수": 78}
print("영희의 점수:", scores["영희"])


# 전화번호부
phone_book = {"엄마": "010-1111-2222", "아빠": "010-3333-4444"}
print(phone_book["엄마"])


# 리스트와 딕셔너리의 조합
students = [
    {"name": "철수", "age": 18},
    {"name": "영희", "age": 19}
]
print(students[0]["name"])   # 철수
```

날짜/시간(Datetime)

날짜와 시간 데이터는 단순한 문자열이나 숫자로 처리하기 어렵다. 파이썬은 표준 라이브러리인 Date-time 모듈을 제공하여 날짜/시간 데이터를 객체 형태로 저장하고, 계산 및 형식을 지정할 수 있도록 한다. 사용을 위해서는 반드시 모듈을 불러와야 한다.

```
import datetime
```

01 Datetime 객체 생성과 접근

datetime 모듈에는 date, time, datetime 등 여러 클래스가 있다. 이 중 날짜와 시간을 모두 포함하는 datetime 클래스를 주로 사용한다.

1) 현재 시각 가져오기(.now())

datetime.datetime.now() 메서드는 현재 시스템 시각을 기준으로 datetime 객체를 생성한다.

```python
now = datetime.datetime.now()
print(now)      # 예시 : 2025-11-10 08:52:30.123456
```

2) 특정 시각 만들기(datetime())

특정 연, 월, 일, 시, 분 등을 지정하여 datetime 객체를 직접 생성한다.

```python
# 2025년 12월 25일 18시 30분 00초
specific_time = datetime.datetime(2025, 12, 25, 18, 30)
print(specific_time)
```

3) 구성 요소 접근(속성)

datetime 객체에서 특정 값(연, 월, 일 등)을 얻을 때는 속성(Attribute)을 사용한다.

속성	설명	예시 (now가 2025/11/10일 때)	결과
.year	연도	now.year	2025
.month	월	now.month	11
.day	일	now.day	10
.hour	시	now.hour	01
.weekday()	요일 (월요일=0 ~ 일요일=6)	now.weekday()	0 (월요일)

02 시간 간격 계산(Timedelta)

timedelta 객체는 두 datetime 객체 사이의 시간 차이를 나타낸다. 날짜/시간을 기준으로 특정 기간을 더하거나 뺄 때 사용된다.

1) 시간 차이 정의

timedelta() 함수는 days, hours, minutes, seconds 등의 인자를 받아 시간 간격을 정의한다.

```python
from datetime import timedelta    # timedelta만 별도로 import 가능

# 10일 5시간 30분의 시간 간격 정의
time_gap = timedelta(days=10, hours=5, minutes=30)
```

2) 날짜 조작 (덧셈/뺄셈)

datetime 객체에 timedelta를 더하거나 빼서 미래 또는 과거의 시점을 계산한다.

```python
now = datetime.datetime.now()
ten_days_later = now + timedelta(days=10)    # 10일 후 시점 계산
one_week_ago = now - timedelta(weeks=1)      # 1주일 전 시점 계산

print(f"오늘 시각: {now.date()}")
print(f"10일 후: {ten_days_later.date()}")
```

날짜/시간 객체와 문자열을 상호 변환할 때는 특정 형식 코드를 사용하여야 한다.

1) strftime : datetime → 문자열 변환

strftime 메서드는 datetime 객체를 사람이 읽기 쉬운 지정된 형식의 문자열로 변환한다.

형식 코드	의미	예시 (2025/11/10 07:52)
%Y	4자리 연도	2025
%m	2자리 월	11
%d	2자리 일	10
%H	24시간 시	07
%M	분	52
%A	요일 이름 (전체)	Monday
%a	요일 이름 (약어)	Mon

```python
now = datetime.datetime.now()
# 원하는 포맷으로 문자열 변환
formatted_str = now.strftime("%Y-%m-%d (%a) %H:%M")
print(formatted_str)      # 예시 : 2025-11-10 (Mon) 07:52
```

2) strptime : 문자열 → datetime 변환

strptime 함수는 지정된 형식의 날짜 문자열을 datetime 객체로 변환(파싱)한다. 이때 문자열의 형식과 포맷 코드가 정확하게 일치해야 한다.

```python
date_string = "24-05-15 14:30:00"
date_format = "%y-%m-%d %H:%M:%S"    # 문자열과 포맷 코드 구조 일치

# 문자열을 datetime 객체로 변환
parsed_date = datetime.datetime.strptime(date_string, date_format)

print(parsed_date)                # 출력 : 2024-05-15 14:30:00
print(type(parsed_date))          # 출력 : <class 'datetime.datetime'>
```

04

제어문

조건문

파이썬은 기본적으로 위에서 아래로 순차적으로 실행된다. 그러나 특정 조건에 따라 실행 흐름을 바꾸거나, 같은 코드를 여러 번 반복해야 하는 경우가 발생한다. 이러한 흐름을 제어하는 문법을 제어문이라고 한다.
- 제어문에는 특정 조건에 따라 코드를 실행하는 조건문과 코드를 반복적으로 실행하는 반복문이 있다.
- 조건문은 특정 조건식이 참(True)인지 거짓(False)인지에 따라 실행할 코드 블록을 다르게 지정하는 문법이며, 조건식에는 주로 비교 연산자와 논리 연산자가 사용된다.

01 if 문

- 가장 기본적인 조건문으로, 조건이 참일 때만 특정 코드를 실행한다.
- 조건식 뒤에 콜론(:)을 붙이고, 실행할 코드를 들여쓰기하여 작성한다.

```python
# if 문 구조
if 조건식:
    # 조건식이 참(True)일 때 실행되는 코드 블록
```

```python
score = 90
if score >= 90:
    print("A등급입니다.")    # 조건이 참이므로 실행됨
print("프로그램 종료")
```

02 if ~ else 문

- 조건이 참일 때와 거짓일 때 실행할 코드를 각각 나누어 처리하며, 둘 중 하나의 코드 블록만 실행된다.
- if 조건이 거짓일 경우, else 뒤의 코드 블록이 무조건 실행된다.

```python
# if ~ else 문 구조
if 조건식:
    # 조건식이 참(True)일 때 실행되는 코드 블록
else:
    # 조건식이 거짓(False)일 때 실행되는 코드 블록

    # 조건식이 거짓(False)일 때 실행되는 코드 블록
```

```python
age = 15
if age >= 18:
    print("성인입니다.")
else:
    print("미성년자입니다.")    # 조건이 거짓이므로 else 블록 실행됨
```

03 if ~ elif ~ else 문

- 여러 개의 조건을 순서대로 검사하여 참인 첫 번째 조건의 코드 블록만 실행하고 나머지 검사는 중단한다.
- elif(else if의 줄임말)는 새로운 조건을 추가로 검사할 때 사용한다. 모든 if와 elif가 거짓일 때만 else 가 실행된다.

```python
# if ~ elif ~ else 문 구조
if 조건식1:
    # 조건식1이 참일 때
elif 조건식2:
    # 조건식1이 거짓이고, 조건식2가 참일 때
else:
    # 모든 조건이 거짓일 때
```

```python
if grade >= 90:
    print("A")
elif grade >= 80:
    print("B")
elif grade >= 70:
    print("C")    # 90, 80 조건이 모두 거짓이므로 이 블록이 실행됨
else:
    print("F")
```

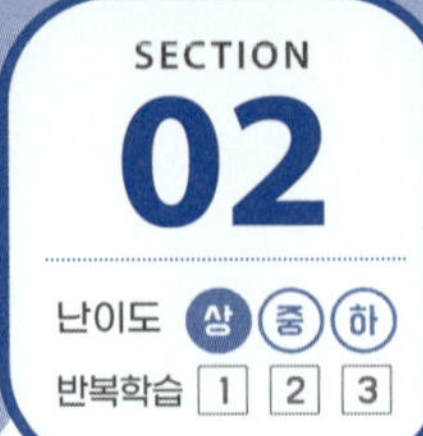

반복문

반복문은 특정 코드 블록을 반복하여 실행하도록 제어하는 문법으로, 주로 for 문과 while 문이 사용된다.

01 for 문

for 문은 컬렉션(리스트, 튜플, 문자열 등)의 모든 항목을 순서대로 순회하거나, range() 함수를 사용하여 정해진 횟수만큼 반복할 때 사용된다.

1) 컬렉션 순회

컬렉션 안에 있는 각 항목을 하나씩 꺼내어 변수에 할당하면서 반복한다.

```python
# for 문 구조
for 변수 in 컬렉션:
    # 컬렉션의 항목 수만큼 반복 실행되는 코드 블록
```

```python
fruits = ["Apple", "Banana", "Cherry"]
for fruit in fruits:
    print(fruit)
# 출력 : Apple, Banana, Cherry
```

2) range() 함수를 사용한 횟수 반복

range() 함수는 숫자의 범위(시퀀스)를 생성하여 for 문이 정해진 횟수만큼 반복하도록 한다.

range() 형태	의미	생성되는 값 (예시)
range(끝)	0부터 끝 직전까지	range(3) → 0, 1, 2
range(시작, 끝)	시작부터 끝 직전까지	range(2, 5) → 2, 3, 4
range(시작, 끝, 스텝)	스텝만큼 건너뛰며	range(0, 6, 2) → 0, 2, 4

```python
# 5회 반복
for i in range(5):
    print("반복:", i)    # i는 0, 1, 2, 3, 4 순서로 변화
```

02 중첩 for 문

- 중첩 for 문은 for 문 안에 또 다른 for 문이 포함된 형태이다.
- 바깥쪽 반복문이 한 번 실행될 때마다 안쪽 반복문은 전체를 모두 실행한다.
- 주로 2차원 데이터 처리나 복잡한 패턴을 만들 때 사용된다.

```python
# 중첩 for 문 구조
for i in range(2):                      # (바깥쪽 반복 : 2회)
    for j in range(3):                  # (안쪽 반복 : 3회)
        print(f"({i}, {j})", end=' ')
    print()                             # 한 줄 실행이 끝날 때마다 줄 바꿈
```

```
# 출력 :
# (0, 0) (0, 1) (0, 2)
# (1, 0) (1, 1) (1, 2)
```

- 총 반복 횟수 : 바깥쪽 반복 횟수 × 안쪽 반복 횟수 (2 × 3 = 6회)

03 for 문의 중요성

- for 문은 단순히 코드를 반복하는 것을 넘어 데이터 분석 및 처리에서 가장 기본적이고 강력한 도구이다.
- 데이터 처리의 핵심 : 리스트, 튜플, 딕셔너리 등 모든 컬렉션 자료구조의 항목을 빠짐없이 확인하고 처리하는 데 필수적이다.
- 효율적인 코딩 : 반복되는 작업을 수동으로 작성하는 대신 짧은 코드로 처리하여 생산성을 높일 수 있다.

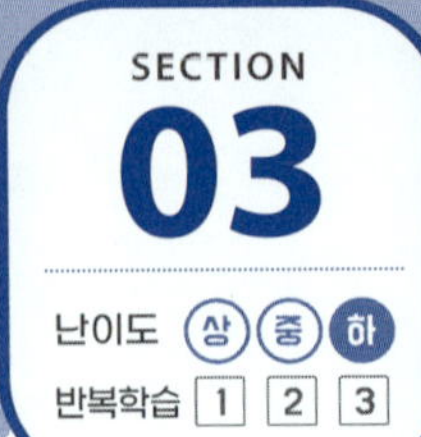

while 문 및 반복문 제어

🔟 while 문

- while 문은 for 문과 달리 반복 횟수가 명확하지 않을 때 사용한다.
- 특정 조건식이 참(True)인 동안 코드 블록을 계속 반복 실행한다.
- 조건식이 참인지 먼저 검사하고, 참일 경우 블록을 실행한다. 블록 실행 후 다시 조건식으로 돌아가 검사한다.

※ 주의 : 반복문 내부에 반복을 멈추게 할 조건이나 조건식에 영향을 주는 변화가 없으면 무한 루프(Infinite Loop)에 빠지게 되니 주의한다.

```python
# while 문 구조
while 조건식:
    # 조건식이 참(True)인 동안 반복 실행되는 코드 블록
    # (조건을 변경하는 코드 포함 필수)
```

```python
# 예시 : 1부터 5까지 더하기
count = 1
total = 0

while count <= 5:      # 조건 : count가 5 이하인 동안
    total += count
    count += 1         # 조건에 변화를 주는 코드 (count 증가)

print(total)           # 출력 : 15
```

⓿2 break와 continue 키워드

반복문(for 또는 while)이 실행되는 도중에 반복의 흐름을 제어하기 위해 break와 continue를 사용한다.

1) break

break는 현재 실행 중인 반복문 전체를 즉시 벗어나게 하여, 남은 반복 횟수와 관계없이 반복문이 완전히 종료된다.

```python
# 예시 : 3이 나오면 반복 중단
numbers = [1, 2, 3, 4, 5]

for n in numbers:
    if n == 3:
        print("3 발견, 반복 중단!")
        break       # for 문을 완전히 종료
    print(n)

# 출력 : 1, 2, 3 발견, 반복 중단!
```

2) continue

continue는 현재 실행 중인 반복 단계의 나머지 코드를 무시하고, 즉시 다음 반복 단계로 넘어가게 한다.

```python
# 예시 : 짝수만 출력 (홀수는 건너뛰기)
for i in range(1, 6):      # 1부터 5까지
    if i % 2 != 0:         # 홀수이면
        continue           # print(i)를 실행하지 않고 다음 반복으로 넘어감
    print(i)

# 출력 : 2, 4
```

01 반복 및 시퀀스 생성 함수

함수	설명
range(start, end, step)	for문 반복 횟수 지정을 위한 숫자 시퀀스를 생성한다.
enumerate(iterable)	항목의 인덱스(순서)와 값을 동시에 반환한다.
zip(iter1, iter2, ...)	여러 컬렉션의 같은 인덱스 항목들을 튜플로 묶어 반환한다.
all(iterable)	모든 항목이 참(True)이면 True를 반환한다.
any(iterable)	항목 중 하나라도 참(True)이면 True를 반환한다.
filter(func, iterable)	특정 함수(func)의 조건에 맞는 항목만 반환한다.

```python
# enumerate() 예시
fruits = ['사과', '바나나', '배']
for index, item in enumerate(fruits):
    print(f"{index+1}번째 항목: {item}")

# zip() 예시
names = ['Alice', 'Bob']
scores = [90, 80]
for name, score in zip(names, scores):
    print(f"{name}의 점수: {score}점")
```

01 다음 중 조건문에 대한 설명으로 옳지 <u>않은</u> 것은?

① if문은 조건이 참일 때만 실행된다.
② if-else문은 조건이 참일 때만 실행된다.
③ if-elif-else문은 여러 조건을 순차적으로 검사할 수 있다.
④ if문은 다른 조건문 안에 포함될 수 있다.
⑤ 조건문은 True/False 판별 결과에 따라 실행 흐름을 제어한다.

if-else문은 조건이 참일 때는 if 블록, 거짓일 때는 else 블록이 실행된다.

02 다음 코드의 출력 결과는?

```
for i in range(3):
    print(i)
else:
    print("완료")
```

① 0 1 2
② 0 1 2 완료
③ 완료
④ 1 2 완료
⑤ 오류 발생

for문이 정상적으로 끝난 후 else 블록이 실행되어 "완료"가 출력된다.

03 파이썬 조건문에 대한 설명으로 옳지 <u>않은</u> 것은?

① 조건문은 if 키워드로 시작한다.
② 조건이 참일 때만 블록이 실행된다.
③ 조건문 뒤에는 콜론(:)이 필요 없다.
④ if, elif, else를 함께 사용할 수 있다.
⑤ 조건식은 불리언(True/False) 값으로 평가된다.

조건문 뒤에는 반드시 콜론(:)을 붙여야 한다.

04 다음 코드의 출력 결과는?

```
count = 0
while count < 2:
    print("반복")
    count += 1
else:
    print("종료")
```

① 반복
② 반복 반복 종료
③ 반복 종료
④ 종료
⑤ 무한 반복

while 조건이 참인 동안 반복 실행 후 else 블록이 출력된다.

05 다음 중 반복문 제어문에 대한 설명으로 옳은 것은?

① break는 현재 반복을 건너뛰고 다음 반복으로 이동한다.
② continue는 반복 전체를 종료한다.
③ pass는 코드 실행을 중단한다.
④ break는 반복문 전체를 즉시 종료한다.
⑤ continue는 반복문 전체를 종료한다.

break는 반복문 전체를 즉시 종료한다.

오답 피하기
③⑤ continue는 반복의 현재 루프만 건너뛴다.

06 다음 중 문자열 관련 메서드에 대한 설명으로 옳지 <u>않은</u> 것은?

① upper() → 문자열을 대문자로 변환
② lower() → 문자열을 소문자로 변환
③ split() → 문자열을 특정 구분자로 나눔
④ replace() → 문자열 일부를 다른 문자열로 치환
⑤ sort() → 문자열을 사전순으로 정렬

sort()는 리스트 전용 메서드이다.

07 다음 코드 실행 결과는?

```
s = "Python"
print(s[2:5])
```

① Pyt
② tho
③ yth
④ hon
⑤ Pyth

문자열 슬라이싱 구문 s[2:5]는 인덱스 2부터 5 바로 직전까지의 문자를 추출한다.

08 문자열 "hello"의 길이를 구하는 올바른 방법은?

① size("hello")
② length("hello")
③ len("hello")
④ "hello".len()
⑤ "hello".count()

len() 함수로 문자열의 길이를 구할 수 있다.

09 다음 코드의 출력 결과는?

```
text = "banana"
print(text.count("a"))
```

① 1
② 2
③ 3
④ 4
⑤ 6

"a"는 3번 등장한다.

10 문자열 관련 메서드로 올바른 조합은?

① upper(), lower(), sort(), replace()
② upper(), lower(), split(), replace()
③ split(), replace(), sort(), len()
④ lower(), split(), count(), sort()
⑤ upper(), sort(), len(), replace()

문자열 관련 메서드는 upper(), lower(), split(), replace() 등이 있다.

11 리스트 관련 메서드로 옳지 <u>않은</u> 것은?

① append()
② insert()
③ remove()
④ pop()
⑤ split()

split()은 문자열 메서드이다.

12 다음 코드 실행 결과는?

```
a = [1, 2, 3]
a.append([4, 5])
print(a)
```

① [1, 2, 3, 4, 5]
② [1, 2, 3, [4, 5]]
③ [1, 2, 3]
④ [1, 2, 3, (4, 5)]
⑤ [1, 2, 3, {4, 5}]

append()는 리스트를 통째로 추가한다.

13 리스트에서 마지막 항목을 삭제하고 반환하는 메서드는?

① del()
② remove()
③ discard()
④ pop()
⑤ clear()

pop()은 마지막 항목을 반환하면서 제거한다.

14 리스트 nums = [3, 1, 2]을 오름차순으로 정렬하는 방법으로 옳은 것은?

① nums.sort()
② sort(nums)
③ sorted(nums)
④ nums = sorted(nums)
⑤ 위의 ①, ③, ④ 모두 가능

nums.sort() (원래 리스트 변경), sorted(nums) (정렬된 새 리스트 반환), nums = sorted(nums) (정렬 후 원본 변수에 다시 할당) 모두 오름차순 정렬에 사용할 수 있다.

15 튜플에 대한 설명으로 옳지 <u>않은</u> 것은?

① 튜플은 괄호 ()를 사용하여 생성한다.
② 튜플은 항목 변경이 불가능하다.
③ 튜플은 리스트보다 속도가 빠를 수 있다.
④ 튜플은 append() 메서드를 제공한다.
⑤ 튜플은 인덱싱과 슬라이싱이 가능하다.

튜플은 불변 자료형으로 append() 메서드는 불가능하다.

16 파이썬 딕셔너리에 대한 설명으로 옳은 것은?

① 키는 중복될 수 있다.
② 값은 중복될 수 없다.
③ 키는 불변(immutable) 객체여야 한다.
④ 딕셔너리는 순서를 보장하지 않는다. (Python 3.7+에서는 순서 유지)
⑤ 딕셔너리 생성 시 중괄호 {} 대신 대괄호 [] 사용한다.

딕셔너리의 키는 불변 자료형이어야 한다. 리스트 등 가변형은 키로 사용할 수 없다.

17 다음 코드 실행 결과는?

```
d = {"a": 1, "b": 2}
d["c"] = 3
print(d)
```

① {"a": 1, "b": 2}
② {"a": 1, "b": 2, "c": 3}
③ [("a", 1), ("b", 2), ("c", 3)]
④ {1: "a", 2: "b", 3: "c"}
⑤ 오류 발생

새로운 키 "c"에 값 3을 추가하여 딕셔너리가 확장된다.

18 딕셔너리에서 키 "name"의 값을 안전하게 가져오는 방법은?

① d["name"]
② d.get("name")
③ d.find("name")
④ d.value("name")
⑤ d.keys("name")

d.get("name")은 키가 없으면 None 반환, 안전하게 접근 가능하다.

19 다음 코드의 실행 결과로 알맞은 것은?

```
x = 10
y = 3
print(x // y, x % y)
```

① 3 3
② 3 1
③ 3.3 1
④ 3.0 1.0
⑤ 10 3

// 연산자는 나눗셈의 몫, % 연산자는 나머지를 구한다. 10 // 3 = 3, 10 % 3 = 1이므로 출력은 3 1이다.

20 파이썬에서 올바른 변수 이름으로 사용할 수 <u>없</u>는 것은?

① user_name
② score2
③ totalScore
④ 2nd_place
⑤ _count

변수 이름은 숫자로 시작할 수 없다. 2nd_place는 잘못된 변수명이다.

21 다음 중 파이썬에서 한 줄 주석을 다는 방법으로 알맞은 것은?

① // 주석입니다
② /* 주석입니다 */
③ # 주석입니다
④ -- 주석입니다
⑤ <!-- 주석입니다 -->

파이썬에서는 # 기호를 사용해 한 줄 주석을 작성한다.

22 다음 코드의 출력 결과는?

```
data = {"A": 10, "B": 20, "C": 30}
result = 0
for k, v in data.items():
    result += v
print(result)
```

① 10
② 30
③ 60
④ A B C
⑤ 오류 발생

data.items() 메서드는 딕셔너리의 키(k)와 값(v) 쌍을 튜플 형태로 반환한다. 반복문은 모든 값(10, 20, 30)을 result에 누적하여 60을 출력한다.

23 다음 중 코드를 실행했을 때 TypeError가 발생하는 것은?

① s = "Hello"; s = s + " World"

② l = [1, 2]; l[0] = 10

③ d = {"a": 1}; d["b"] = 2

④ t = (1, 2); t[0] = 10

⑤ t = (1, 2); t = t + (3,)

튜플(t)은 불변자료형이다. 생성 후에는 특정 인덱스 항목의 값을 직접 변경(t[0] = 10)할 수 없으므로 TypeError가 발생한다.

오답 피하기

⑤ 새로운 튜플을 생성하여 변수에 재할당하는 것이므로 오류가 아니다.

24 다음 코드의 출력 결과는?

```
x = 1
while True:
    if x % 5 == 0:
        break
    print(x, end=' ')
    x += 1
```

① 1 2 3 4

② 1 2 3 4 5

③ 1 2 3 4 5 6

④ 5

⑤ 무한 반복

---

while True:는 무한 루프를 의미하지만, x % 5 == 0 (x가 5의 배수일 때) 조건에서 break를 만나 반복문이 즉시 종료된다. x는 1, 2, 3, 4까지 출력된 후 5가 되는 순간 break가 실행되고, print(x) 전에 반복문이 끝난다.

25 다음 코드의 출력 결과는?

```
s = "A:B:C:D"
temp = s.split(":")
result = "#".join(temp)
print(result)
```

① A#B#C#D

② A:B:C:D

③ A,B,C,D

④ ['A', 'B', 'C', 'D']

⑤ A#B#C#D#

---

s.split(":")은 문자열을 콜론(:) 기준으로 나누어 리스트 ['A', 'B', 'C', 'D']를 생성한다 (temp).
"#".join(temp)는 리스트 temp의 항목들 사이에 샵(#) 기호를 넣어 하나의 문자열로 결합하므로 "A#B#C#D"가 출력된다.

26 다음 코드의 출력 결과는?

```
num = 15
if num > 10:
    print("A", end='')
elif num > 5:
    print("B", end='')
else:
    print("C", end='')
```

① A

② B

③ C

④ AB

⑤ A B C

---

if-elif-else는 조건을 순차적으로 검사하여 참인 첫 번째 블록만 실행한다.
num = 15는 첫 번째 조건 num > 10을 만족하므로 "A"를 출력하고, 나머지 elif와 else 블록은 무시된다.

27 다음 코드의 출력 결과는?

```
x = 5
y = 10
result = (x < 10) and (y == 10)
print(result)
```

① 5

② 10

③ True

④ False

⑤ 오류 발생

1. (x < 10): $5 < 10$ 이므로 True
2. (y == 10): $10 == 10$ 이므로 True
True and True는 True이다. 논리 곱(and)은 두 조건이 모두 참일 때만 참을 반환한다.

28 다음 코드 실행 후 a의 최종 값은?

```
a = 10
a += 5   # 1
a //= 3  # 2
a *= 2   # 3
print(a)
```

① 10

② 15

③ 4

④ 8

⑤ 6

1. a += 5 a = 10 + 5 = 15
2. a //= 3 a = 15 // 3 = 5
3. a *= 2 a = 5 × 2 = 10
최종 값은 10이다.

29 다음 코드의 출력 결과는?

```
s1 = "A"
s2 = "B"
result = s1 * 3 + s2 * 2
print(result)
```

① A3B2

② AAABB

③ ABABAB

④ AAAAA

⑤ BBBAA

1. s1 * 3은 문자열 "A"를 3번 반복한다. "AAA"
2. s2 * 2는 문자열 "B"를 2번 반복한다. "BB"
3. 두 문자열을 + 연산자로 결합한다. "AAABB"

30 다음 코드를 실행했을 때 출력되는 값은? (단, 실행 시각은 2025년 10월 20일이라고 가정한다.)

```
import datetime

today = datetime.datetime(2025, 10, 20)
future_date = today + datetime.
timedelta(days=7)
print(future_date.month, future_date.
day)
```

① 10 20

② 10 27

③ 11 03

④ 11 27

⑤ 10 07

today는 2025년 10월 20일이다.
datetime.timedelta(days=7)은 7일의 시간 간격을 나타낸다.
today + timedelta(days=7)은 2025년 10월 20일에서 7일이 지난 2025년 10월 27일을 계산한다.
future_date.month는 10을, future_date.day는 27을 반환한다.

02

Fraudit의 기초

파트 소개

2일차에는 우리 시험에서 사용하는 프로그램인 Fraudit의 기초에 대해 학습하겠습니다. 재무빅데이터분석사 시험에서만 사용하는 프로그램이라 생소할 수 있겠지만, 시험에 최적화된 프로그램으로 기능이 단순하고 Python 언어 기반이라 크게 어렵지 않으므로 빠르게 익숙해질 수 있도록 연습하세요.

파트 목차

Fraudit의 개요

빈출 태그 ▶ Fraudit의 필요성, Fraudit의 중요 기능과 특징

01 Fraudit이란?

- Fraudit은 재무 데이터 내의 이상 징후를 탐지하기 위해 설계된 분석 도구이다.
- 특히 기업 회계 부정(Fraud)이나 비정상적인 재무 패턴을 조기에 발견하는 데 초점을 맞춘 Python 언어 기반 패키지이다.
- 'Fraud'와 'Audit'을 합성한 이름으로, 재무감사와 데이터 분석을 결합한 자동화된 감사 보조 도구이다.

02 재무 빅데이터 분석에서 Fraudit의 필요성

- 기업의 재무정보는 방대한 양의 거래 데이터와 복잡한 회계 처리 과정으로 구성되는데, 사람이 일일이 확인하기에는 한계가 있으며 부정이나 오류는 종종 작은 패턴 속에 숨겨져 있다.
- Fraudit은 데이터 기반 접근 방식을 통해 다음 기능들을 가능하게 한다.
  - 대규모 재무데이터 내 이상치 탐지
  - 회계부정 가능성 높은 항목 선별
  - 감사 효율성 제고 및 리스크 관리

03 Fraudit의 주요 기능과 특징

- Fraudit은 Python 기반 소프트웨어이므로 데이터 분석 분야에서 가장 널리 사용되는 Python을 그대로 사용할 수 있다. 이를 통해 사용자는 Python 라이브러리를 분석 목적에 맞게 활용할 수 있으며, 분석의 확장성과 유연성을 확보할 수 있다.
- Fraudit의 큰 장점은 GUI와 코드의 연계성이다. 사용자가 GUI에서 수행한 모든 작업 결과를 자동으로 Python 스크립트 코드로 보여주므로, Fraudit 자체 함수에 익숙하지 않더라도 쉽게 분석 과정을 이해할 수 있다. 이를 그대로 활용하여 자동화된 절차를 수행하는 Python 코드를 작성할 수 있으며, shell 환경에서도 동일하게 실행할 수 있다.
- 즉, Fraudit은 GUI의 편리성과 Python 언어의 확장성을 동시에 제공하여, 재무 데이터 분석과 감사 업무를 효율적이고 전문적으로 수행할 수 있는 소프트웨어라 할 수 있다.

04 Excel 대신 Fraudit을 사용할 때의 장점

Excel은 가장 널리 사용되는 범용 데이터 처리 도구로서 직관적이고 다양한 기능을 제공하지만, 재무 데이터 분석이라는 특수 목적에는 한계가 존재한다. 이에 반해 Fraudit은 대용량 데이터를 안정적으로 처리하며, 회계 감사 및 부정 탐지에 특화된 기능을 제공한다.
따라서 학습자는 Excel의 편의성과 Fraudit의 전문성을 병행하여 활용할 필요가 있다.

① 대용량 데이터 처리 가능성
- Excel은 약 100만 행(1,048,576행) 이상에서 데이터 처리에 한계가 있다.
- Fraudit은 더 큰 데이터셋도 안정적으로 처리할 수 있어 기업 회계 · 재무 데이터 분석에 유리하다.

② 데이터 정합성 관리 기능
- Excel에서는 수식 오류나 복사 · 붙여넣기 실수로 인해 데이터 신뢰성이 저하된다.
- Fraudit은 SQL 기반 처리와 내장 기능을 통해 데이터 무결성을 보장한다.

③ 반복 작업 자동화 지원
- Excel에서 동일한 작업을 반복하려면 매번 수식을 작성하거나 매크로를 활용해야 한다.
- Fraudit은 GUI 기반 메뉴(Select, Join, Group, Summarize 등)를 통해 반복 분석을 손쉽게 수행할 수 있다.

④ 분석 전문 기능 제공
- Excel에는 존재하지 않는 부정 탐지 기능(Benford 분석, 이상치 탐지, 중복 거래 검토)이 포함된다.
- Fraudit은 재무 감사와 Fraud 분석에 특화된 도구이다.

⑤ 시각화와 리포트 통합성
- Excel은 차트 작성이 가능하지만, Fraudit은 피벗 테이블에서 차트와 분석 리포트로 이어지는 일괄프로세스를 제공한다.
- Fraudit은 분석부터 보고서 작성까지 원스톱으로 진행할 수 있는 장점을 가진다.

⑥ SQL과 유사한 학습 효과
- Fraudit은 Select, Join, Group, Summarize 등 SQL과 동일한 개념을 GUI로 다루도록 설계되어 있다.
- Fraudit을 활용할 경우 학습자가 데이터베이스 분석 역량을 자연스럽게 습득할 수 있는 효과가 있다.

▼ Excel과 Fraudit의 비교

구분	Excel	Fraudit
데이터 처리 용량	약 100만 행 제한(1,048,576행)	대용량 데이터 처리 가능
데이터 정합성	수식 오류, 사용자 실수 발생 가능	내장 기능과 규칙으로 데이터 무결성 보장
반복 작업	매크로 또는 수동 작업 필요	GUI 기반 메뉴로 자동화 및 반복 분석 용이
분석 기능	기본 통계, 수식, 피벗 테이블 중심	Benford 분석, 이상치 탐지, 중복 거래 검토 등 회계 특화 기능 제공
시각화	다양한 차트 제공하긴 하지만 분석과 분리됨	분석 결과와 연동된 차트 · 리포트 통합 지원
학습 효과	직관적이지만 데이터베이스 학습과 연계 어려움	SQL 개념과 유사한 메뉴 제공 → 데이터 분석 역량 강화
활용 목적	일반적 데이터 처리 및 계산	재무 데이터 분석 및 부정 탐지에 특화

Fraudit 다운로드 및 설치

빈출 태그 ▶ Fraudit 설치

Fraudit을 원활하게 사용하기 위해서는 사전에 시스템 환경을 확인하고, 설치 절차를 올바르게 진행해야
한다.
아래 체크리스트를 참고하여 설치 준비와 실행을 진행할 수 있다.

01 Fraudit 설치 과정

1) 사전 준비 확인

- Fraudit 설치를 위해서는 먼저 PC 환경을 확인해야 한다.
- 사용 중인 운영체제가 Windows 64비트인지 확인하고, CPU는 i5 이상, 메모리는 8GB 이상인지 점검한다.
- 설치 파일의 압축 해제를 위해 반디집이나 알집과 같은 압축 해제 프로그램이 준비되어 있어야 한다.

2) 다운로드 단계

- 사전 준비가 완료되면 웹 브라우저를 열고 'https://www.fraudit.io/downloadFraudit.do'에 접속한다.
- 해당 페이지에서 교육용 프로그램 다운로드 버튼을 클릭하여 설치 파일을 내려받는다.
- 이후 PC에 저장된 설치 파일의 형식이 .exe 또는 .zip인지 확인하고, 파일이 정상적으로 다운로드되었는지 점검한다.

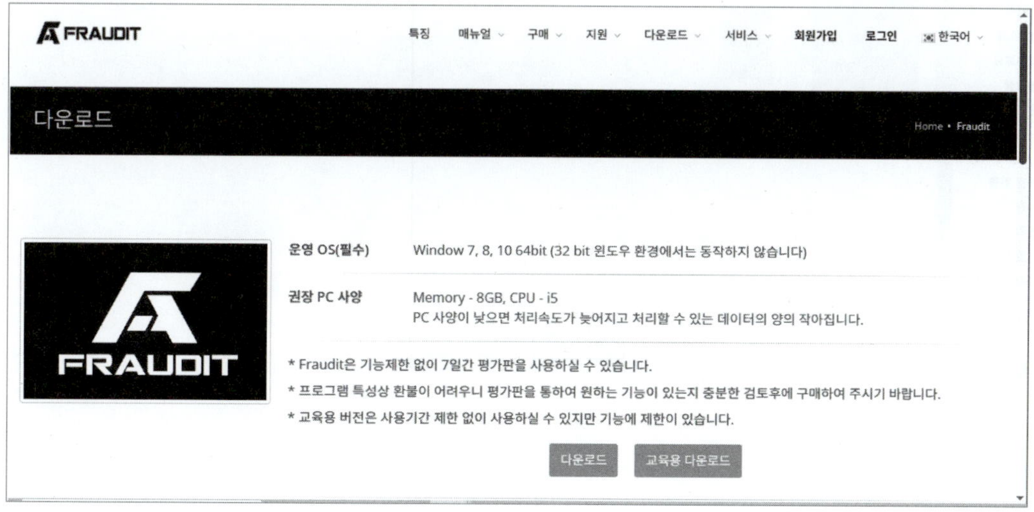

3) 설치 단계

- 다운로드한 파일이 압축 형식일 경우 먼저 압축을 해제한다.
- 압축 해제 후 나타나는 'Fraudit_Setup.exe' 같은 실행 파일을 더블클릭하면 설치 마법사가 실행된다.
- 설치 과정에서는 설치 경로를 지정하고, '다음(Next)' 버튼을 눌러 절차를 진행한다.
- 모든 과정이 완료되면 설치 완료 메시지가 나타나며, 프로그램이 종료된 후 바탕화면에 바로가기 아이콘이 생성되었는지 확인해야 한다.

4) 최초 실행 단계

- 설치가 끝나면 바탕화면에 생성된 Fraudit 아이콘을 클릭하여 프로그램을 실행한다.
- 최초 실행 시에는 데이터 저장 폴더를 지정하는 절차가 진행되며, 이 과정을 완료하면 본격적으로 Fraudit을 사용할 수 있다.

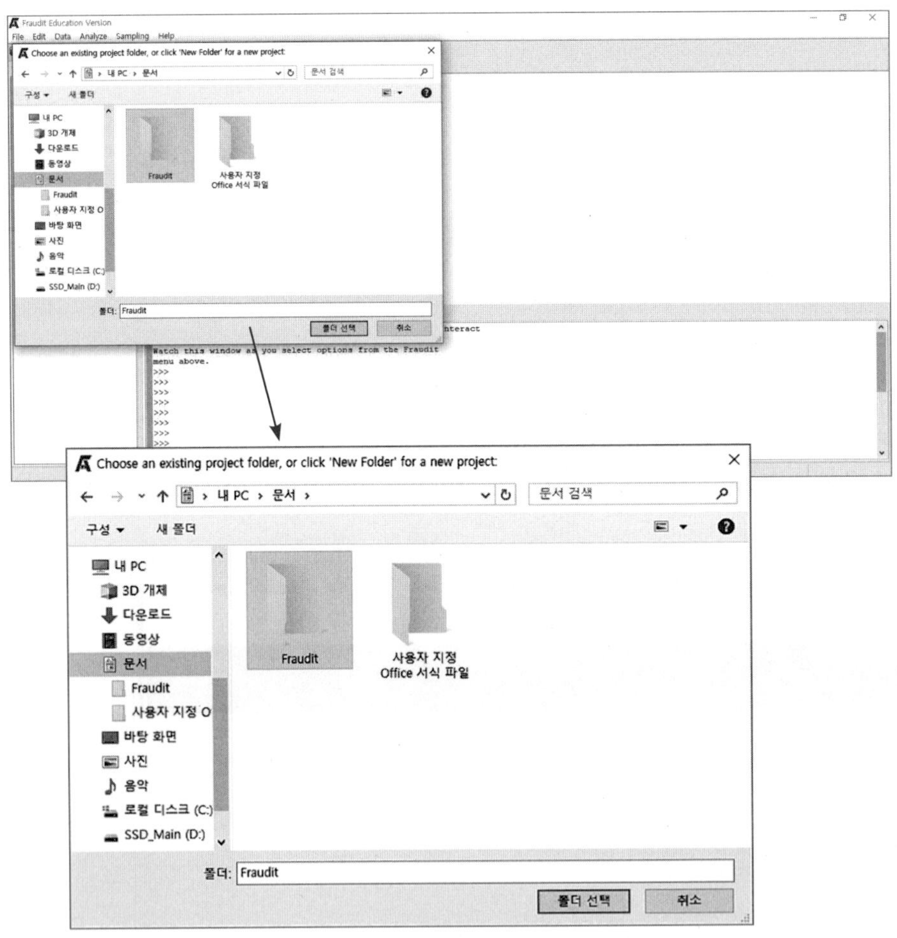

5) 주의사항

- 32비트 운영체제에서는 설치가 불가능하므로 반드시 64비트 환경을 확인해야 한다.
- 또한 제공되는 교육용 버전은 사용 기간의 제한은 없으나 일부 기능이 제한되어 있다. 반대로 평가판은 7일간 모든 기능을 사용할 수 있으나, 기간이 지나면 실행이 제한된다.
- PC 사양이 권장 기준보다 낮을 경우에는 대용량 데이터를 처리할 때 속도가 현저히 느려질 수 있음을 주의해야 한다. 따라서 원활한 분석 환경을 위해 충분한 사양을 갖춘 PC에서 설치 및 실행하는 것이 바람직하다.

Fraudit의 실행 환경과 기본 조작 방법은 다음과 같다.
- 프로그램 설치 후 실행하면 메인 화면과 메뉴바 제공
- 데이터 불러오기, 분석, 시각화, 리포트 작성 등 주요 기능 메뉴를 GUI로 선택 가능
- 데이터셋은 CSV, Excel 등 다양한 형식 지원

01 메인화면과 메뉴바 제공

파이썬 코드를 입력하는 방법에는 크게 2가지가 있다.

① Shell에 입력하기
- Shell 부분에서 〉〉〉 표시는 코드 실행을 위해 준비한다는 의미이다.
- … 은 코드가 완료되지 않은 상태에서 계속 입력을 기다린다는 의미이며, Shell의 마지막 〉〉〉 표시에서 커서가 깜박이는 형태에서 엔터를 누르면 해당 코드가 완료된다.
- 파이썬은 인터프리터 언어로 별도 컴파일 없이 한 줄씩 실행한다. 이미 실행된 결과는 자동으로 되돌려지지 않으므로, 코드를 수정한 뒤에는 다시 실행해야 한다.

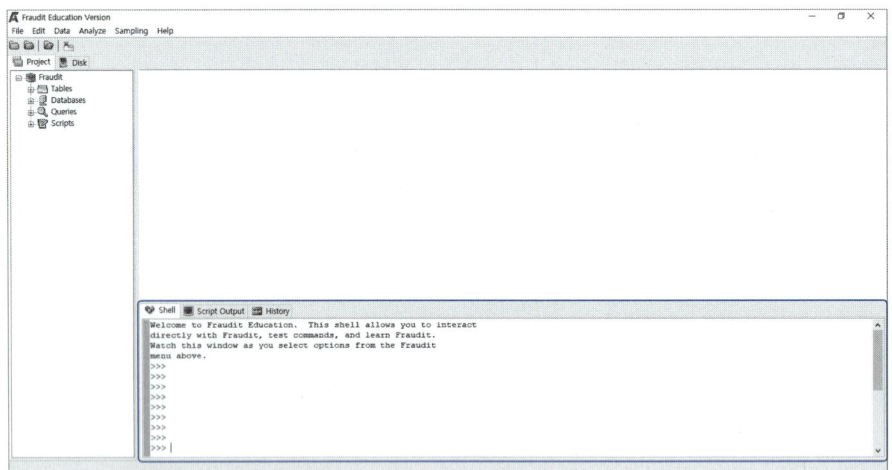

② Script tab에 입력하기
- 코드 에디터 창인 'Script tab'에서 코드를 작성하면 Shell과는 달리 수정 또는 일부 실행이 가능하게 된다.
- 'script tab'은 [File] 〉 [New Script] 메뉴 클릭 또는 Fraudit 상단 📁 아이콘을 클릭하면 생기고, 작성한 파이썬 코드는 저장 후 확장자 .py로 저장된다.

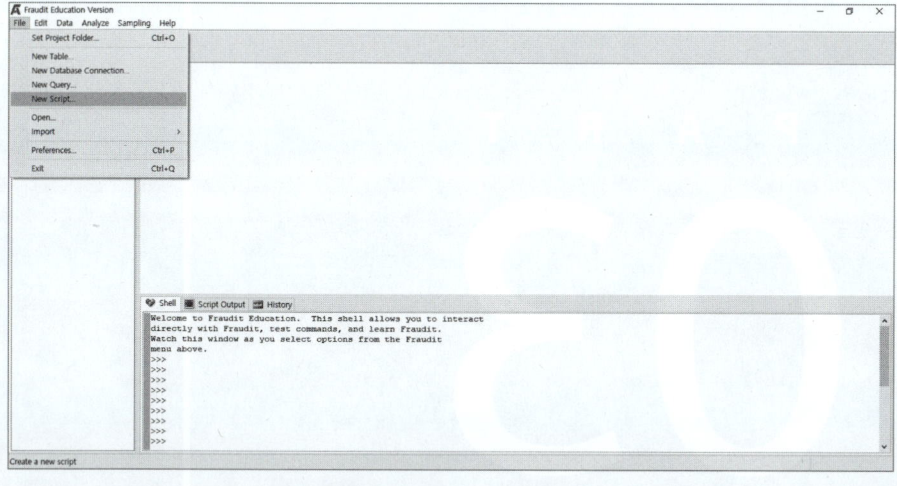

- 'Script tab'에서 작성한 파이썬 코드는 상단 ▶ 아이콘을 누를 경우 'Script tab'에 작성한 파이썬 코드 전체를 저장 후 실행시킨다.
- 또한, 실행시키고 싶은 영역 지정 또는 라인에 커서를 대고 ▶▶ 아이콘을 누르면 해당 영역 또는 줄을 실행시킨다.

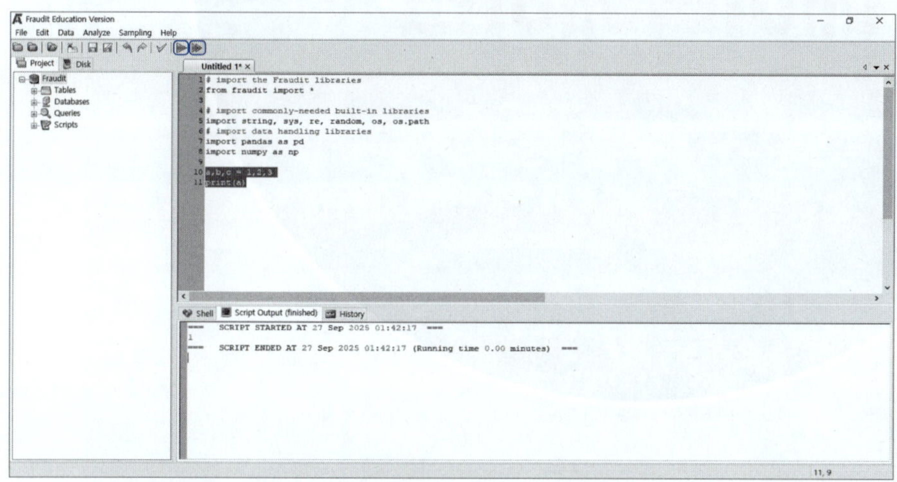

- 상단의 ☑ 아이콘을 누르면 Python 코드가 문법에 따라 잘 작성되었는지 여부를 확인할 수 있다.

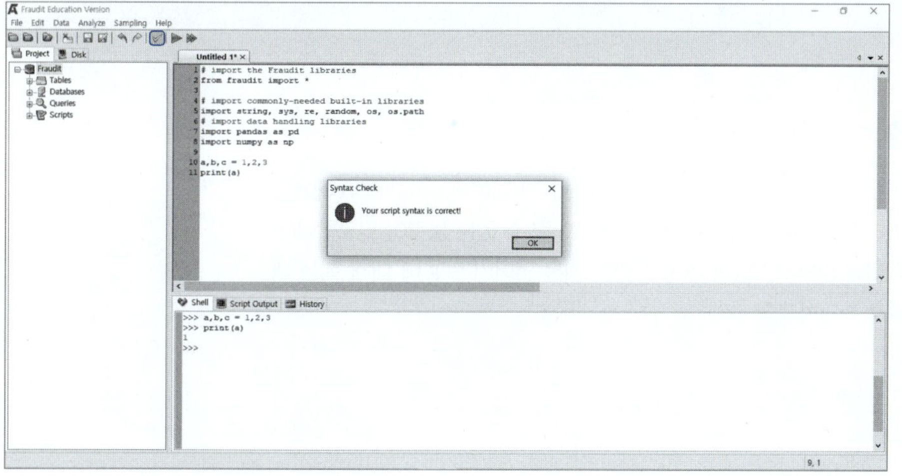

PART

03

데이터베이스

파트 소개

3일차에 학습할 내용은 데이터베이스입니다. 재무빅데이터분석사(FDA)에게는 무한한 데이터를 유의미한 정보로 구분하고 해석할 수 있는 능력이 필요합니다. 따라서 데이터베이스 시스템의 개념과 관련 기본 언어인 SQL에 대해 핵심 내용을 중심으로 확인하겠습니다.

데이터베이스 시스템

SECTION 01 데이터베이스 개념

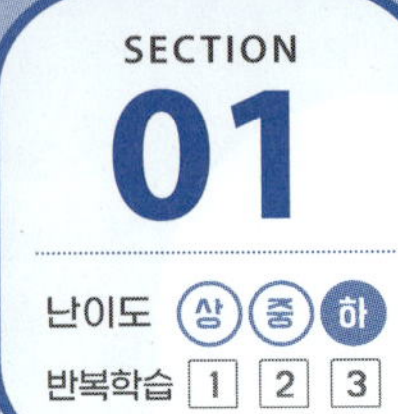

데이터베이스 개념

빈출 태그 ▶ 데이터베이스 장점, 데이터베이스 특징

01 데이터베이스 개요

1) 데이터란?

① 데이터는 현실 세계에서 수집된 사실, 값, 정보 등을 기록하기 위해 정형화된 형태로 표현된 것이다.

② 관찰 및 측정의 결과 : 고객의 나이, 거래 금액, 특정 상품의 재고 수량 등 관찰하거나 측정하여 얻은 모든 것이다.

③ 처리되지 않은 상태 : 데이터는 그 자체로는 아직 특별한 의미나 가치를 지니지 못하는, 가공되지 않은 원자재와 같다.

④ 데이터와 정보의 차이

- 데이터 : 'A 회사의 매출 100억', 'B 상품의 판매량 500개'와 같이 단순한 사실 그 자체
- 정보(Information) : 데이터를 수집, 정리, 분석하여 새로운 의미나 가치를 부여한 결과

예 "A 회사의 매출 100억은 경쟁사 대비 20% 성장한 수치이므로, 시장 점유율이 확대되었다."라는 결론과 해석

⑤ 데이터는 정보를 만들기 위한 재료이고, 데이터베이스를 이해하기 위한 가장 기본이 되는 개념이다.

2) 데이터베이스란?

- 데이터베이스(Database, DB)는 단순한 데이터 저장 공간을 넘어, 특정 조직(예 기업, 은행, 공공기관)이 필요로 하는 정보를 체계적으로 저장, 관리, 활용하기 위해 설계된 유기적인 데이터의 집합임을 의미한다.
- 이는 데이터를 일정한 규칙(스키마, Schema)에 따라 구조적으로 저장하여, 필요한 순간에 효율적으로 검색 및 활용할 수 있게 하는 시스템적 접근이다.

02 데이터베이스가 필요한 이유-파일 시스템의 한계 극복

현대 사회는 데이터 중심 사회이며, 기업의 모든 의사결정은 정확하고 신뢰성 있는 데이터에 근거해야 한다. 과거에는 기업이 여러 부서에서 데이터를 엑셀 시트 등의 형태로 개별 관리하는 파일 시스템 방식을 사용했지만, 이 방식은 그 규모가 커지면서 다음과 같은 한계를 드러냈다.

- 데이터 중복성(Redundancy) : 같은 고객 정보가 여러 부서의 개별 파일에 중복 저장되어 저장 공간의 낭비와 비효율을 초래하였다.
- 데이터 불일치(Inconsistency) : 예를 들어, 회계 부서의 '매출 내역' 파일과 영업 부서의 '거래처별 매출' 파일 중 한쪽만 수정되어 정보가 충돌하고 신뢰성이 저하되었다.

- 데이터 종속성(Dependency) : 데이터 구조가 변경되면, 해당 데이터를 사용하는 모든 응용 프로그램(코드)도 함께 수정해야 하므로 유지보수가 어려워졌다.
- 동시 접근 및 보안 취약 : 여러 사용자가 동시에 파일에 접근하거나 수정할 때 데이터가 손상될 위험이 크며, 파일 단위의 세밀한 접근 권한 관리가 어려워졌다.

이러한 문제를 해결하고, 대량의 데이터를 통합적으로 저장, 관리, 접근할 수 있도록 등장한 시스템이 바로 데이터베이스이다. 데이터베이스 환경에서는 모든 사용자가 같은 원본 데이터를 공유하므로, 정보가 일치하지 않는 데이터 불일치 문제가 해소되어 데이터의 정확성과 신뢰성이 보장된다.

03 데이터베이스의 특징

- 사용자는 필요할 때 언제든지 데이터를 즉시 조회하고 수정할 수 있다. 예를 들어, 은행의 계좌 시스템은 고객이 입출금할 때마다 실시간으로 데이터를 반영해야 한다.
- 데이터는 정적인 형태로 존재하지 않고 지속적으로 갱신·추가·삭제된다. 기업의 거래 내역이나 재무 정보는 시간에 따라 끊임없이 변하므로, 데이터베이스는 이를 즉시 반영해야 한다.
- 여러 사용자가 동시에 동일한 데이터를 접근하더라도 일관성과 무결성이 유지되어야 한다. 예를 들어, 여러 회계 담당자가 동시에 전표를 수정할 때 데이터 충돌이 발생하지 않도록 제어한다.
- 사용자는 물리적 위치가 아닌 내용(속성명, 조건 등)을 기준으로 데이터를 검색한다. 즉, '고객 이름이 김철수인 거래 내역'처럼 조건 중심으로 데이터를 조회할 수 있다.

04 데이터베이스 시스템의 구성요소

데이터베이스 시스템(Database System)은 단순한 데이터 저장소가 아니라, 데이터를 효율적으로 관리하고 보호하기 위한 다양한 구성요소로 이루어져 있다. 일반적으로 다음 네 가지 구성요소로 구분한다.

① 데이터(Data) : 시스템의 중심이 되는 정보로, 숫자, 문자, 이미지, 거래내역 등 다양한 형태를 가진다. 데이터는 개별 항목이 아니라, 테이블·레코드·필드 등 논리적 구조로 구성된다.

② 하드웨어(Hardware) : 서버, 저장장치, 네트워크 장비 등 데이터를 저장하고 처리하는 물리적 장비를 의미한다. 대규모 재무 데이터의 경우 안정성과 처리속도를 위해 고성능 서버가 필수적이다.

③ 소프트웨어(Software) : DBMS(Database Management System)가 대표적이다. DBMS는 데이터를 생성, 조회, 수정, 삭제하는 기능을 제공하며, 예로는 Oracle, MySQL, PostgreSQL, SQL Server 등이 있다.

④ 사용자(User) : 데이터를 직접 입력하거나 분석하는 사람으로, 일반 사용자, 응용 프로그래머, 데이터베이스 관리자(DBA)로 구분된다.

05 데이터베이스 관리 시스템(DBMS)

① DBMS(Database Management System)는 데이터베이스를 효율적으로 관리하고 운영하기 위한 핵심 소프트웨어이다. 이 시스템은 데이터를 구조화된 형태로 저장하고, 필요한 데이터를 검색·변경하며, 접근 권한과 보안을 관리하는 기능을 수행한다.

② DBMS의 주요 기능

- 데이터 정의 기능(Data Definition) : 데이터 구조를 정의하고 테이블, 스키마 등을 생성한다.
- 데이터 조작 기능(Data Manipulation) : 데이터를 조회(SELECT), 입력(INSERT), 수정(UPDATE), 삭제(DELETE)한다.
- 데이터 제어 기능(Data Control) : 권한 설정, 트랜잭션 관리, 무결성 제약 등 제어 기능을 제공한다.

③ 예를 들어, 재무 데이터베이스에서는 '거래 테이블'에 거래금액과 일자 정보를 저장하고, '계정 테이블'을 참조하여 보고서를 생성할 수 있다. 이러한 모든 작업은 DBMS의 기능을 통해 수행된다.

관계형 데이터베이스

관계형 데이터베이스 모델

빈출 태그 ▶ 관계형 데이터베이스 구성요소(릴레이션, 튜플, 애트리뷰트, 도메인), 널(Null)의 개념

관계형 데이터 모델은 1970년대 에드거 F. 커드(Edgar F. Codd)에 의해 제안되었으며, 데이터를 수학적 집합론과 관계 이론에 기반하여 2차원의 테이블(Table) 형태로 표현함을 의미한다. 이 테이블들을 관계(Relation)로 연결하여 전체 데이터베이스를 구성한다.

이 모델은 이후 IBM System R, Oracle Database, SQL Server, MySQL, PostgreSQL 등 다양한 상용·오픈소스 DBMS의 기반이 되었다.

01 구성요소

- 관계형 데이터베이스 모델(Relational Data Model)은 데이터를 논리적으로 구조화하여 표현하기 위한 체계적인 틀을 뜻한다.
- 이 모델은 데이터를 표 형태로 구성하고, 각 표(테이블)는 특정한 의미를 가진 릴레이션(Relation)으로 정의된다.
- 릴레이션은 여러 개의 튜플(Tuple)로 이루어지며, 각 튜플은 동일한 구조의 애트리뷰트(Attribute)들을 포함한다.
- 각 애트리뷰트는 특정 도메인(Domain) 내의 값을 가지며, 값이 존재하지 않을 경우 널(Null)로 표시된다.

▼ 핵심 요소 비교(용어 정리)

실무 용어	관계형 모델 용어
테이블(Table)	릴레이션(Relation)
행(Row)	튜플(Tuple)
열(Column)	애트리뷰트(Attribute)
값(Value)	도메인(Domain)

🏁 기적의 TIP

관계형 모델은 수학적 용어를 사용하지만, 실무에서는 이를 테이블 관련 용어로 대체하여 사용한다. 재무빅데이터분석사 시험에서는 두 용어 모두에 익숙해져야 한다.

▼ **구성요소의 세부개념**

용어 구분	학문적/표준 용어	실무적/병행 용어
테이블의 열	애트리뷰트(Attribute)	속성(Property), 컬럼(Column)
테이블의 행	튜플(Tuple)	행(Row), 레코드(Record)
테이블 자체	릴레이션(Relation)	테이블(Table)

1) 릴레이션(Relation, 테이블)

- 릴레이션(Relation)은 데이터베이스 내에서 하나의 테이블(Table)을 의미한다.
- 수학적으로는 '튜플의 집합'으로 정의되며, 현실 세계의 어떤 개체(Entity)나 사건(Event)을 표현한다.
- 예를 들어 '고객(Customer)'이라는 릴레이션은 고객에 대한 정보를 저장하는 테이블이며, '거래(Transaction)' 릴레이션은 거래 이력을 저장한다.

예 고객 릴레이션

고객ID	이름	전화번호	주소
C001	김철수	010-1111-2222	서울특별시
C002	박영희	010-3333-4444	부산광역시

※ '고객(Customer)'이라는 릴레이션(테이블)이 존재하고, 각 행(Row)은 고객 한 명을 의미하며, 각 열(Column)은 고객 속성(이름, 전화번호 등)을 나타낸다.

2) 튜플(Tuple, 행)

- 튜플은 릴레이션의 한 행(Row)에 해당하는 데이터 단위이다.
- 각 튜플은 여러 애트리뷰트(Attribute) 값으로 구성되며, 현실 세계의 한 사례(Instance)를 표현한다.
- 릴레이션 내의 모든 튜플은 동일한 속성 구조를 가지지만, 각 튜플의 값은 서로 다르다.

예 고객 릴레이션의 한 튜플

고객ID	이름	전화번호	주소
C001	김민수	010-1111-2222	서울특별시

※ 이 한 줄(Row)이 하나의 튜플이며, 고객 '김민수'라는 실제 인물을 표현하는 데이터의 집합이다.

- 튜플은 관계형 데이터베이스에서 레코드(Record)라고도 불리며, DB 내에서 행 단위 조작(INSERT, UPDATE, DELETE)의 기본 대상이 된다.

3) 애트리뷰트(Attribute, 열)

- 애트리뷰트는 릴레이션의 열(Column)을 의미하며, 데이터의 항목(Field) 혹은 특성을 정의한다.
- 애트리뷰트는 현실 세계의 개체가 가진 정보를 세분화한 것으로, 각 애트리뷰트의 이름과 데이터형(Data Type)이 명확히 정의되어야 한다.

예 고객 릴레이션의 애트리뷰트

애트리뷰트명	설명	데이터형 예시
고객ID	고객을 구분하는 고유 식별자	CHAR(5)
이름	고객의 이름	VARCHAR(20)
전화번호	고객 연락처	VARCHAR(15)
주소	고객의 거주지	VARCHAR(100)

- 애트리뷰트는 도메인(Domain)과 밀접하게 연결되어 있으며, 각 애트리뷰트는 반드시 정해진 도메인 안에서만 값을 가질 수 있다.

4) 도메인(Domain, 값)

- 도메인은 속성이 가질 수 있는 값의 집합 또는 범위를 정의한다.
- 즉, "그 속성에는 어떤 종류의 데이터가 들어올 수 있는가."를 제한하는 규칙이다.

예 고객 릴레이션의 도메인

> - 고객ID 속성의 도메인은 'C'로 시작하는 3자리 문자열(예 C001, C002, …),
> - 잔액 속성의 도메인은 0 이상의 정수(Integer ≥ 0),
> - 거래일자 속성의 도메인은 유효한 날짜(Date 형식)로 정의될 수 있다.

- 도메인은 데이터의 정확성과 일관성을 유지하는 중요한 장치이며, 잘못된 데이터(예 음수 잔액, 존재하지 않는 날짜 등)의 입력을 방지한다.

5) 널(Null)

- 널(Null)은 값이 존재하지 않거나 아직 알 수 없는 상태를 의미한다.
- 숫자 0(zero)이나 빈 문자열(")과는 구분된다.
- 데이터가 "없다."가 아니라, "아직 입력되지 않았거나 불명확하다."라는 뜻을 가진다.

예 고객 릴레이션의 널 : 고객의 주소가 아직 입력되지 않았다면, 주소 속성의 값은 '공백'이 아닌 NULL로 표시된다.

고객ID	이름	전화번호	주소
C003	박지훈	010-5555-6666	NULL

- 널 값은 연산이나 비교 시 특별히 취급되어야 하는데, 예를 들어 SQL에서 NULL = NULL은 참(True)이 아니라 알 수 없음(Unknown)으로 처리된다. 따라서 널 값을 다룰 때는 IS NULL, IS NOT NULL 같은 전용 연산자를 사용해야 한다.

▼ 구성요소 요약

구성요소	설명	예시
관계 (Relation)	데이터를 행과 열로 구성한 2차원 구조	고객 테이블, 거래 테이블
튜플 (Tuple)	릴레이션의 한 행, 실제 데이터 레코드	(C001, 김민수, 500000, 2025-10-20)
속성 (Attribute)	데이터 항목(열)으로, 데이터의 성격을 정의	고객ID, 이름, 잔액
도메인 (Domain)	속성이 가질 수 있는 값의 범위나 자료형	Integer, Date 등
키(Key)	데이터를 식별하거나 관계를 설정하는 속성	고객ID, 계좌번호
제약조건 (Constraint)	데이터의 일관성과 무결성을 유지하는 규칙	PRIMARY KEY, NOT NULL, FOREIGN KEY

6) 차수(Degree)와 카디널리티(Cardinality)

관계형 데이터베이스에서 각 릴레이션(Relation)은 행(Row)과 열(Column)로 구성된다. 이때 릴레이션의 구조적 특성을 수학적으로 표현하기 위해 차수(Degree)와 카디널리티(Cardinality) 개념을 사용한다. 이 두 개념은 릴레이션의 '모양과 크기'를 정의하는 기본 단위이다.

① 차수(Degree)

- 차수는 하나의 릴레이션에 포함된 속성(Attribute)의 개수를 의미한다. 즉, 테이블의 열(Column)이 몇 개인지를 나타낸다.
- 차수는 릴레이션의 구조를 결정하는 중요한 요소로, 릴레이션의 스키마(Schema) 설계 시 기본적인 틀을 제공한다.

예 아래의 '고객' 릴레이션은 속성이 4개이므로 차수는 4이다.

고객ID	이름	전화번호	주소
C001	김민수	010–1111–2222	서울특별시
C002	이지은	010–3333–4444	부산광역시

- 릴레이션의 차수가 많을수록 테이블의 구조가 복잡해지고, 관리해야 할 속성이 늘어난다.
- 반대로 차수가 너무 적으면 데이터의 표현력이 떨어질 수 있다.
- 따라서 데이터 설계 시 '필요한 속성만 최소한으로 정의하는 것'이 바람직하다.

② 카디널리티(Cardinality)

- 카디널리티는 릴레이션에 포함된 튜플(Tuple)의 개수, 즉 행(Row)의 수를 의미한다.
- 현실적으로는 '해당 테이블에 저장된 데이터 건수'로 이해할 수 있다.
- 카디널리티는 시간에 따라 변할 수 있는데, 예를 들어 고객이 늘어나거나 거래가 발생하면 튜플이 추가되므로, 카디널리티도 증가한다.

예 아래의 '고객' 릴레이션은 튜플이 3개이므로 카디널리티는 3이다.

고객ID	이름	전화번호	주소
C001	김민수	010–1111–2222	서울특별시
C002	이지은	010–3333–4444	부산광역시
C003	박지훈	010–5555–6666	NULL

③ 차수와 카디널리티의 관계

- 차수(Degree)는 릴레이션의 구조를, 카디널리티(Cardinality)는 릴레이션의 데이터 양을 나타낸다.
- 두 값은 릴레이션의 형태와 크기를 수학적으로 표현하는 기본적인 속성이며, 데이터베이스의 용량, 성능, 모델링 복잡도 등을 판단하는 기준으로 활용된다.

02 관계형 테이블의 특성

관계형 데이터베이스에서 데이터를 표현하는 기본 단위는 테이블(Table), 즉 릴레이션(Relation)이다. 릴레이션은 단순한 표 형태로 보이지만, 내부적으로는 데이터의 일관성, 무결성, 비중복성을 보장하기 위한 여러 규칙을 따른다. 이러한 규칙을 통해 관계형 데이터베이스는 논리적 구조의 명확성과 데이터 조작의 효율성을 확보할 수 있다.

다음은 관계형 테이블이 가져야 할 주요 특성들이다.

① 릴레이션은 하나의 의미 있는 개체(Entity)를 표현한다
- 각 테이블은 현실 세계의 한 종류의 대상(개체)이나 사건을 표현한다.
- 예를 들어, 고객 테이블은 고객 정보를, 거래 테이블은 거래 내역을 나타낸다.

② 튜플(Tuple)의 순서는 의미가 없다
- 릴레이션 내에서 튜플의 순서(행 순서)는 데이터의 의미에 영향을 주지 않는다.
- 즉, 데이터가 삽입되거나 조회될 때 행의 순서는 고정되지 않으며, 시스템이 데이터를 물리적으로 저장하는 방식에 따라 달라질 수 있다.

③ 속성(Attribute)의 순서도 의미가 없다
- 릴레이션의 각 열(Column, 속성) 역시 순서에 의존하지 않는다.
- 어떤 속성이 먼저 나오느냐는 데이터의 논리적 내용에 영향을 주지 않으며, 다만 사용자가 보기 편하도록 정렬된 형태로만 표시된다.

④ 모든 튜플은 유일하게 식별되어야 한다
- 릴레이션 내의 튜플들은 중복되지 않아야 하며, 각 튜플을 구분할 수 있는 고유 식별자(Key)가 존재해야 한다.
- 일반적으로 기본키(Primary Key)를 설정하여 각 행을 고유하게 구분한다.

예 기본 키 설정

> - 고객 릴레이션의 기본키 → 고객ID
> - 계좌 릴레이션의 기본키 → 계좌번호
> - 거래 릴레이션의 기본키 → 거래ID

⑤ 속성의 이름은 모두 달라야 한다
- 하나의 릴레이션 내에서 속성 이름은 중복될 수 없다.
- 속성 이름은 해당 데이터의 의미를 명확히 나타내야 하며, 혼동되지 않도록 해야 한다.

예 속성 이름의 구분

| 고객ID | 이름 | 주소 | 고객주소 | ×
위처럼 유사한 속성 이름을 중복 사용하면 혼란을 초래하므로,
| 고객ID | 이름 | 기본주소 | 배송주소 | ○
와 같이 의미가 구분되도록 명명하는 것이 바람직하다.

⑥ 속성은 동일한 도메인(Domain) 내의 값을 가져야 한다
- 각 속성은 정의된 도메인 내에서만 값을 가질 수 있으며, 데이터 타입, 길이, 형식 등이 일관되어야 한다.
- 이는 데이터 무결성을 보장하고 오류 입력을 방지하는 역할을 한다.

예 도메인 내의 값

- 잔액 속성 → 정수형(Integer), 0 이상
- 전화번호 속성 → 문자열(String), 숫자와 하이픈만 허용

⑦ 널(Null)은 미입력 또는 알 수 없음의 상태를 표현한다
- 관계형 테이블에서 널(Null)은 '값이 없는 상태' 또는 '아직 모르는 상태'를 의미한다.
- 널은 0, 공백, 빈 문자열과 다르며, 연산 시 별도로 처리되어야 한다.

⑧ 각 릴레이션은 중복 데이터를 최소화해야 한다
- 관계형 데이터베이스의 중요한 목표 중 하나는 데이터의 중복 최소화이다.
- 동일한 정보가 여러 릴레이션에 중복 저장되면, 수정이나 삭제 시 불일치가 발생할 수 있다.
- 따라서 설계 단계에서 데이터가 한 번만 저장되고, 필요한 경우 키(Key)를 이용해 다른 릴레이션과 참조(Reference)하도록 해야 한다.

관계형 키

관계형 데이터베이스에서 키(Key)는 릴레이션 내의 데이터를 식별하고 연결하는 기준이 되는 중요한 요소이다. 데이터베이스의 핵심은 '중복 없이, 정확하게 특정 데이터를 찾는 것'이며, 이를 가능하게 하는 것이 바로 키이다.

키는 릴레이션 내에서 튜플을 유일하게 구분하거나, 릴레이션 간의 관계를 연결하기 위해 사용된다. 키가 없다면 동일한 데이터를 중복 저장하거나, 서로 다른 테이블 간의 연결 관계를 유지할 수 없다.

01 키의 개념

- 키(Key)란 릴레이션 내에서 특정 튜플을 고유하게 식별하거나, 다른 릴레이션과의 연결(참조 관계)을 설정하기 위한 속성(또는 속성들의 집합)을 말한다.
- 데이터베이스의 모든 연산(검색, 갱신, 삭제)은 결국 키를 기준으로 수행된다. 따라서 키의 정의는 데이터 무결성과 효율적인 데이터 접근에 매우 중요하다.

02 키의 주요 종류

구분	정의	NULL 허용	중복 허용	예시
슈퍼키	튜플을 유일하게 식별 가능한 속성 집합	가능	가능	{고객ID, 이름}
후보키	최소한의 속성으로 유일 식별 가능한 키	불가	불가	{고객ID}, {주민등록번호}
기본키	후보키 중 대표로 선택된 키	불가	불가	고객ID
대체키	기본키로 선택되지 않은 후보키	불가	불가	주민등록번호
외래키	다른 릴레이션의 기본키를 참조하는 속성	가능	가능	고객ID (계좌 테이블 내)

1) 슈퍼키(Super Key)

- 슈퍼키는 릴레이션 내에서 튜플을 유일하게 구분할 수 있는 속성들의 집합이다.
- 모든 후보키와 기본키는 슈퍼키의 일종이다.
- 단, 불필요한 속성이 포함될 수도 있다.

예 고객 릴레이션과 슈퍼키

고객 릴레이션

고객ID	이름	전화번호	주소

슈퍼키
- {고객ID}
- {고객ID, 이름}
- {고객ID, 전화번호}
- → 이 중 {고객ID} 하나로도 튜플을 유일하게 구분할 수 있으므로, 다른 속성이 추가된 슈퍼키는 '불필요한 속성을 포함한 키'가 된다.

2) 후보키(Candidate Key)

- 후보키는 튜플을 유일하게 식별할 수 있는 최소 속성 집합이다.
- 슈퍼키 중에서 불필요한 속성이 제거된 키를 의미한다.
- 하나의 릴레이션에는 여러 개의 후보키가 존재할 수 있다.

예 고객 릴레이션과 후보키

- 후보키 1 : 고객ID
- 후보키 2 : 주민등록번호
- → 두 속성 모두 고객을 유일하게 구분할 수 있다면, 둘 다 후보키가 된다. 이 중 하나를 기본키(Primary Key)로 선택하게 된다.

3) 기본키(Primary Key)

- 후보키 중에서 릴레이션의 대표 키로 선택된 것이 기본키이다.
- 기본키는 NULL 값을 가질 수 없고, 중복될 수 없다.
- 각 튜플을 유일하게 구분할 수 있도록 릴레이션의 기준이 된다.
- 기본키의 역할
  - 데이터 검색의 기준 (WHERE 고객ID = 'C002')
  - 다른 릴레이션에서 외래키(Foreign Key)로 참조되는 대상

예 고객 릴레이션과 기본키

고객 릴레이션에서,
- 고객ID: 'C001', 'C002', 'C003'
- → 고객ID가 중복 없이 존재하므로 기본키로 적합하다.

4) 대체키(Alternate Key)

- 후보키 중에서 기본키로 선택되지 않은 나머지 키를 의미한다.
- 즉, 기본키가 아닌 나머지 후보키를 보조 식별자로 사용할 수 있다.
- 대체키는 보조적으로 유일성을 보장하거나, 특정 조회 조건에 활용될 수 있다.

예 고객 릴레이션과 대체키

> - 후보키 : 고객ID, 주민등록번호
> - 기본키 : 고객ID
> - 대체키 : 주민등록번호

5) 외래키(Foreign Key)

- 외래키는 다른 릴레이션의 기본키를 참조하는 속성이다.
- 외래키를 통해 릴레이션 간의 관계(1:1, 1:N, N:M)를 연결할 수 있다.
- 외래키는 참조 무결성(Referential Integrity)을 유지하기 위한 핵심 장치이다.

예 고객 릴레이션과 외래키

고객(Customer)

고객ID(PK)	이름	전화번호
C001	김민수	010-1111-2222
C002	이지은	010-3333-4444

계좌(Account)

계좌번호(PK)	고객ID(FK)	잔액
A101	C001	1,200,000
A102	C002	3,500,000

→ 계좌 테이블의 고객ID는 고객 테이블의 기본키를 참조하는 외래키이다. 이를 통해 '어떤 고객이 어떤 계좌를 보유하는지'를 연결할 수 있다.

03 키의 무결성 제약조건

키는 단순히 데이터 구분뿐 아니라, 데이터의 무결성(Integrity)을 보장하는 역할도 한다. 관계형 데이터베이스에서 다음 두 가지 제약이 기본적으로 적용된다.

1) 개체 무결성(Entity Integrity)

- 기본키는 NULL 값을 가질 수 없고, 중복될 수 없다.
- 즉, 모든 튜플은 반드시 유일하게 식별되어야 한다.
- 예 고객ID가 NULL이거나 중복되면 고객 데이터를 정확히 구분할 수 없으므로 위반이다.

2) 참조 무결성(Referential Integrity)

- 외래키는 반드시 참조 대상 테이블의 기본키에 존재하는 값만 가져야 한다.
- 존재하지 않는 고객ID를 외래키로 가지는 계좌는 허용되지 않는다.
  - 예 계좌 테이블에 고객ID 'C999'가 존재하지만, 고객 테이블에 'C999'가 없다면 참조 무결성 위반이다.
- 관계형 데이터베이스에서는 다음과 같은 제약조건(Constraint) 을 통해 무결성을 확보한다.

03

SQL 기본 문법

SQL의 개요

빈출 태그 ▶ DDL, DML, DCL

01 SQL의 개념

- SQL(Structured Query Language, 구조화 질의 언어)은 관계형 데이터베이스 관리 시스템(RDBMS)에서 데이터를 정의(Define)하고, 조작(Manipulate)하며, 제어(Control)하기 위해 사용되는 표준 언어이다.
- 데이터베이스 내의 테이블을 만들고(CREATE), 데이터를 추가·조회·수정(INSERT, SELECT, UPDATE)하거나, 사용자 권한을 관리(GRANT, REVOKE)하는 모든 작업은 결국 SQL 명령어를 통해 이루어진다.
- 즉, SQL은 단순히 '데이터를 검색하는 질의 언어(Query Language)'를 넘어 데이터베이스의 전 과정을 다루는 통합 관리 언어라고 할 수 있다.

02 SQL의 분류

SQL 명령어는 수행 기능에 따라 크게 세 가지(DDL, DML, DCL)로 구분되며, 트랜잭션 관리 기능을 담당하는 TCL이 별도로 구분되기도 한다. 이 분류는 SQL의 종류이자 SQL의 기능적 역할을 나타낸다.

1) DDL−데이터 정의어(Data Definition Language)

- DDL은 데이터베이스의 구조를 정의하고 관리하는 명령어 집합이다.
- 테이블, 뷰(View), 인덱스(Index) 등의 객체를 생성·변경·삭제할 때 사용된다.

주요 명령어	설명	예시
CREATE	테이블이나 뷰 등 새로운 객체를 생성한다.	CREATE TABLE 고객 (...);
ALTER	기존 테이블 구조를 변경한다.	ALTER TABLE 고객 ADD COLUMN 이메일 VARCHAR(50);
DROP	객체를 완전히 삭제한다.	DROP TABLE 고객;
TRUNCATE	테이블의 구조는 유지한 채 모든 데이터를 삭제한다.	TRUNCATE TABLE 거래;

- DDL 명령어를 실행하면 자동으로 COMMIT되어 변경 내용이 즉시 반영된다.

2) DML - 데이터 조작어(Data Manipulation Language)

- DML은 테이블 내 실제 데이터를 조회·삽입·수정·삭제하기 위한 명령어 집합이다.
- 즉, 사용자가 데이터베이스에 직접 접근해 데이터를 다루는 역할을 한다.

주요 명령어	설명	예시
SELECT	데이터를 조회한다.	SELECT * FROM 고객 WHERE 지역='서울';
INSERT	새로운 데이터를 삽입한다.	INSERT INTO 고객 VALUES('C001','홍길동','서울');
UPDATE	기존 데이터를 수정한다.	UPDATE 고객 SET 주소='부산' WHERE 고객ID='C001';
DELETE	데이터를 삭제한다.	DELETE FROM 고객 WHERE 고객ID='C001';

- DML은 트랜잭션 내에서 수행되며, COMMIT 또는 ROLLBACK을 통해 확정 또는 취소할 수 있다.

3) DCL - 데이터 제어어(Data Control Language)

- DCL은 데이터베이스 사용자에게 부여되는 접근 권한과 보안 정책을 관리하는 명령어이다.

주요 명령어	설명	예시
GRANT	사용자에게 권한을 부여한다.	GRANT SELECT ON 고객 TO user1;
REVOKE	부여된 권한을 취소한다.	REVOKE SELECT ON 고객 FROM user1;

- DCL을 통해 관리자는 각 사용자별로 접근 가능한 테이블, 실행 가능한 명령을 제한함으로써 데이터 보안과 무결성을 유지할 수 있다.

4) TCL - 트랜잭션 제어어(Transaction Control Language)

- TCL은 DML로 수행한 데이터 변경을 논리적 단위(트랜잭션)로 관리한다.
- 트랜잭션은 데이터 변경 작업의 한 묶음으로, 일관성과 복구 기능을 보장하는 핵심 개념이다.

주요 명령어	설명	예시
COMMIT	변경 내용을 확정한다.	COMMIT;
ROLLBACK	변경 내용을 취소한다.	ROLLBACK;
SAVEPOINT	특정 시점으로 복귀할 수 있는 저장점을 설정한다.	SAVEPOINT S1;

- DCL(Data Control Language, 데이터 제어 언어)은 데이터베이스 사용자에 대한 접근 권한과 보안 정책을 관리하기 위한 명령어 집합이다.
- 데이터베이스는 다수의 사용자가 동시에 접근하므로, 각 사용자에게 허용된 권한을 세분화하여 관리할 필요가 존재한다.
- DCL 명령어는 주로 데이터베이스 관리자(DBA)가 사용하며, 사용자에게 특정 권한을 부여하거나 회수함으로써 데이터의 보안성(Security)과 무결성(Integrity)을 유지하는 역할을 수행한다.

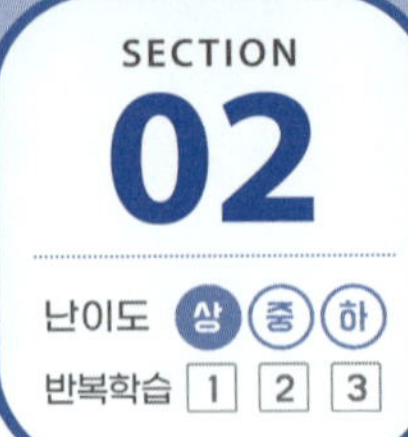

DDL 명령어 상세

01 CREATE

CREATE 명령어는 새로운 데이터베이스 객체를 생성하기 위한 명령어로, 테이블을 비롯한 다양한 객체(뷰, 인덱스, 스키마 등)를 정의하는 데 사용된다.

1) 기본 구조

```
CREATE TABLE 테이블명 (
    컬럼명 데이터형 [제약조건],
    ...
);
```

2) 주요 구성 요소

- 테이블명(Table Name) : 새로 생성될 테이블의 이름 지정 요소
- 컬럼명(Column Name) : 각 열의 이름 정의 요소
- 데이터형(Data Type) : 해당 열에 저장될 데이터의 형태 정의 요소
  예 CHAR, VARCHAR, INT, DATE 등
- 제약조건(Constraint): 데이터 무결성을 보장하기 위한 조건 요소
  예 NOT NULL, PRIMARY KEY, UNIQUE, FOREIGN KEY 등)

3) 예시

아래 명령어는 고객이라는 테이블을 생성하고, 고객ID를 기본키로 지정하여 중복되지 않도록 정의한 예시이다.

```
CREATE TABLE 고객 (
    고객ID CHAR(5) PRIMARY KEY,
    이름 VARCHAR(20) NOT NULL,
    지역 VARCHAR(20),
    가입일자 DATE
);
```

02 ALTER

ALTER 명령어는 이미 생성된 데이터베이스 객체의 구조를 변경하기 위한 명령어이다. 테이블의 열을 추가하거나 삭제하고, 열의 데이터형을 변경하는 등의 작업을 수행한다.

1) 기본 구조

```
ALTER TABLE 테이블명
[ADD ¦ DROP ¦ MODIFY] (컬럼 정의);
```

2) 주요 기능

기능	설명	예시
ADD	새 컬럼을 추가한다.	ALTER TABLE 고객 ADD 이메일 VARCHAR(50);
DROP	기존 컬럼을 삭제한다.	ALTER TABLE 고객 DROP COLUMN 지역;
MODIFY	컬럼의 데이터형을 변경한다.	ALTER TABLE 고객 MODIFY 이름 VARCHAR(30);

3) 주의 사항

- ALTER 명령으로 구조가 변경되면 기존 데이터의 일부가 영향을 받을 수 있다.
- DROP COLUMN 시 해당 열의 모든 데이터가 삭제되므로 신중한 사용이 요구된다.

03 DROP

DROP 명령어는 데이터베이스 내의 객체를 완전히 삭제하는 명령어이다. 테이블뿐 아니라 인덱스, 뷰, 스키마 등 다양한 객체를 제거할 때 사용된다.

1) 기본 구조

```
DROP TABLE 테이블명;
```

2) 특징

- 테이블의 데이터뿐 아니라 구조 자체도 삭제되는 명령어이다.
- 삭제된 테이블은 복구할 수 없으며, 자동으로 COMMIT된다.
- 다른 객체(예 뷰, 외래키 제약 등)가 해당 테이블을 참조 중이면 삭제가 제한된다.

3) 예시

아래 명령어는 고객 테이블을 완전히 삭제한다. 이후 같은 이름의 테이블을 새로 생성하지 않는 이상 데이터는 복구되지 않는다.

```
DROP TABLE 고객;
```

> **기적의 TIP**
>
> DROP vs. TRUNCATE
>
> ```
> TRUNCATE TABLE 테이블명;
> ```
>
> - TRUNCATE는 테이블의 구조는 유지하면서 저장된 모든 데이터를 일괄 삭제하는 명령어이다.
> - DELETE 문과 달리, WHERE 조건을 지정할 수 없다.
> - 모든 행을 빠르게 삭제하며, 롤백 불가능하다.
> - 데이터만 삭제하고 테이블 구조(열, 제약조건 등)는 그대로 유지한다.

DML 명령어 상세

01 SELECT

SELECT 명령어는 테이블에 저장된 데이터를 조회하기 위한 명령어이다. 가장 많이 사용되는 DML 명령어이며, SQL의 핵심적인 질의(Query) 기능을 담당한다.

1) 기본 구조

```
SELECT [DISTINCT] 컬럼명, ...
FROM 테이블명
[WHERE 조건]
[GROUP BY 컬럼명]
[HAVING 그룹조건]
[ORDER BY 컬럼명 [ASC¦DESC]];
```

2) 주요 구성 요소

- SELECT 절 : 조회할 열(Column)을 지정하는 절
- FROM 절 : 데이터를 가져올 테이블을 지정하는 절
- WHERE 절 : 조건에 맞는 행(Row)을 선택하는 필터 절
- GROUP BY 절 : 특정 열 기준으로 데이터를 그룹화하는 절
- HAVING 절 : 그룹화된 결과에 조건을 적용하는 절
- ORDER BY 절 : 결과를 정렬하는 절

3) 예시

아래 명령어는 고객 테이블에서 '서울' 지역의 고객을 조회하고, 가입일자 기준으로 내림차순 정렬한 결과를 반환한다.

```
SELECT 이름, 지역, 가입일자
FROM 고객
WHERE 지역 = '서울'
ORDER BY 가입일자 DESC;
```

4) 특징

- 결과는 하나 이상의 행(Row)과 열(Column)로 구성된 결과 집합(Result Set) 형태로 반환된다.
- 데이터베이스 내의 데이터를 변경하지 않는다.

02 INSERT

INSERT 명령어는 테이블에 새로운 데이터를 추가하기 위한 명령어이다. 새로운 행(Row)을 생성하여 테이블의 데이터를 확장하는 역할을 수행한다.

1) 기본 구조

```
INSERT INTO 테이블명 (컬럼1, 컬럼2, ...)
VALUES (값1, 값2, ...);
```

2) 예시

```
INSERT INTO 고객 (고객ID, 이름, 지역, 가입일자)
VALUES ('C001', '홍길동', '서울', '2025-10-01');
```

3) 특징

- 지정된 열(Column)의 순서와 값의 순서는 일치해야 한다.
- 열 목록을 생략할 경우, 테이블의 모든 열에 대해 값을 입력해야 한다.
- 삽입된 데이터는 COMMIT 명령을 실행하기 전까지는 확정되지 않는다.

03 UPDATE

UPDATE 명령어는 테이블에 이미 존재하는 데이터를 수정하기 위한 명령어이다. 특정 조건을 만족하는 행의 값만 변경할 수 있으며, 조건을 생략할 경우 모든 행이 수정된다.

1) 기본 구조

```
UPDATE 테이블명
SET 컬럼명 = 값 [, 컬럼명 = 값, ...]
[WHERE 조건];
```

2) 예시

아래 명령어는 고객ID가 'C001'인 고객의 지역 값을 '부산'으로 변경한다.

```
UPDATE 고객
SET 지역 = '부산'
WHERE 고객ID = 'C001';
```

3) 특징

- WHERE 절을 생략하면 테이블의 모든 행이 수정된다.
- 잘못된 조건 지정 시 전체 데이터가 변경될 위험이 있다.
- 수정 결과는 COMMIT을 통해 확정된다.

04 DELETE

DELETE 명령어는 테이블에서 특정 조건을 만족하는 행을 삭제하기 위한 명령어이다. 테이블 구조는 유지되며, 데이터만 제거된다.

1) 기본 구조

```
DELETE FROM 테이블명
[WHERE 조건];
```

2) 예시

아래 명령어는 고객 테이블에서 지역이 '부산'인 모든 고객 정보를 삭제한다.

```
DELETE FROM 고객
WHERE 지역 = '부산';
```

3) 특징

- WHERE 절을 생략할 경우, 모든 행이 삭제된다.
- 삭제된 데이터는 ROLLBACK을 통해 복구 가능하다.
- 테이블의 구조나 제약조건에는 영향을 주지 않는다.

기적의 TIP

DML의 트랜잭션 특성
- DML 명령어는 모두 트랜잭션 단위로 처리되는 명령어이다.
- 데이터 변경 후 COMMIT 명령을 실행하면 변경 내용이 확정된다.
- 반대로 오류나 취소가 필요한 경우 ROLLBACK을 실행하여 변경 전 상태로 복구 가능하다.
- 이로 인해 데이터베이스의 일관성(Consistency)과 무결성(Integrity)이 보장된다.

DCL 및 TCL 명령어 상세

01 GRANT

GRANT 명령어는 특정 사용자에게 데이터베이스 객체에 대한 접근 권한을 부여하기 위한 명령어이다. 데이터 조회, 수정, 삭제, 객체 생성 등의 권한을 지정할 수 있다.

1) 기본 구조

```
GRANT 권한명 [, 권한명, ...]
ON 객체명
TO 사용자명 [, 사용자명, ...]
[WITH GRANT OPTION];
```

2) 주요 구성 요소

- 권한명(Privilege) : 부여할 권한의 종류 지정(SELECT, INSERT, UPDATE, DELETE, ALL 등)
- 객체명(Object Name) : 권한이 적용될 테이블, 뷰, 시퀀스 등의 이름
- 사용자명(User Name) : 권한을 받을 사용자 또는 역할(Role) 지정
- WITH GRANT OPTION : 해당 사용자가 다른 사용자에게 동일 권한을 재부여할 수 있도록 허용하는 옵션

3) 예시

아래 명령어는 user1 사용자에게 고객 테이블의 조회 및 삽입 권한을 부여한다.

```
GRANT SELECT, INSERT ON 고객 TO user1;
```

02 REVOKE

REVOKE 명령어는 사용자에게 부여된 데이터베이스 객체 접근 권한을 회수하기 위한 명령어이다. 데이터 보호 및 보안 관리의 일환으로 사용된다.

1) 기본 구조

```
REVOKE 권한명 [, 권한명, ...]
ON 객체명
FROM 사용자명 [, 사용자명, ...];
```

2) 예시

아래 명령어는 user1 사용자에게 부여된 고객 테이블의 데이터 삽입 권한을 회수한다.

```
REVOKE INSERT ON 고객 FROM user1;
```

3) 특징

- REVOKE는 부여된 권한만 제거하며, 다른 권한에는 영향을 미치지 않는다.
- WITH GRANT OPTION으로 부여된 권한이 회수되면, 해당 사용자가 다른 사용자에게 부여한 권한 도 함께 취소된다.

03 TCL의 개요

- TCL(Transaction Control Language, 트랜잭션 제어 언어)은 데이터베이스에서 수행되는 여러 DML 작업을 논리적 단위(트랜잭션)로 관리하기 위한 명령어 집합이다.
- 트랜잭션(Transaction)은 데이터의 일관성과 무결성을 유지하기 위한 작업의 최소 단위로, 하나의 트 랜잭션에는 여러 개의 SQL 명령어가 포함될 수 있다.
- TCL은 DML로 발생한 변경 사항을 확정하거나 취소하는 역할을 수행하며, 데이터베이스의 ACID 특 성(Atomicity, Consistency, Isolation, Durability)을 보장하기 위한 핵심 기능이다.

04 COMMIT

COMMIT 명령어는 트랜잭션 내에서 수행된 모든 데이터 변경 작업을 영구적으로 반영하기 위한 명령어이 다. 데이터베이스는 COMMIT이 실행되는 순간 변경된 내용을 실제 데이터 파일에 기록한다.

1) 기본 구조

```
COMMIT;
```

2) 특징

- 트랜잭션에 포함된 모든 DML 명령의 결과가 확정된다.
- COMMIT 이후에는 ROLLBACK을 통해 복구할 수 없다.
- 다중 사용자 환경에서 다른 사용자에게 변경 내용이 보이기 시작한다.

3) 예시

아래 명령어는 두 계좌 간 이체 작업을 수행하고, COMMIT을 통해 최종 확정한다.

```
UPDATE 계좌 SET 잔액 = 잔액 - 10000 WHERE 계좌번호 = 'A001';
UPDATE 계좌 SET 잔액 = 잔액 + 10000 WHERE 계좌번호 = 'A002';
COMMIT;
```

05 ROLLBACK

ROLLBACK 명령어는 현재 트랜잭션에서 수행된 모든 변경 사항을 취소하기 위한 명령어이다. COM-MIT 이전 상태로 복구하여 데이터의 일관성을 유지한다.

1) 기본 구조

```
ROLLBACK;
```

2) 특징

- COMMIT 이전의 모든 DML 변경 사항이 취소된다.
- 트랜잭션의 일부분만 되돌릴 경우 SAVEPOINT를 함께 사용한다.

3) 예시

아래 명령어는 거래 테이블에서 데이터를 삭제한 후, ROLLBACK을 통해 삭제 이전 상태로 복원한다.

```
DELETE FROM 거래 WHERE 거래일자 < '2020-01-01';
ROLLBACK;
```

SQL 고급 활용

JOIN 문

빈출 태그 ▶ JOIN의 개념, JOIN의 종류, INNER JOIN, OUTER JOIN

01 JOIN의 개념

- JOIN은 두 개 이상의 테이블을 연결하여 관련 데이터를 하나의 결과로 조회하기 위한 SQL 명령어이다. 관계형 데이터베이스에서는 테이블이 각기 다른 정보를 저장하므로, JOIN을 통해 서로 연관된 데이터를 결합하여 의미 있는 분석 결과를 도출한다.
- JOIN은 데이터 분석, 통계 처리, 보고서 생성 등에서 테이블 간 관계를 해석하고 통합하는 핵심 도구로 활용된다.

02 JOIN의 종류

JOIN은 결합 방식에 따라 다음 세 가지로 구분된다.

구분	설명
INNER JOIN	두 테이블에서 공통된 키 값을 가진 행만 결합하여 조회하는 방식
LEFT OUTER JOIN	왼쪽 테이블의 모든 행을 기준으로 결합하고, 오른쪽 테이블에 일치하는 데이터가 없는 경우 NULL로 표시
RIGHT OUTER JOIN	오른쪽 테이블의 모든 행을 기준으로 결합하고, 왼쪽 테이블에 일치하는 데이터가 없는 경우 NULL로 표시

03 INNER JOIN 예시

```
SELECT A.고객ID, A.이름, B.거래금액
FROM 고객 A
INNER JOIN 거래 B
ON A.고객ID = B.고객ID;
```

- 고객 테이블과 거래 테이블을 고객ID를 기준으로 결합한다.
- 양쪽 테이블에 동일한 고객ID가 존재하는 행만 조회된다.
- 거래가 없는 고객은 결과에 포함되지 않는다.

04 LEFT OUTER JOIN 예시

```
SELECT A.고객ID, A.이름, B.거래금액
FROM 고객 A
LEFT OUTER JOIN 거래 B
ON A.고객ID = B.고객ID;
```

- 왼쪽 테이블(고객)의 모든 행이 기준이 된다.
- 거래 테이블에 일치하는 고객ID가 없으면 거래금액은 NULL로 표시된다.
- 즉, 거래 이력이 없는 고객도 함께 조회된다.

▼ 예시 결과

고객ID	이름	거래금액
C001	김하늘	300000
C002	이도윤	50000
C003	박소연	NULL

→ 고객 C003은 거래 테이블에 존재하지 않지만, 고객 목록에 포함되어 결과로 표시된다.

05 RIGHT OUTER JOIN 예시

```
SELECT A.고객ID, A.이름, B.거래금액
FROM 고객 A
RIGHT OUTER JOIN 거래 B
ON A.고객ID = B.고객ID;
```

- 오른쪽 테이블(거래)의 모든 행이 기준이 된다.
- 고객 테이블에 존재하지 않는 고객ID가 거래에 포함되어 있어도 결과에 표시된다.
- 등록되지 않은 고객의 거래 정보도 함께 조회된다.

▼ 예시 결과

고객ID	이름	거래금액
C001	김하늘	300000
C002	이도윤	50000
C004	NULL	200000

→ 거래 테이블에 존재하지만 고객 테이블에 등록되지 않은 C004의 거래도 결과에 포함된다.

GROUP BY 및 집계 함수

빈출 태그 ▶ GROUP BY의 개념과 구조 , 집계함수, HAVING 절

01 GROUP BY의 개념

- GROUP BY문은 테이블의 데이터를 특정 기준 열(Column)을 중심으로 그룹화하여 요약 정보를 도출하기 위한 SQL 명령어이다. 대량의 데이터를 단순 조회하는 것보다, 집계를 통해 패턴이나 경향을 파악하는 데 사용된다.
- 예를 들어, 거래 테이블에서 고객별 총 거래금액이나 월별 평균 판매량을 계산할 때 GROUP BY문을 활용한다.

02 GROUP BY의 기본 형식

```
SELECT  그룹기준열,  집계함수(열이름)
FROM  테이블명
GROUP  BY  그룹기준열;
```

- 그룹기준열 : 데이터를 묶는 기준이 되는 열
- 집계함수 : 그룹별로 계산할 항목 (예 합계, 평균, 최댓값 등)

03 주요 집계 함수(Aggregate Function)

함수명	설명	예시
SUM( )	합계를 계산한다.	SUM(거래금액)
AVG( )	평균값을 계산한다.	AVG(거래금액)
COUNT( )	행의 개수를 계산한다.	COUNT(고객ID)
MAX( )	최댓값을 반환한다.	MAX(거래금액)
MIN( )	최솟값을 반환한다.	MIN(거래금액)

04 GROUP BY 예시

```
SELECT 고객ID, SUM(거래금액) AS 총거래금액
FROM 거래
GROUP BY 고객ID;
```

- 고객ID별로 거래금액의 총합을 계산한다.
- 동일한 고객ID를 가진 행들이 하나의 그룹으로 묶인다.

▼ 예시 결과

고객ID	총거래금액
C001	450000
C002	50000
C003	300000

05 GROUP BY와 HAVING 절

- GROUP BY로 묶인 결과는 WHERE 절로는 직접 필터링할 수 없다. 대신, 그룹 단위의 조건을 지정할 때는 HAVING 절을 사용한다.
- 아래 예시는 고객ID별 총거래금액을 구하고, 총거래금액이 100,000을 초과하는 고객만 조회한다.

```
SELECT 고객ID, SUM(거래금액) AS 총거래금액
FROM 거래
GROUP BY 고객ID
HAVING SUM(거래금액) > 100000;
```

▼ 예시 결과

고객ID	총거래금액
C001	450000
C003	300000

SQL 연산자(Operators)

01 SQL 연산자의 개념

- 연산자(Operator)란 SQL 문에서 데이터 값을 비교하거나 계산, 논리적 판단을 수행하기 위한 기호 또는 키워드를 의미한다.
- 연산자는 SELECT, WHERE, HAVING, UPDATE 등 다양한 구문에서 조건식이나 계산식의 형태로 사용된다.
- SQL에서 연산자는 크게 산술 연산자, 비교 연산자, 논리 연산자, 기타 특수 연산자로 구분된다.

02 산술 연산자

산술 연산자는 숫자형 데이터를 대상으로 기초적인 수학 계산을 수행하는 연산자이다. 테이블 내 금액, 수량, 이자율 등의 계산에 자주 활용된다.

① 연산자의 종류

연산자	의미	예시	결과
+	더하기	SELECT 100 + 50;	150
−	빼기	SELECT 100 − 30;	70
*	곱하기	SELECT 10 * 5;	50
/	나누기	SELECT 100 / 4;	25
%	나머지	SELECT 10 % 3;	1

② 활용 예시

```
SELECT 상품명, 가격, 수량, 가격 * 수량 AS 총금액
FROM 판매;
```

- 상품별 총 판매금액을 계산하기 위한 예시이다.
- 연산 결과는 "총금액"이라는 별칭(Alias)으로 표시된다.

03 비교 연산자

비교 연산자는 두 값의 크기나 동일 여부를 비교하여 참(TRUE) 또는 거짓(FALSE)을 반환하는 연산자이다. 주로 WHERE 절에서 조건을 지정할 때 사용된다.

연산자	의미	예시	설명
=	같다	WHERE 금액 = 1000	금액이 1000인 행
◇ 또는 !=	같지 않다	WHERE 지역 ◇ '서울'	지역이 서울이 아닌 행
〉	크다	WHERE 점수 〉 80	점수가 80보다 큰 행
〈	작다	WHERE 수량 〈 50	수량이 50보다 작은 행
〉=	크거나 같다	WHERE 잔액 〉= 0	잔액이 0 이상인 행
〈=	작거나 같다	WHERE 거래금액 〈= 50000	거래금액이 5만 이하인 행

04 논리 연산자

논리 연산자는 둘 이상의 조건식을 연결하여 복합 조건을 구성할 때 사용하는 연산자이다. WHERE 절이나 HAVING 절에서 여러 조건을 조합할 때 활용된다.

연산자	의미	예시	설명
AND	두 조건이 모두 참일 때 참	WHERE 지역 = '서울' AND 금액 〉 100000	서울 지역이면서 금액이 10만 초과
OR	두 조건 중 하나라도 참일 때 참	WHERE 지역 = '서울' OR 지역 = '부산'	서울 또는 부산 지역
NOT	조건이 거짓일 때 참	WHERE NOT 지역 = '서울'	서울이 아닌 지역

05 기타 연산자

비교나 논리 연산자 외에도 SQL에는 패턴 매칭, 범위 비교, 존재 여부 확인 등을 수행하는 연산자가 존재한다.

연산자	의미	예시	설명
BETWEEN A AND B	A 이상 B 이하 범위에 포함	WHERE 금액 BETWEEN 10000 AND 50000	금액이 1만~5만 사이인 행
IN (값목록)	목록 내 값과 일치	WHERE 지역 IN ('서울','부산')	서울 또는 부산 지역
LIKE	문자열 패턴 일치	WHERE 이름 LIKE '김%'	김으로 시작하는 이름
IS NULL	NULL 값인 경우 참	WHERE 전화번호 IS NULL	전화번호가 입력되지 않은 행
IS NOT NULL	NULL이 아닌 경우 참	WHERE 거래금액 IS NOT NULL	거래금액이 존재하는 행

01 다음 중 관계형 데이터베이스의 구성 요소가 아닌 것은?

① 릴레이션(Relation)
② 튜플(Tuple)
③ 속성(Attribute)
④ 클러스터(Cluster)
⑤ 도메인(Domain)

관계형 데이터베이스의 구성요소는 릴레이션(테이블), 튜플(행), 속성(열), 도메인(속성의 값 범위)이다. 클러스터는 저장 구조 개념이다.

02 기본 키(Primary Key)의 특징으로 옳은 것은?

① 중복된 값을 가질 수 있다.
② NULL 값을 허용한다.
③ 테이블 내 2개 이상 정의할 수 있다.
④ 각 레코드를 유일하게 식별한다.
⑤ 인덱스로 사용할 수 없다.

기본 키는 테이블의 각 행을 유일하게 식별하며 중복과 NULL 값을 허용하지 않는다.

03 외래 키(Foreign Key)의 주된 역할은?

① 데이터 중복 방지
② 테이블 간의 관계 설정
③ 기본 키 대체
④ 인덱스 자동 생성
⑤ 데이터 암호화

외래 키는 다른 테이블의 기본 키를 참조하여 두 테이블 간의 관계를 정의한다.

04 다음 SQL 중 모든 행을 삭제하지만 테이블 구조는 유지되는 명령은?

① DROP TABLE EMP;
② DELETE FROM EMP;
③ REMOVE EMP;
④ ERASE TABLE EMP;
⑤ CLEAR TABLE EMP;

DELETE는 행을 삭제하되 테이블 구조는 유지한다.

오답 피하기
① DROP은 구조까지 삭제한다.

05 다음 중 데이터 정의어(DDL)에 해당하지 않는 것은?

① CREATE
② ALTER
③ DROP
④ UPDATE
⑤ RENAME

UPDATE는 데이터 조작어(DML)에 속한다.

06 다음 중 DML(Data Manipulation Language)에 속하지 않는 것은?

① SELECT
② DELETE
③ INSERT
④ COMMIT
⑤ UPDATE

COMMIT은 트랜잭션 제어어(TCL)에 속한다.

07 아래 SQL 문에서 조회되는 데이터는?

```
SELECT NAME, DEPT
FROM EMPLOYEE
WHERE DEPT = 'SALES' AND SALARY > 3000;
```

① 모든 부서 직원
② SALES 부서의 모든 직원
③ SALES 부서에서 급여가 3000 초과인 직원
④ 급여가 3000 이하인 모든 직원
⑤ SALES 부서 중 가장 급여가 높은 직원

WHERE 조건으로 두 가지 조건이 모두 참인 행만 조회한다.

08 다음 중 CREATE TABLE 명령의 올바른 형식은?

① CREATE TABLE 테이블명 {컬럼명 데이터형};
② CREATE TABLE (테이블명 컬럼명 데이터형);
③ CREATE TABLE 테이블명 (컬럼명 데이터형, …);
④ MAKE TABLE 테이블명 (컬럼명 데이터형);
⑤ NEW TABLE 테이블명 (컬럼명 데이터형);

표준 SQL의 테이블 생성 구문은 CREATE TABLE 테이블명 (컬럼명 데이터형, …);이다.

09 다음 중 WHERE 절에서 패턴 매칭에 사용하는 연산자는?

① BETWEEN
② LIKE
③ IN
④ AS
⑤ ALL

LIKE는 '%', '_' 등을 이용해 특정 패턴을 검색할 때 사용한다.

10 다음 SQL의 의미로 옳은 것은?

```
SELECT COUNT(*) FROM CUSTOMER WHERE CITY
= 'SEOUL';
```

① 고객 수 전체를 조회한다.
② 서울 고객의 수를 계산한다.
③ 고객 정보를 수정한다.
④ 중복된 고객 이름을 제거한다.
⑤ 고객 데이터를 삭제한다.

COUNT(*)는 조건에 맞는 행의 개수를 반환한다.

11 다음 중 ROLLBACK의 기능으로 옳은 것은?

① 데이터 저장
② 변경 내용 취소
③ 테이블 삭제
④ 인덱스 생성
⑤ 권한 부여

ROLLBACK은 트랜잭션 중 변경된 내용을 취소하고 이전 상태로 되돌린다.

12 한 테이블의 차수(Degree)는 무엇을 의미하는가?

① 튜플 수
② 열(Column) 수
③ 행(Row) 수
④ 테이블 수
⑤ 인덱스 수

차수는 릴레이션에 포함된 속성(열)의 개수를 말한다.

13 다음 중 Null 값의 의미로 옳은 것은?

① 0
② 공백
③ 알 수 없음 또는 값이 없음
④ 문자열 'NULL'
⑤ 숫자 데이터

NULL은 '값이 존재하지 않음'을 의미하며 0이나 공백과 다르다.

14 다음 SQL 중 두 테이블의 공통 데이터만 출력하는 것은?

① LEFT JOIN
② RIGHT JOIN
③ FULL JOIN
④ INNER JOIN
⑤ OUTER JOIN

INNER JOIN은 두 테이블의 교집합 데이터를 조회한다.

15 다음 중 테이블의 특정 칼럼만 수정할 때 사용하는 SQL은?

① CHANGE
② ALTER
③ UPDATE
④ MODIFY
⑤ REPLACE

UPDATE는 테이블 내의 특정 행이나 칼럼 값을 변경할 때 사용된다.

16 'STUDENT' 테이블의 모든 데이터를 삭제하려면?

① DROP STUDENT;
② DELETE FROM STUDENT;
③ REMOVE TABLE STUDENT;
④ CLEAR STUDENT;
⑤ ERASE STUDENT;

DELETE FROM 명령은 테이블 구조를 유지한 채 모든 데이터를 삭제한다.

17 다음 중 GROUP BY 절 뒤에 오는 HAVING 절의 역할은?

① 행 단위 조건
② 그룹 단위 조건
③ 정렬 조건
④ 삽입 조건
⑤ 삭제 조건

HAVING은 GROUP BY로 묶인 그룹에 조건을 적용한다.

18 다음 SQL 실행 결과로 생성되는 행(Row)의 수는 몇 개인가?

```
SELECT DISTINCT DEPT FROM EMPLOYEE;
```

① 모든 레코드 수
② 중복된 부서 포함 수
③ 중복되지 않은 부서 수
④ 모든 칼럼 수
⑤ 조건 없는 전체 건수

DISTINCT는 중복 값을 제거하고 유일한 값만 조회한다.

19 다음 SQL의 실행 결과로 올바른 것은?

```
SELECT SUM(PRICE) FROM SALES WHERE STA-
TUS = 'Y';
```

① 모든 상품의 가격 평균
② 판매된 상품의 총 가격
③ 판매되지 않은 상품 수
④ 모든 상품의 할인율
⑤ 전체 상품 개수

STATUS='Y'인 상품들의 PRICE 합계를 계산한다.

20 다음 중 테이블의 이름을 변경할 때 사용하는 SQL은?

① CHANGE TABLE
② UPDATE TABLE
③ ALTER TABLE RENAME TO
④ MODIFY TABLE
⑤ RENAME COLUMN

테이블명 변경은 ALTER TABLE 기존명 RENAME TO 새이름; 구문을 사용한다.

21 SQL 명령어 중 사용자 권한을 부여하는 것은?

① COMMIT
② REVOKE
③ GRANT
④ GRANT OUTER
⑤ PERMIT

GRANT는 사용자에게 데이터베이스 객체 접근 권한을 부여한다.

22 다음 SQL 중 특정 조건의 데이터만 복사하여 새 테이블을 생성하는 구문은?

① CREATE TABLE AS SELECT
② INSERT INTO SELECT
③ COPY TABLE
④ BACKUP TABLE
⑤ DUPLICATE SELECT

CREATE TABLE 새테이블명 AS SELECT … 형식으로 조건에 맞는 데이터를 새 테이블로 생성할 수 있다.

23 다음 SQL의 실행 결과로 옳은 것은?

```
SELECT AVG(SALARY)
FROM EMPLOYEE
WHERE DEPT = 'ACCOUNTING';
```

① 급여의 총합
② 급여의 평균
③ 급여의 최댓값
④ 급여의 최솟값
⑤ 급여의 개수

AVG 함수는 지정된 컬럼 값의 평균을 계산한다.

24 SQL에서 BETWEEN A AND B의 의미로 옳은 것은?

① A보다 크다
② A 이상 B 이하
③ A 초과 B 미만
④ A 미만 B 초과
⑤ B 이상 A 이하

BETWEEN은 범위 내의 값을 포함하므로 A 이상 B 이하를 의미한다.

25 다음 SQL의 의미로 옳은 것은?

```
SELECT PRODUCT, PRICE * 1.1 AS NEW_PRICE
FROM GOODS
```

① 가격을 10% 인상한 결과를 NEW_PRICE로 표시
② 가격을 10% 인하한 결과를 표시
③ 원래 가격만 조회
④ 가격을 문자열로 변환
⑤ 세금 제외 금액 조회

PRICE에 1.1을 곱하면 10% 인상된 값을 계산하며, AS로 새 컬럼명을 지정한다.

정답 24② 25①

PART

04

기초회계

4일차에는 회계의 기초와 관련된 내용에 대해 학습하겠습니다. 복식부기의 필요성과 여러 가지 재무제표, 마지막으로 회계의 순환과정에서 집계되고 검증되는 여러 절차들을 확인하도록 하겠습니다.

회계의 정의

빈출 태그 ▶ 회계의 뜻, 회계 목적, 재무회계 vs 관리회계, 회계정보 이용자, 회계단위·회계연도

01 회계의 정의

회계(Accounting)는 기업의 언어라고 불린다. 돈을 세고 기록하는 작업을 넘어, 기업이 어떻게 살아 움직이고 있는지를 보여주는 거울과 같다. 회계는 기업의 재무상태와 성과를 수치로 표현해 주며, 이를 통해 이해관계자는 기업이 현재 얼마나 건전한 상태에 있는지, 미래에 성장할 가능성은 얼마나 되는지를 판단할 수 있다.

02 회계가 가지는 의미

- 회계의 목적 : 투자자에게는 투자 여부를, 은행에는 대출 가능성을, 정부에는 과세 기준을, 직원과 소비자에게는 신뢰할 수 있는 경영의 근거를 제공한다.
- 재무회계와 관리회계 : 재무회계는 외부 보고를 위한 '공식적인 보고서'라면, 관리회계는 내부 의사결정을 돕는 '비밀 노트'와 같다. 재무회계는 객관성과 비교 가능성을 중시하지만, 관리회계는 경영자의 판단과 전략 수립에 맞춰 유연하게 작성된다.
- 회계의 사회적 의미 : 현대 사회에서 기업은 단순한 이윤 창출을 넘어서 사회적 책임을 수행해야 한다. 회계는 기업이 얼마나 투명하고 윤리적으로 운영되는지를 보여주는 중요한 잣대가 된다.

03 회계의 유형과 목적

유형	목적
재무회계	기업 외부 이해관계자인 주주, 채권자 등에게 경제적 의사결정에 유용한 정보를 제공하는 것을 목적으로 하는 회계
관리회계	기업 내부 이해관계자인 경영자에게 관리적 의사결정에 유용한 정보를 제공하는 것을 목적[예산(계획),집행, 책임]으로 하는 회계
원가회계	제품생산에 소요되는 원가를 파악하고 측정, 기록, 요약하여 기업경영의 의사결정에 필요한 원가정보를 획득하고, 제조기업의 재무상태와 경영성과를 명백히 하는 회계(예 제조원가 등)
세무회계	기업의 외부 이해관계자인 국가에게 세법에서 정하는 바에 따라 납부세액을 산출하고 서식에 맞게 작성하여 신고하는 데 필요한 회계

회계(Accounting)는 흔히 기업의 언어라 불린다. 단순한 숫자의 나열이 아니라, 기업의 경제적 자원을 어떻게 보유하고 활용하는지를 보여주는 종합적 정보 시스템이다.

1) 회계의 목적

- 성과 측정, 재무상태 보고, 자원의 효율적 배분 지원, 사회적 책임 확보에 그 목적이 있다.
- 재무회계 vs 관리회계 : 재무회계는 외부보고(투자자, 채권자 등), 관리회계는 내부의사결정 지원에 활용된다.
- 이용자 : 정부(세금, 규제), 금융기관(신용평가), 일반 대중(기업의 사회적 신뢰성) 등

2) 회계정보 이용자와 활용목적

이용자	활용목적
투자자	투자 판단
채권자	대출 여부 결정
정부	세무 및 규제
일반대중	기업 책임 확인

회계의 기본가정, 회계등식

빈출 태그 ▶ 기업실체의 가정, 계속기업의 가정, 기간가정, 화폐측정가정, 회계단위, 회계연도, 기초·기말·전기·
당기·차기, 회계등식(자산=부채+자본), 자산·부채·자본 구분

01 회계의 기본가정

1) 회계의 기본가정

① 정의 : 회계가 의미를 가지려면 몇 가지 기본 전제를 바탕으로 해야 한다. 이를 회계의 기본가정 또는 재무제표의 기본가정이라 한다. 재무제표의 기본가정(기본전제)이란 회계이론을 연역적으로 전개하는 데 필요한 공리적 명제로서, 회계 원칙의 기초가 되는 가정을 의미한다.

② 종류

• 기업실체의 가정 : 기업은 소유주와 명확히 분리된 독립적인 경제적 실체로 본다. 즉, 대표이사 개인이 가족 외식에 쓴 비용은 기업 비용으로 처리할 수 없다. 이 가정이 없다면 기업 재무제표에는 기업 거래와 소유주 개인 거래가 뒤섞여 신뢰성을 잃게 된다.

　예 A주식회사의 대표가 자신의 주택 임대료를 회사 통장에서 지불했을 경우, 이는 기업 비용이 아니라 대표 개인의 지출로 분리해야 한다.

• 계속기업의 가정 : 기업은 특별한 청산 사유나 파산 선언이 없는 한 장기간 존속할 것으로 본다. 따라서 자산은 청산가치가 아닌 사용가치로 기록된다. 기업이 내일 문을 닫을 것처럼 자산을 평가하면 경영성과를 제대로 파악할 수 없다.

　예 토지는 장부에 구입가로 기록되고 장기 보유자산으로 분류된다. 단기 매각 의도가 없는 한, 토지는 매각가격이 아닌 역사적 원가로 표시된다.

• 기간가정 : 영속적으로 이어지는 기업 활동을 분기, 반기, 연도와 같이 인위적으로 끊어서 보고한다. 이 덕분에 투자자와 채권자는 기업의 성과를 정기적으로 확인할 수 있다.

　예 삼성전자는 매년 12월 31일을 결산일로 하여 1월~12월의 활동을 연간 재무제표로 작성한다. 또한 분기보고서를 통해 3개월 단위 실적을 보고한다.

• 화폐측정가정 : 기업의 모든 거래와 사건은 화폐 단위로 측정해 기록한다. 화폐로 환산할 수 없는 요소는 재무제표에 반영되지 않는다.

　예 기업의 건물은 구입 시 가격으로 장부에 기록되지만, 건물 디자인의 아름다움이나 직원들의 사기 수준은 화폐로 측정할 수 없어 기록되지 않는다.

2) 회계단위 및 회계연도(회계기간)

① **회계단위(Accounting Entity)** : 회계정보를 기록·보고하는 단위로, 보통은 기업 자체를 의미한다. 중요한 점은 소유주 개인과 기업을 명확히 구분한다는 것이다. 예를 들어, 대표이사의 개인 자동차 구입은 회사 장부에 반영되지 않는다. 회계단위는 기업뿐 아니라 비영리기관, 학교, 심지어 개인 사업자도 될 수 있다.

② **회계연도(Accounting Period)** : 기업의 경영활동은 끝없이 이어지지만, 보고를 위해 일정 기간 단위로 끊어 기록한다. 이를 회계연도라 한다. 대부분의 한국 기업은 1월 1일부터 12월 31일까지를 회계연도로 삼지만, 일부 기업은 업종 특성이나 모회사 정책에 따라 7월 1일부터 다음 해 6월 30일까지 등 다른 기간을 선택하기도 한다. 중요한 것은 정해진 기간을 일관되게 적용하여 비교 가능성을 확보하는 것이다.

③ **회계연도와 관련된 주요 용어** : 회계연도를 기준으로 한 표현도 자주 사용된다. 이를 이해하면 재무제표를 해석할 때 혼동을 줄일 수 있다.

- 기초 : 회계연도의 첫 날을 의미한다. (**예** 1월 1일)
- 기말 : 회계연도의 마지막 날이다. (**예** 12월 31일)
- 전기 : 앞선 회계연도를 뜻한다. '전기이월'은 전기 잔액이 당기로 넘어온 것을 말한다.
- 당기 : 현재 회계연도를 뜻한다. 올해의 재무제표는 모두 당기의 활동을 반영한다.
- 차기 : 다음 회계연도를 의미한다. '차기이월'은 당기 잔액이 다음 회계연도로 넘어가는 것을 말한다.

→ 이러한 용어는 재무상태표나 손익계산서 주석에서 자주 등장하므로 반드시 익숙해져야 한다.

▼ 회계연도의 개념도

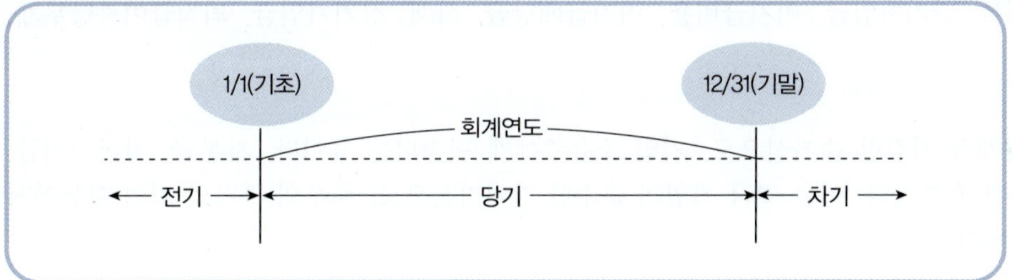

기적의 TIP

- 회계단위 : 기업과 소유주는 구분된다. 기록은 반드시 회계단위 단위여야 한다.
- 회계연도 : 기업 활동을 인위적으로 끊어 일정 기간 단위로 보고한다.

이 개념은 앞서 설명한 '기업실체의 가정'과 '기간가정'의 구체적 실무적 적용이라 할 수 있다.

---

① **회계등식의 정의** : 회계등식(Accounting Equation)은 회계의 가장 기본이 되는 원리로, 모든 재무제표가 이 등식을 바탕으로 작성된다. 기업의 재무 상태를 한눈에 표현하는 공식으로, 기업이 보유한 자산은 결국 외부에서 빌려온 부채와 내부 소유주가 투자한 자본으로 조달되기 때문에 성립한다.

② **회계등식의 개념** : 회계등식은 기업이 가진 모든 자산(Assets)은 그 자산의 조달원천에 따라 두 가지로 나눌 수 있음을 보여준다. 하나는 채권자나 금융기관 등 외부로부터 빌려온 자금(부채), 다른 하나는 주주나 소유주가 출자한 자본이다. 따라서 항상 자산 = 부채 + 자본이라는 공식이 유지된다. 이 균형이 깨진다면 회계기록에 오류가 있음을 의미한다.

③ **자산(Assets)**

- 자산은 기업이 현재 보유하거나 통제하는 경제적 자원으로, 미래에 경제적 효익을 창출할 것으로 기대된다. 예를 들어 현금, 외상매출금, 토지, 건물, 기계장치, 특허권 등이 있다. 자산은 기업의 경영활동을 지속시키는 토대이다.
- 주요 항목 : 현금, 외상매출금, 단기투자자산, 재고자산, 토지, 건물, 기계장치, 특허권, 무형자산, 투자부동산 등

④ **부채(Liabilities)**

- 부채는 기업이 과거 거래나 사건으로 인해 발생한 현재의 의무로, 미래에 현금이나 자원을 유출하여 갚아야 한다. 예를 들어, 은행 차입금, 매입채무, 사채, 미지급금 등이 있다. 부채는 외부 이해관계자에게 갚아야 할 기업의 약속이자 의무이다.
- 주요 항목 : 매입채무, 단기차입금, 미지급비용, 미지급배당금, 사채, 장기차입금, 퇴직급여충당부채, 리스부채 등

⑤ **자본(Equity)**

- 자본은 자산에서 부채를 차감한 순자산으로, 기업 소유주에게 귀속되는 몫이다. 자본금, 자본잉여금, 이익잉여금 등이 자본에 속한다. 이는 결국 기업의 순수한 자기자본으로, 주주의 투자와 기업 활동에서 발생한 이익이 반영된다.
- 주요 항목 : 자본금, 자본잉여금, 이익잉여금, 기타포괄손익누계액, 자사주, 비지배지분 등

⑥ **등식이 성립하는 이유** : 기업의 자산은 반드시 어떤 출처에서 온 자금으로 마련된다. 그 출처가 외부 채권자로부터 빌려온 자금이라면 부채로, 소유주가 출자한 자금이라면 자본으로 기록된다. 따라서 자산 총액은 언제나 부채와 자본의 합계와 동일하다. 이는 기업의 재무제표가 항상 균형을 유지하도록 하는 회계의 기본 논리이다.

⑦ **회계등식의 확장**

- 자산 = 부채 + 자본 = 부채 + (자본금 + 이익잉여금)
- 즉, 기업이 보유한 자산은 외부에서 빌린 돈(부채)과 내부적으로 조달된 자기자본(자본금과 기업이 벌어 축적한 이익잉여금)으로 구성된다. 이 확장된 등식은 자본의 세부 구조를 드러내며, 기업의 재무 건전성을 파악하는 기초가 된다.

- 회계등식은 재무제표의 기본 뼈대이다.
- 자산은 기업이 보유한 경제적 자원이다.
- 부채는 외부에 대한 상환 의무이다.
- 자본은 소유주의 지분으로 순자산을 의미한다.
- 자산은 반드시 부채 또는 자본에서 조달되므로 항상 '자산 = 부채 + 자본'이 성립한다.

더 알기 TIP

회계등식

구분	금액(원)
자산	1,000,000
부채	400,000
자본	600,000

위 표처럼 자산은 부채와 자본의 합으로 항상 일치한다.

회계등식의 응용

구분	세부항목(원)		금액(원)
자산	현금 토지	200,000 800,000	1,000,000
부채	단기차입금 사채	200,000 200,000	400,000
자본	자본금 이익잉여금	500,000 100,000	600,000

→ 자산(1,000,000) = 부채(400,000) + 자본(600,000)

회계상 거래, 복식부기의 원리

빈출 태그 ▶ 회계상 거래, 거래의 이중효과, 차변·대변, 단식부기·복식부기, 영리부기·비영리부기, T계정,
복식부기 장점(자기검증·흐름추적·의사결정 품질)

01 부기의 기본 개념

부기(Bookkeeping)는 거래를 어떻게 기록하고 계산하느냐에 따라, 그리고 누구를 위해 사용되느냐에 따라 여러 종류로 나뉜다.

1) 기록을 계산하는 방법에 따른 분류

① 단식부기 : 일정한 원리나 원칙 없이 상식적으로 현금이나 재화의 증감 변화를 기록 · 계산하는 불완전한 부기 방식이다. 개인 가계부처럼 단순히 들어오고 나가는 흐름만 적는 수준이다.

② 복식부기 : 일정한 원리원칙(차변 · 대변)에 따라 재화의 증감이나 손익 발생을 조직적으로 기록 · 계산하는 완전한 부기다. 자기검증 기능이 있어 오류를 쉽게 잡을 수 있으며, 오늘날 대부분의 기업이 사용하는 방법이다.

2) 이용자의 영리성 유무에 따른 분류

① 영리부기 : 이윤을 목적으로 하는 기업에서 사용하는 부기 방식이다.
   예 상업부기, 공업부기, 은행부기, 건설부기 등

② 비영리부기 : 영리 목적이 없는 가계, 학교, 공공기관 등에서 사용하는 부기 방식이다.
   예 가계부, 학교부기, 재단부기, 관청부기 등

즉, 부기는 기록 원리에 따라 단식/복식으로, 이용 목적에 따라 영리/비영리로 구분할 수 있다. 이 구분을 이해하면 회계가 상황과 목적에 맞게 얼마나 다양한 방식으로 적용될 수 있는지 알 수 있다.

02 왜 복식부기인가?

1) 복식부기의 개념

- 복식부기는 모든 거래를 차변(Debit)과 대변(Credit) 양쪽에 동시에 기록하는 방식이다. 이 원리는 회계등식(자산＝부채＋자본)을 언제나 유지하기 위한 장치이다. 즉, 하나의 거래가 기업의 재무 상태에 어떤 영향을 주는지를 차변과 대변 양쪽에서 균형 있게 표현하는 것이다.
- 예를 들어, 현금을 주고 상품을 구입한 경우 현금(자산 감소)은 대변에, 상품(자산 증가)은 차변에 기록된다. 자산 총액은 변하지 않지만 내부 구성은 바뀐다.
- 만약, 은행에서 대출을 받은 경우 현금(자산 증가)은 차변에, 차입금(부채 증가)은 대변에 기록된다. 이 경우 자산과 부채가 동시에 늘어나 회계등식은 여전히 성립한다.
- 이처럼 복식부기는 단일 사건을 양면에서 기록해 회계 정보의 신뢰성을 담보한다.

차변/대변은 '좋다/나쁘다'의 개념일까?
차변(Debit)과 대변(Credit)은 방향(왼쪽/오른쪽)일뿐 가치판단과 무관하다.

2) 복식부기가 주는 실무적 이점

복식부기는 거래를 기록하는 틀을 넘어, 실무적으로도 여러 장점을 제공한다.

① **자기검증 기능을 갖추고 있다** : 차변과 대변의 합계가 일치하지 않는다면 이는 어딘가 기록에 오류가 있음을 의미하며, 시산표 작성 과정에서 쉽게 발견할 수 있다.

② **흐름 추적성이 뛰어나다** : T계정을 통해 계정별 증감과 잔액을 시각적으로 확인할 수 있어 거래의 흐름을 명확히 파악할 수 있다.

③ **의사결정 품질을 높여준다** : 거래의 이중효과를 드러내므로 기업의 자금조달, 투자, 영업 활동 간의 연결고리를 파악하기 용이하며, 이를 통해 경영자는 보다 합리적인 의사결정을 내릴 수 있다.

▼ 회계요소별 증가 · 감소 방향과 정상잔액

요소	증가 기입	감소 기입	정상잔액	대표 예시
자산	차변	대변	차변	현금, 외상매출금, 재고
부채	대변	차변	대변	매입채무, 차입금
자본	대변	차변	대변	자본금, 이익잉여금
수익	대변	차변	대변	매출, 이자수익
비용	차변	대변	차변	급여, 임차료, 감가상각비

※ 수익과 비용은 기말에 이익잉여금(자본)으로 귀속되므로, 수익↑(대변) → 자본↑(대변), 비용↑(차변) → 자본↓(차변)의 흐름을 갖는다.

• 회계상 거래는 재무제표 요소에 영향을 준다
• 복식부기는 거래의 이중성(좌 · 우)을 기록해 회계등식의 균형을 보장한다.
• 자산 · 비용 증가는 차변, 부채 · 자본 · 수익 증가는 대변에 기입한다.
• T계정은 계정의 흐름과 잔액을 직관적으로 보여주는 도구이다.

재무제표의 구성요소

빈출 태그 ▶ 재무상태표(자산·부채·자본), 손익계산서(수익·비용·이익), 현금흐름표(영업·투자·재무활동),
자본변동표(자본금·이익잉여금·배당금), 재무제표 연계성(순이익·기말현금·자본변동)

재무제표는 기업의 재무 상태와 성과를 입체적으로 보여주는 보고서다. 각각의 재무제표는 고유한 기능을 지니지만, 네 가지가 서로 연결될 때 기업의 재무 스토리가 완성된다.

01 재무제표의 개요

재무제표는 기업의 재무 상태와 성과를 재무상태표, 손익계산서, 현금흐름표, 자본변동표의 네 가지 보고서로 나누어 보여준다. 재무상태표는 특정 시점의 자산과 부채·자본을, 손익계산서는 일정 기간의 성과를, 현금흐름표는 실제 현금의 흐름을, 자본변동표는 자본의 변화를 보여준다. 이 네 가지 문서를 함께 이해해야 기업의 재무 건전성과 성과를 온전히 파악할 수 있다.

1) 재무상태표(Balance Sheet)

① 특정 시점에서 기업이 보유한 자산, 부담하는 부채, 그리고 소유주의 지분(자본)을 보여준다. 기업의 '순간 사진'에 해당하며, 재무구조의 안정성을 판단하는 데 사용된다.

② 요소

- 자산(Assets) : 현금, 외상매출금, 재고자산, 토지·건물·기계 같은 유형자산, 특허권·상표권 같은 무형자산
- 부채(Liabilities) : 매입채무, 단기·장기차입금, 미지급금, 사채, 퇴직급여충당부채
- 자본(Equity) : 자본금, 자본잉여금, 이익잉여금, 기타포괄손익누계액, 자사주

③ 재무상태표는 "무엇을 가지고 있고(자산), 무엇을 빚지고 있으며(부채), 남은 몫은 얼마인가(자본)."를 보여준다.

4. 재무제표

4-1. 재무상태표

재무상태표

제 56 기   2024.12.31 현재
제 55 기   2023.12.31 현재
제 54 기   2022.12.31 현재

(단위 : 백만원)

	제 56 기	제 55 기	제 54 기
자산			
유동자산	82,320,322	68,548,442	59,062,658
현금및현금성자산 (주4,28)	1,653,766	6,061,451	3,921,593
단기금융상품 (주4,28)	10,187,991	50,071	137
매출채권 (주4,5,7,28)	33,840,357	27,363,016	20,503,223
미수금 (주4,7,28)	3,249,731	1,910,054	2,925,006
선급비용	1,381,781	1,349,755	1,047,900
재고자산 (주8)	29,154,115	29,338,151	27,990,007
기타유동자산 (주4,28)	2,852,581	2,475,944	2,674,792
비유동자산	242,645,805	228,308,847	201,021,092
기타포괄손익-공정가치금융자산 (주4,6,28)	2,176,346	1,854,503	1,364,325
당기손익-공정가치금융자산 (주4,6,28)	0	1	283
종속기업, 관계기업 및 공동기업 투자 (주9)	57,427,196	57,392,438	57,397,249
유형자산 (주10)	151,446,870	140,579,161	123,266,986
무형자산 (주11)	10,496,956	10,440,211	8,561,424
순확정급여자산 (주14)	2,249,792	3,745,697	4,410,223
이연법인세자산 (주25)	14,333,432	9,931,358	2,142,512
기타비유동자산 (주4,7,28)	4,515,213	4,365,478	3,878,090
자산총계	324,966,127	296,857,289	260,083,750
부채			
유동부채	80,157,976	41,775,101	46,086,047
매입채무 (주4,28)	10,287,967	7,943,834	8,729,315
단기차입금 (주4,5,12,28)	11,110,972	5,625,163	2,381,512
미지급금 (주4,28)	18,591,524	15,256,046	18,554,543
선수금 (주17)	350,448	302,589	320,689
예수금 (주4,28)	516,454	445,470	523,354
미지급비용 (주4,17,28)	9,039,886	6,931,991	8,359,296

2) 손익계산서(Income Statement)

① 일정 기간 동안의 수익과 비용을 대조하여 성과를 보여주는 문서이다. 매출에서 비용을 차감하여 당기 순이익을 계산하며, 기업의 경영성과를 평가하는 '성적표' 역할을 한다.

② 요소

- 수익(Revenue) : 매출액, 이자수익, 임대수익 등
- 비용(Expenses) : 매출원가, 급여, 임차료, 감가상각비, 이자비용, 법인세 비용
- 이익(Profit) : 영업이익, 법인세차감전순이익, 당기순이익

③ 손익계산서는 일정 기간의 성과를 보여주며, "경영활동이 얼마만큼의 이익을 창출했는가."를 나타낸다.

▼ 손익계산서 예시(삼성전자)

4-2. 손익계산서

손익계산서

제 56 기 2024.01.01 부터 2024.12.31 까지

제 55 기 2023.01.01 부터 2023.12.31 까지

제 54 기 2022.01.01 부터 2022.12.31 까지

(단위 : 백만원)

	제 56 기	제 55 기	제 54 기
매출액 (주29)	209,052,241	170,374,090	211,867,483
매출원가 (주21)	152,061,472	144,023,552	152,589,393
매출총이익	56,990,769	26,350,538	59,278,090
판매비와관리비 (주21,22)	44,629,735	37,876,835	33,958,761
영업이익(손실) (주29)	12,361,034	(11,526,297)	25,319,329
기타수익 (주23)	10,351,185	29,643,315	4,576,378
기타비용 (주23)	540,542	375,723	296,344
금융수익 (주24)	7,717,689	7,388,664	9,734,299
금융비용 (주24)	8,139,788	7,598,459	9,641,742
법인세비용차감전순이익	21,749,578	17,531,500	29,691,920

전자공시시스템 dart.fss.or.kr　　　　　　　　　　　　　　　　　　　　　　　Page 170

	제 56 기	제 55 기	제 54 기
법인세비용(수익) (주25)	(1,832,987)	(7,865,599)	4,273,142
당기순이익	23,582,565	25,397,099	25,418,778
주당이익 (주26)			
기본주당이익 (단위 : 원)	3,472	3,739	3,742
희석주당이익 (단위 : 원)	3,472	3,739	3,742

3) 현금흐름표(Cash Flow Statement)

① 일정 기간 동안 현금이 어떻게 들어오고(유입) 나갔는지(유출)를 영업활동 · 투자활동 · 재무활동으로 구분해 보여준다. 이익과 현금흐름이 반드시 일치하지 않음을 설명해준다.

② 요소

- 영업활동 현금흐름 : 매출 · 비용과 관련된 현금 유입 · 유출
- 투자활동 현금흐름 : 설비 투자, 토지 · 건물 매입 · 매각, 금융투자
- 재무활동 현금흐름 : 차입 · 상환, 주식 발행, 배당 지급

③ 현금흐름표는 이익과는 별도로 "실제 돈이 어떻게 움직였는가."를 보여준다.

▼ 현금흐름표 예시(삼성전자)

4-5. 현금흐름표
현금흐름표

제 56 기 2024.01.01 부터 2024.12.31 까지
제 55 기 2023.01.01 부터 2023.12.31 까지
제 54 기 2022.01.01 부터 2022.12.31 까지

(단위 : 백만원)

	제 56 기	제 55 기	제 54 기
영업활동현금흐름	52,491,497	34,455,084	44,788,749
영업에서 창출된 현금흐름	44,315,608	8,088,628	49,589,897
당기순이익	23,582,565	25,397,099	25,418,778
조정 (주27)	21,493,129	(4,092,924)	31,039,388
영업활동으로 인한 자산부채의 변동 (주27)	(760,086)	(13,215,547)	(6,868,269)
이자의 수취	277,362	332,111	339,560
이자의 지급	(674,010)	(798,649)	(287,488)
배당금 수입	9,635,502	29,497,803	3,551,435
법인세 납부액	(1,062,965)	(2,664,809)	(8,404,655)
투자활동현금흐름	(50,377,644)	(47,571,537)	(28,123,886)
단기금융상품의 순감소(증가)	(10,122,673)	(49,934)	15,000,439
기타포괄손익-공정가치금융자산의 처분	2,942	15,538	10,976
기타포괄손익-공정가치금융자산의 취득	0	(15,515)	0
당기손익-공정가치금융자산의 처분	1	243	1,744
종속기업, 관계기업 및 공동기업 투자의 처분	319,965	144,292	165,089
종속기업, 관계기업 및 공동기업 투자의 취득	(336,648)	(108,300)	(1,001,723)
유형자산의 처분	130,956	164,415	288,684
유형자산의 취득	(38,246,765)	(45,026,206)	(39,160,176)

전자공시시스템 dart.fss.or.kr   Page 172

	제 56 기	제 55 기	제 54 기
무형자산의 처분	13,327	12,002	6,242
무형자산의 취득	(2,069,083)	(2,639,614)	(3,298,378)
기타투자활동으로 인한 현금유출입액	(69,666)	(68,458)	(136,783)
재무활동현금흐름	(6,520,814)	15,268,902	(16,665,064)
단기차입금의 순증가(감소) (주27)	5,316,919	3,274,337	(6,700,826)
장기차입금의 차입 (주27)	0	21,990,000	0
사채 및 장기차입금의 상환 (주27)	(217,305)	(185,316)	(155,264)
배당금의 지급	(9,808,653)	(9,810,119)	(9,808,974)
자기주식의 취득	(1,811,775)	0	0
외화환산으로 인한 현금의 변동	(724)	(12,591)	2,922
현금및현금성자산의 증가(감소)	(4,407,685)	2,139,858	2,721
기초현금및현금성자산	6,061,451	3,921,593	3,918,872
기말현금및현금성자산	1,653,766	6,061,451	3,921,593

4) 자본변동표(Statement of Changes in Equity)

① 자본금, 이익잉여금, 배당금 등 자본 항목의 변화를 정리한다. 주주의 투자, 당기순이익, 배당으로 인해 자본이 어떻게 변했는지 알 수 있다.

② 요소

- 기초자본 : 전기말 자본의 이월액
- 자본증가 요인 : 주주 투자, 당기순이익
- 자본감소 요인 : 배당금 지급, 자사주 매입
- 기말자본 : 기초자본 + 증가 요인 − 감소 요인

③ 자본변동표는 "주주의 지분이 한 회계연도 동안 어떻게 변했는가."를 체계적으로 보여준다.

▼ 자본변동표 예시(삼성전자)

4-4. 자본변동표

자본변동표

제 56 기 2024.01.01 부터 2024.12.31 까지

제 55 기 2023.01.01 부터 2023.12.31 까지

제 54 기 2022.01.01 부터 2022.12.31 까지

(단위 : 백만원)

	자본				
	자본금	주식발행초과금	이익잉여금	기타자본항목	자본 합계
2022.01.01 (기초자본)	897,514	4,403,893	188,774,335	(882,010)	193,193,732
당기순이익	0	0	25,418,778	0	25,418,778
기타포괄손익-공정가치금융자산평가손익 (주6,20)	0	0	4,340	(213,223)	(208,883)
순확정급여부채(자산) 재측정요소 (주14,20)	0	0	0	822,001	822,001
배당 (주19)	0	0	(9,809,437)	0	(9,809,437)
자기주식의 취득 (주20)					0
2022.12.31 (기말자본)	897,514	4,403,893	204,388,016	(273,232)	209,416,191
2023.01.01 (기초자본)	897,514	4,403,893	204,388,016	(273,232)	209,416,191

	자본금	주식발행초과금	이익잉여금	기타자본항목	자본 합계
당기순이익	0	0	25,397,099	0	25,397,099
기타포괄손익-공정가치금융자산평가손익 (주6,20)	0	0	(12,327)	368,799	356,472
순확정급여부채(자산) 재측정요소 (주14,20)	0	0	0	(572,551)	(572,551)
배당 (주19)	0	0	(9,809,437)	0	(9,809,437)
자기주식의 취득 (주20)	0	0	0	0	0
2023.12.31 (기말자본)	897,514	4,403,893	219,963,351	(476,984)	224,787,774
2024.01.01 (기초자본)	897,514	4,403,893	219,963,351	(476,984)	224,787,774
당기순이익	0	0	23,582,565	0	23,582,565
기타포괄손익-공정가치금융자산평가손익 (주6,20)	0	0	(2,163)	241,947	239,784
순확정급여부채(자산) 재측정요소 (주14,20)	0	0	0	(592,254)	(592,254)
배당 (주19)	0	0	(9,809,437)	0	(9,809,437)
자기주식의 취득 (주20)	0	0	0	(1,811,775)	(1,811,775)
2024.12.31 (기말자본)	897,514	4,403,893	233,734,316	(2,639,066)	236,396,657

🔵02 각 재무제표의 핵심 구성요소와 연계성

재무제표는 서로 단절된 보고서가 아니라 유기적으로 연결된 하나의 시스템이다. 손익계산서에서 계산된 순이익은 자본변동표와 재무상태표로 이어지고, 현금흐름표의 결과는 재무상태표 자산에 반영된다. 이렇게 네 가지 보고서는 기업의 재무활동을 서로 다른 관점에서 보여주면서도 하나의 이야기로 종합된다.

① 손익계산서의 당기순이익은 자본변동표로 이어지고, 다시 재무상태표의 자본에 반영된다.
② 현금흐름표의 기말 현금잔액은 재무상태표의 자산(현금) 항목과 일치해야 한다.
③ 자본변동표의 변동 내역은 재무상태표의 자본 계정에 연결된다.
④ 따라서 네 가지 재무제표는 독립적인 문서가 아니라 하나의 유기적 시스템으로, 각각의 정보가 서로 보완되며 기업의 전체 재무 스토리를 완성한다.

▼ 재무상태 연계 흐름도

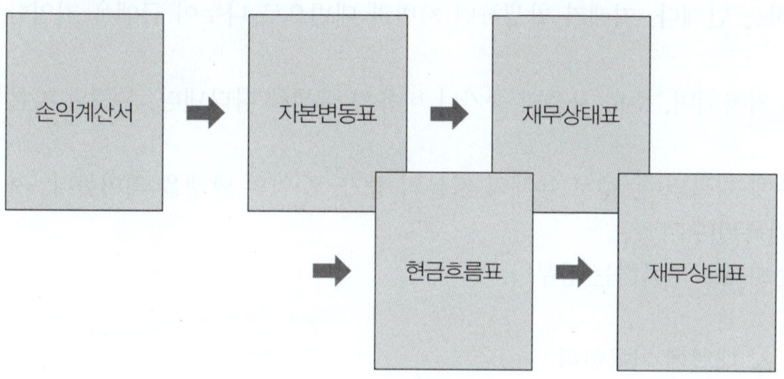

분개, 전기, 시산표의 이해

빈출 태그 ▶ 분개(Journalizing), 전기(Posting), 시산표(Trial Balance), 차변·대변 규칙, 대표 거래(출자·
외상매입·현금매출·외상매출 회수·급여지급·차입), 오류 검증, T계정

회계의 순환과정에서 거래는 단순히 기록하는 것을 넘어 체계적으로 집계되고 검증된다. 이 과정에서 중요한 단계가 바로 분개 → 전기 → 시산표다.

01 분개(Journalizing) : 거래의 최초 기록

① 분개는 거래를 처음 장부에 기록하는 단계다. 거래가 발생하면 차변과 대변으로 나누어 금액을 기입한다.
- 차변 : 차변은 회계 장부의 왼쪽에 기록되며, 주로 자산의 증가나 비용의 발생을 나타낸다. 부채나 자본의 감소도 차변에 기록된다.
- 대변 : 대변은 회계 장부의 오른쪽에 기록되며, 주로 부채와 자본의 증가, 수익의 발생을 의미한다. 자산이나 비용의 감소 또한 대변에 기록된다.

② 일반분개장은 모든 거래를 시간 순서대로 기록하는 장부다.

③ **차변/대변 기입 규칙**
- 자산과 비용은 증가 시 차변, 감소 시 대변에 기록한다.
- 반대로 부채 · 자본 · 수익은 증가 시 대변, 감소 시 차변에 기록한다.

④ 분개 예시

상품 ₩500,000을 현금으로 판매했을 때 : (차) 현금 500,000 / (대) 매출 500,000

차변		대변	
현금	500,000		
		매출	500,000

02 전기(Posting) : 분개 내용을 총계정원장으로 옮기는 과정

- 분개가 거래의 발생 순서를 기록한 것이라면, 전기는 이를 계정별로 모아 정리하는 과정이다.
- 총계정원장에는 각 계정의 차변과 대변 내역이 누적되어 계정별 잔액을 확인할 수 있다.

03 시산표(Trial Balance) : 전기 후의 검증 절차

① 시산표는 총계정원장의 차변 합계와 대변 합계를 집계해 일치 여부를 확인하는 표다.
② **작성 방법** : 모든 계정의 잔액을 차변·대변으로 나누어 기입한 뒤 합계를 비교한다.
③ 오류 검증 기능 차변 합계와 대변 합계가 다르면 분개나 전기 과정에 오류가 있는 것이다.

계정과목	차변	대변
현금	500,000	
매출		500,000
합계	500,000원	500,000원

04 대표적 거래와 분개

각 거래가 어떤 계정의 증가/감소를 일으키는지, 회계등식이 어떻게 유지되는지까지 함께 확인하자.

① 소유주가 현금 출자(자본 투입)
• 분개 : (차) 현금 10,000 / (대) 자본금 10,000

차변		대변	
현금	10,000		
		자본금	10,000

• 등식 영향 : 이 거래로 현금이라는 자산이 10,000 증가하고, 동시에 자본금이 같은 금액만큼 증가하여 자산과 자본이 균형을 이룬다.

② 상품을 외상으로 매입
• 분개 : (차) 재고자산 6,000 / (대) 매입채무 6,000

차변		대변	
재고자산	6,000		
		매입채무	6,000

• 등식 영향 : 재고자산이 6,000 증가하면서 자산이 늘어나고, 동시에 외상으로 매입했으므로 같은 금액만큼 부채가 증가하여 등식이 유지된다.

③ 상품을 현금으로 판매
• 분개 : (차) 현금 8,000 / (대) 매출 8,000

차변		대변	
현금	8,000		
		매출	8,000

• 등식 영향 : 현금이 8,000 증가하면서 자산이 늘어나고, 동시에 매출이라는 수익이 발생한다. 수익은 당기순이익을 증가시키고 결국 자본을 증가시키므로 자산과 자본이 함께 늘어나 균형이 유지된다.

④ 외상매출금 회수(현금 수납)

• 분개 : (차) 현금 5,000 / (대) 외상매출금 5,000

차변		대변	
현금	5,000		
		외상매출금	5,000

• 등식 영향 : 외상매출금을 현금으로 받았기 때문에 자산 내에서 현금이 늘고 외상매출금이 줄어든 것이다. 총자산의 크기는 변하지 않고, 자본이나 부채에도 영향을 주지 않는다.

⑤ 급여 지급

• 분개 : (차) 급여 2,000 / (대) 현금 2,000

차변		대변	
급여	2,000		
		현금	2,000

• 등식 영향 : 현금이 2,000 줄어들어 자산이 감소하고, 동시에 급여라는 비용이 발생하여 자본이 줄어든다. 자산과 자본이 같은 금액만큼 감소하여 회계등식은 그대로 유지된다.

⑥ 은행에서 차입

• 분개 : (차) 현금 4,000 / (대) 단기차입금 4,000

차변		대변	
현금	4,000		
		차입금(부채)	4,000

• 등식 영향 : 은행에서 돈을 빌려 현금이 4,000 증가하면서 자산이 늘고, 동시에 부채인 단기차입금이 같은 금액만큼 증가한다. 따라서 자산과 부채가 함께 늘어나 등식은 성립한다.

기적의 TIP

핵심요약

• 분개 : 거래 발생 → 차변과 대변으로 최초 기록
• 전기 : 분개 내용을 계정별로 총계정원장에 옮겨 잔액 정리
• 시산표 : 전기 후 차 · 대 합계의 일치 여부 검증 → 오류 탐지 도구
• 차변/대변 : 방향(왼쪽/오른쪽)일뿐, 자산 · 비용은 차변 증가 / 부채 · 자본 · 수익은 대변 증가
• 대표 거래 : 출자, 외상매입, 현금매출, 외상매출 회수, 급여 지급, 은행 차입 등은 모두 등식을 지켜주며 기록된다.

용어별 의미

• 차변(Debit) : 왼쪽. 자산↑, 비용↑, 부채↓, 자본↓
• 대변(Credit) : 오른쪽. 부채↑, 자본↑, 수익↑, 자산↓, 비용↓
• 분개(Journalizing) : 거래를 시간순으로 처음 기록
• 전기(Posting) : 분개 내역을 계정별로 옮겨 적는 과정
• 시산표(Trial Balance) : 전기 후 차 · 대 합계가 일치하는지 검증하는 표
• 자기검증 기능 : 차변합계 = 대변합계 → 균형 점검, 오류 발견
• T계정 : 계정별로 증감과 잔액을 직관적으로 보여주는 도식

결산, 정산표, 회계의 순환과정

빈출 태그 ▶ 결산(Closing), 정산표(Worksheet), 수정분개, 수정 후 시산표, 결산분개, 회계순환과정(Accounting Cycle), 장부 마감, 재무제표 작성 절차

회계는 단순히 거래를 기록하는 데서 끝나지 않는다. 일정 기간이 지나면 거래를 마무리하고, 재무제표를 작성하며, 장부를 정리하는 과정이 뒤따른다. 이를 결산 → 정산표 → 회계순환과정이라 한다. 이 단계는 회계 주기의 마지막을 장식하며, 기업의 재무성과와 재무상태를 외부에 공식적으로 보고할 수 있게 한다.

① 결산(Closing)의 개념

결산은 일정 기간 동안 발생한 모든 거래를 마무리하는 절차다. 수익과 비용을 정리하여 당기순이익을 확정하고, 이익잉여금 등 자본 계정에 반영한다. 즉, 회계연도 동안의 '성적표'를 최종 확정하는 단계다.
- 기간 동안의 수익과 비용 계정을 마감한다.
- 순이익 또는 순손실을 자본 계정으로 이전한다.
- 다음 회계연도를 위한 기초 잔액을 준비한다.

② 정산표(Worksheet)의 작성 절차

정산표는 결산 과정을 체계적으로 정리하는 내부용 보조 장부다. 재무제표 작성 전의 준비 단계로 활용된다.
- 수정분개 : 감가상각, 미지급비용, 선수수익 등 회계기간 말 필요한 조정을 반영한다.
- 수정 후 시산표 : 수정분개를 반영한 후 다시 작성하여 차·대 합계를 검증한다.
- 결산분개 : 수익과 비용 계정을 마감하고 이익잉여금 등 자본 계정으로 이전한다.

③ 회계의 순환과정(Accounting Cycle) 정리

회계순환과정은 하나의 회계연도가 흘러가는 절차를 단계별로 보여준다.
- 거래 발생 → 분개 → 전기
- 시산표 작성 → 수정분개 → 재무제표 작성
- 결산 및 장부 마감
→ 이 과정을 통해 회계는 한 주기를 완성하고, 다시 새로운 주기를 시작할 준비를 한다.

04 회계순환과정 도식화 및 예제

회계순환과정은 아래와 같이 도식으로 정리하면 직관적으로 이해할 수 있다.

▼ 회계순환과정 도식

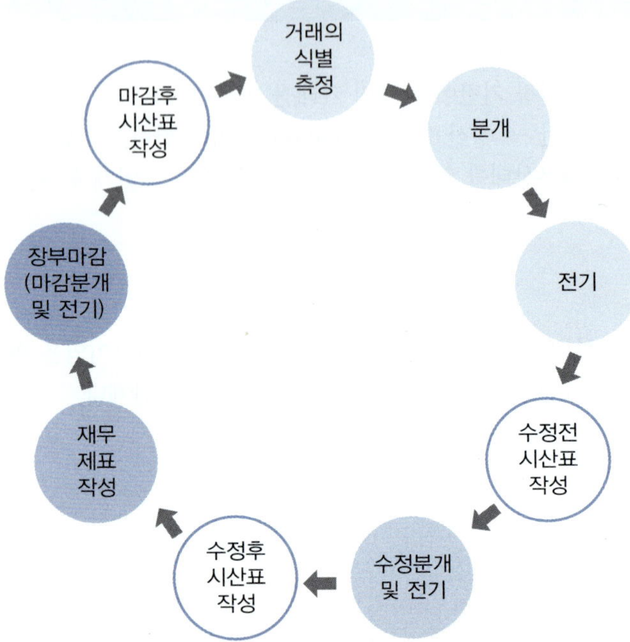

> **예** 한 기업이 1년 동안 거래를 기록하고, 기말에 감가상각비 1,000을 추가로 반영했다면, 수정분개를 통해 비용 계정과 자산 계정이 조정되고, 이후 결산분개를 거쳐 순이익이 자본 계정에 반영된다.

▶ 기적의 TIP

- 결산은 회계연도의 마지막 단계로, 수익·비용을 정리해 순이익을 확정한다.
- 정산표는 수정분개 → 수정 후 시산표 → 결산분개 순서로 작성된다.
- 회계순환과정은 거래 발생에서 장부 마감까지 이어지는 일련의 절차다.
- 도식화하면 복잡한 과정이 한눈에 정리되어 학습에 도움이 된다.

01 회계의 주요 목적에 해당하지 <u>않는</u> 것은?

① 투자자의 투자 판단 지원
② 은행의 대출 여부 결정 지원
③ 정부의 과세 근거 제공
④ 근로자 복리후생 직접 제공
⑤ 경영 의사결정에 필요한 원가정보 획득

회계는 정보를 제공하는 시스템이지 복리후생이나 친목을 직접 제공하지 않는다.

02 재무회계와 관리회계의 구분으로 옳지 <u>않은</u> 것은?

① 재무회계는 외부 이해관계자에게 보고한다.
② 관리회계는 내부 경영자의 의사결정을 지원한다.
③ 재무회계는 규칙과 공시 기준에 따라야 한다.
④ 관리회계는 외부 보고서로 활용된다.
⑤ 관리회계는 내부 보고 중심으로 자유도가 높다.

관리회계는 내부 의사결정용이다. 외부 보고에는 사용되지 않는다.

03 다음 중 회계정보의 주요 이용자가 <u>아닌</u> 것은?

① 투자자
② 채권자
③ 정부
④ 경쟁기업의 직원
⑤ 금융기관

회계정보는 주로 투자자, 채권자, 정부 등 의사결정 주체에게 제공된다. 경쟁기업 직원이나 일반 소비자는 직접적 대상이 아니다.

04 다음 중 '계속기업의 가정'의 의미로 옳은 것은?

① 기업은 소유주와 구분된다.
② 기업은 장기간 존속한다고 본다.
③ 기업의 거래는 화폐로 측정된다.
④ 기업의 활동을 기간 단위로 끊어서 본다.
⑤ 기업은 재무제표 작성 후 즉시 청산된다고 본다.

계속기업 가정은 기업이 파산하지 않고 존속한다고 보는 가정이다.

05 회계등식에 대한 설명으로 옳지 <u>않은</u> 것은?

① 자산 = 부채 + 자본
② 자산의 총액은 부채와 자본의 합과 같다.
③ 자산은 반드시 부채나 자본에서 조달된다.
④ 자본 = 자산 + 부채
⑤ 자본 = 자산 − 부채

자본은 자산 − 부채로 계산된다.

06 다음 중 자산 항목에 해당하지 <u>않는</u> 것은?

① 현금
② 외상매출금
③ 사채
④ 토지
⑤ 재고자산

사채는 부채 항목이다.

07 회계상 거래로 인정되는 것은?

① 직원회의 개최
② 급여 지급
③ 사내 동호회 활동
④ 창립기념일 행사
⑤ 회의록 작성

화폐로 측정되고 재무제표 요소에 영향을 주는 사건만 거래이다.

08 복식부기의 특징으로 옳지 <u>않은</u> 것은?

① 거래의 이중효과를 반영한다.
② 차변과 대변 양쪽에 기록한다.
③ 단식부기보다 검증 기능이 약하다.
④ 회계등식의 균형을 유지한다.
⑤ 회계 기록의 신뢰성을 높인다.

복식부기는 단식부기보다 오류 검증 기능이 우수하다.

09 차변에 기록되는 경우로 옳은 것은?

① 자산 감소
② 부채 증가
③ 수익 증가
④ 비용 발생
⑤ 자본 증가

비용 발생은 자본 감소를 일으키므로 차변에 기록된다.

10 재무상태표의 기본 요소가 <u>아닌</u> 것은?

① 자산
② 부채
③ 자본
④ 수익
⑤ 현금흐름

수익은 손익계산서 항목이다.

11 손익계산서의 핵심 구성요소로 옳은 것은?

① 현금, 외상매출금
② 매출, 비용, 순이익
③ 자본금, 이익잉여금
④ 차입금, 사채
⑤ 자산, 부채, 자본

손익계산서는 수익 · 비용 · 순이익으로 구성된다.

12 현금흐름표에 포함되지 <u>않는</u> 것은?

① 영업활동 현금흐름
② 투자활동 현금흐름
③ 재무활동 현금흐름
④ 판매활동 현금흐름
⑤ 현금 및 현금성자산의 기초잔액

판매활동은 영업활동에 포함된다.

13 상품 ₩100,000을 외상으로 매입했을 때 올바른 분개는?

① (차) 매입채무 100,000
　(대) 재고자산 100,000
② (차) 재고자산 100,000
　(대) 매입채무 100,000
③ (차) 현금 100,000
　(대) 매출 100,000
④ (차) 재고자산 100,000
　(대) 현금 100,000
⑤ (차) 매출 100,000
　(대) 재고자산 100,000

자산인 재고자산은 차변, 부채인 매입채무는 대변에 기록한다.

14 전기에 대한 설명으로 옳은 것은?

① 거래를 최초 기록하는 절차다.
② 분개 내역을 계정별로 옮겨 적는 과정이다.
③ 차변과 대변의 합계를 검증하는 표다.
④ 수익과 비용 계정을 마감하는 절차다.
⑤ 현금흐름을 집계하는 절차다.

전기는 분개를 계정별 원장에 옮기는 과정이다.

15 시산표 작성의 주된 목적은?

① 세금 계산
② 계정별 잔액 집계 및 오류 검증
③ 이익잉여금 배분
④ 결산분개
⑤ 재무제표 공시

시산표는 계정 잔액을 집계하고 차 · 대 합계를 검증한다.

16 결산의 주된 목적은?

① 자산과 부채를 모두 0으로 만든다.
② 수익과 비용을 정리해 순이익을 확정한다.
③ 차변 · 대변 합계가 일치하는지 검증한다.
④ 현금흐름을 집계한다.
⑤ 주주총회를 개최한다.

결산은 수익 · 비용을 정리해 순이익을 확정하는 과정이다.

17 정산표 작성 절차의 순서로 옳은 것은?

① 결산분개 → 수정분개 → 수정 후 시산표
② 수정분개 → 결산분개 → 수정 후 시산표
③ 수정분개 → 수정 후 시산표 → 결산분개
④ 수정 후 시산표 → 수정분개 → 결산분개
⑤ 거래 발생 → 분개 → 전기 → 결산

정산표는 수정분개 → 수정 후 시산표 → 결산분개 순으로 진행된다.

18 회계순환과정의 올바른 흐름은?

① 거래 발생 → 분개 → 전기 → 시산표 → 수
정분개 → 재무제표 작성 → 결산 및 장부
마감
② 거래 발생 → 전기 → 분개 → 결산 → 재무
제표 작성
③ 거래 발생 → 시산표 → 전기 → 분개 → 결
산 → 재무제표
④ 거래 발생 → 재무제표 작성 → 분개 → 전
기 → 결산
⑤ 거래 발생 → 분개 → 결산 → 전기 → 재무
제표

회계순환과정은 '거래 발생 → 분개 → 전기 → 시산표 → 수정분개 → 재
무제표 작성 → 결산 및 마감' 순서이다.

정답 15 ② 16 ② 17 ③ 18 ①

기초통계 Ⅰ

5일차에 학습할 기초통계 Ⅰ에서는 모집단과 표본, 자료의 척도, 기술통계분석에 대해 서술하였습니다. 기술통계학의 특징, 표본의 의미, 확률 표본 추출과 비확률 표본 추출의 종류, 양적 자료와 질적 자료의 구분, 척도의 네 가지 종류, 측정 유형에 따른 기술통계분석의 통계량을 중심으로 학습하세요.

모집단과 표본

빈출 태그 ▶ 모집단/표본 정의, 기술통계학 정의, 단순 무작위 표본 추출 (대표성 문제), 체계적 표본 추출, 층화 표본 추출, 집락 표본 추출, 모집단의 모호성

01 통계학의 정의와 기본 용어

- 통계학 : 관심 또는 연구의 대상이 되는 모집단(Population)의 특성을 파악하기 위하여, 모집단으로부터 일부의 자료인 표본(Sample)을 수집하고, 이 표본을 정리, 요약, 분석하여 표본의 특성을 이용해 모집단의 특성을 추론하는 원리와 방법을 제공하는 학문
- 기술통계학 : 자료 수집을 통해 얻은 정보를 요약 및 기술하며 주관이 섞일 수 있는 과정을 배제한다. 평균, 분산, 비율, 최대값, 최소값, 상관계수 등이 이 분야에 속한다.
- 모집단 : 연구 대상이 되는 모든 개체의 집합. 대부분의 모집단은 매우 커서 전체를 조사하는 것이 불가능한 경우가 많으므로, 전수조사가 어려운 경우 표본을 조사하여 모집단의 특성을 추론한다. 관심은 대상 자체보다는 그 대상의 속성에 있을 수 있으며, 전체 대상의 속성이 모집단이 되기도 한다. 주사위 굴리기 실험처럼 모집단의 정의가 무한 반복 수행 결과로 이해되어 모호한 경우도 있다.
- 표본 : 모집단에서 선택된 일부의 개체. 표본은 모집단의 특성을 대표할 수 있는 것이 매우 중요하며, 표본으로부터 도출된 수치적인 요약을 통계량(Statistic)이라고 한다.

▼ 모집단과 표본 : 추론 관계

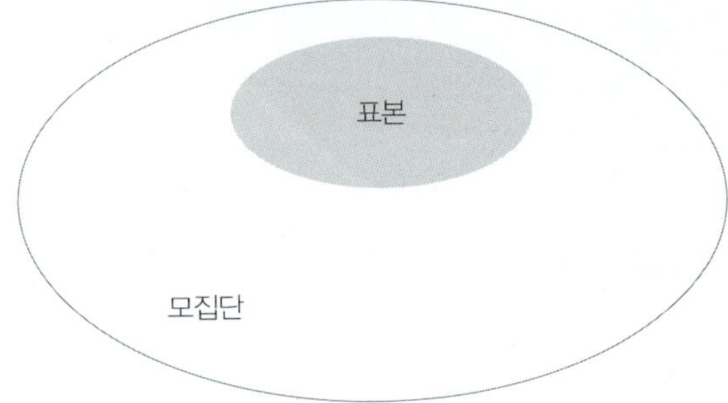

⧉ 기적의 TIP

아래 내용은 반드시 암기합니다.
- 기술통계학은 자료 수집을 통해 얻은 정보를 단순히 요약 및 기술하는 것이다.
- 모집단은 연구 대상이 되는 모든 개체의 집합을 의미한다.
- 표본은 모집단에서 선택된 일부의 개체이며, 모집단의 특성을 대표할 수 있어야 한다.

---

② 표본 추출 방법

1) 표본 추출의 중요성

통계학의 근본적인 목적은 연구 대상이 되는 모집단(Population)의 특성을 파악하는 것이지만, 대부분의 모집단은 매우 커서 전체를 조사하는 것이 현실적으로 불가능하다. 따라서 표본 조사를 통해 모집단의 특성을 추론하게 된다. 이때 표본이 모집단의 특성을 대표할 수 있는가가 매우 중요하며, 만약 표본이 특정 특성에 편향(바이어스)되어 있다면 모집단의 특성을 제대로 추론할 수 없게 된다. 따라서, 모집단을 대표할 수 있는 표본을 추출하기 위한 체계적인 기법을 이해하는 것이 중요하다. 특히 회계 감사와 같은 실무에서는 특정 계정 과목의 분포나 특성을 추론하기 위해 샘플링 기법을 적용하는 경우가 많으므로, 확률 표본 추출과 비확률 표본 추출에 대한 개념을 반드시 잘 이해해야 한다.

2) 확률 표본 추출과 비확률 표본 추출

① 확률 표본 추출(Probability Sampling)
- 의미 : 모집단으로부터 표본을 균등한 확률로 추출하는 방법이다.
- 단순 무작위 표본 추출(Simple Random Sampling) : 모집단에 대한 자세한 지식이 별로 필요하지 않지만, 항상 대표성을 지닌 표본이 추출되는 것은 아니어서 대표성의 문제가 발생할 수 있다.
- 체계적 표본 추출(Systematic Sampling) : 표본 프레임 목록에서 일정한 간격(Sampling Interval)으로 개체를 추출한다. 표본추출 간격은 모집단의 크기를 표본 크기로 나누어 결정한다.
- 층화 표본 추출(Stratified Sampling) : 모집단을 서로 겹치지 않는 몇 개의 집단으로 분류한 후, 각 집단에서 단순 무작위 표본 추출 방법에 따라 추출한다. 하위 집단 내에서는 동질적이지만 집단 간의 차이가 이질적인 특징을 가지며, 표본 크기가 크지 않아도 모집단의 대표성이 보장된다는 장점이 있다.
  - 예 고객을 자산 규모에 따라 나눈 후 각 규모에서 무작위 추출
- 집락 표본 추출(Cluster Sampling) : 모집단의 전체 구성요소 목록 작성이 불가능하거나 실용적이지 않은 경우에 사용된다. 모집단을 기본 단위들로 묶어 집락을 구성하고, 추출된 집락 내 일부 또는 전체를 조사한다. 집단 내에서는 이질적이나 집단 간의 차이는 동질적인 특징을 가진다.
  - 예 고객을 거주지(우편번호)로 군집화한 후, 특정 지역에 속하는 고객 전원을 표본으로 설정

▼ 확률 표본 추출의 종류와 예시

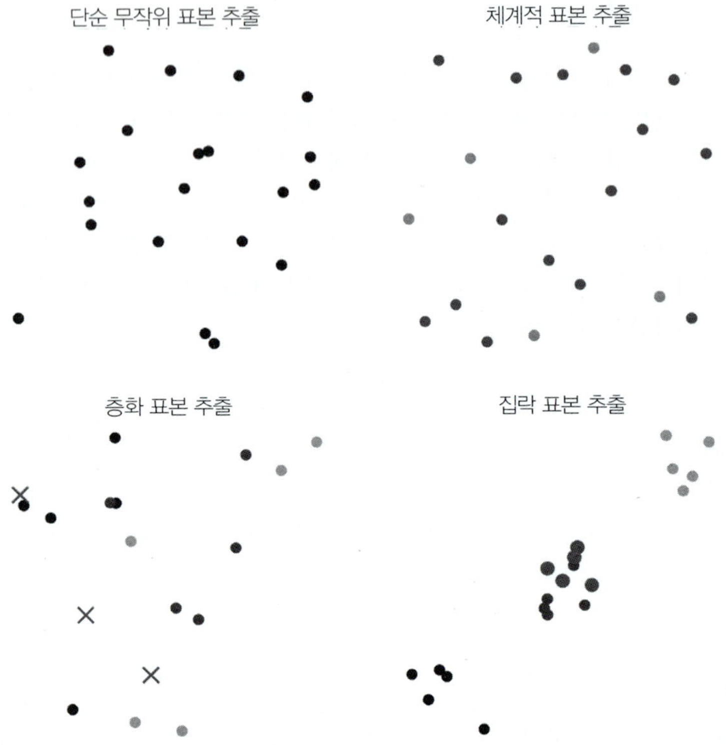

② 비확률 표본 추출(Non-probability Sampling)
- 확률 표본 추출이 불가능하거나 시간과 비용이 많이 드는 경우에 사용된다.
- 모집단 구성요소들의 추출 확률을 모르기 때문에 도출된 결론을 일반화할 수 있는 가능성이 현저하게 떨어지며, 과학적인 조사 방법으로는 권장되지 않는다.
- 할당 추출법은 비확률 표본추출 방법 중 하나이다.

기적의 TIP

- 표본 추출 방법은 조사 대상인 모집단의 특성을 정확히 반영하고 통계적 결론의 신뢰성을 확보하는 데 필수적인 절차이다.
- 확률 표본 추출은 추출 확률을 알고 모집단의 대표성을 확보하려는 목적으로 사용되며, 모집단의 구성 특성(동질/이질성)과 목록화 가능성에 따라 단순 무작위, 체계적, 층화 또는 집락 추출을 선택한다.
- 특히 층화 표본 추출은 집단 내 동질성, 집단 간 이질성을 활용하여 모집단 대표성을 효과적으로 보장한다.
- 반면, 비확률 표본 추출은 추출 확률을 모르기 때문에 도출된 결과를 일반화하기 어렵다는 한계가 있으며, 과학적인 조사 방법으로 권장되지 않는다.

자료의 형태와 척도

통계적 분석을 시작하기 위해서는 수집된 자료의 특성과 측정 방법을 이해하는 것이 필수적이다. 자료의 형태를 이해하는 것에 따라 적용할 수 있는 분석 방법이 달라지기 때문이다. 자료를 측정하는 방식, 즉 척도(Scale)는 조사 대상을 측정하기 위해 부여한 숫자 간의 관계를 의미한다.

❶ 정보, 변수, 자료의 개념

통계적 분석은 복잡한 현실 세계의 현상과 사실을 숫자로 표현 가능한 객관적인 대상으로 변환하는 과정에서 시작된다. 따라서 통계학에서 사용하는 가장 기본적인 구성 요소인 정보, 변수, 자료의 개념을 명확히 정의하고 이해하는 것이 통계적 사고의 기초가 된다.

① **정보(Information)**
- 정보는 일상생활에서 접하는 사실과 현상을 의미를 가지는 것으로 변환한 것이다. 정보는 양적 정보와 질적 정보로 구분할 수 있다.
- 양적 정보 : 숫자로 표현할 수 있는 사실이나 현상을 말한다.
  예 국민총생산, 주가, 이자율
- 질적 정보 : 성질 또는 특성을 나타내는 사실이나 현상이다.
  예 성별, 취미, 선호도
② **변수(Variable)** : 변수(Variable)란 숫자로 표현된 정보 중에서 값이 변화하는 것을 말한다. 변수는 값이 숫자로 표현될 수 있는 양적 변수와 범주로 나타낼 수 있는 질적 변수로 구분된다. 질적 변수의 범주에 숫자를 지정할 수 있지만, 이 숫자는 양적 변수와 달리 해당 범주의 특성을 알려줄 뿐이며 성질을 의미하는 것은 아니다.
③ **자료(Data)** : 자료(Data)는 관심 있는 변수의 실제 관측한 값들의 집합이다.

❷ 자료의 형태(양적 자료와 질적 자료)

수집된 자료가 양(크기)을 나타내는지, 아니면 속성(특성)을 나타내는지 구분하는 것은 이후 적용할 수 있는 통계적 분석 기법과 시각화 방법을 결정하는 데 결정적인 영향을 미친다. 자료의 형태는 크게 양적 자료와 질적 자료로 구분되며, 양적 자료는 다시 이산형과 연속형으로 나뉜다.

① **양적 자료(Quantitative Data)**
자료의 크기나 양을 숫자로 표현할 수 있는 자료이다. 대표적인 예시로는 키나 몸무게에 관한 자료가 있다.
- 이산형 자료 (Discrete Data) : 셀 수 있는 양적 자료로, 정수 단위로 표현된다.
  예 불량품의 수, 빈도수

• 연속형 자료 (Continuous Data) : 측정 범위 내의 모든 값을 가질 수 있는 양적 자료로, 셀 수가 없다. 편의상 끊어서 표현할 뿐, 길이처럼 무한대로 나아갈 수 있기 때문에 셀 수 없는 자료로 분류된다.
  @ 길이, 시간, 키

▼ 이산형 자료와 연속형 자료

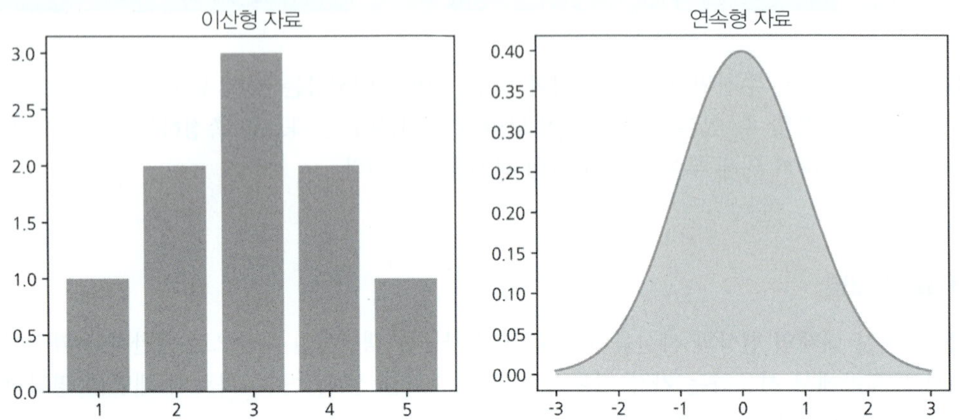

② **질적 자료(Qualitative Data)** : 성질 또는 특성을 나타내는 사실과 현상으로, 원칙적으로 숫자로 표시될 수 없는 자료이다. 질적 자료는 속성을 범주화 하는 데 사용된다. 질적 자료는 비율 척도나 등간 척도에 의해 측정될 수 없다.
  @ 성별, 거주지

기적의 TIP

• 양적 자료는 크기나 양을 숫자로 나타내며, 질적 자료는 성질이나 특성을 범주로 나타낸다.
• 이산형 자료는 셀 수 있는 정수 단위이며, 연속형 자료는 셀 수 없는 모든 값을 포함한다.

---

03 자료의 척도(Scale of Measurement)

조사 대상을 측정하기 위해 부여한 숫자 간의 관계를 의미하며, 이는 숫자가 담고 있는 정보의 수준과 허용되는 수학적 연산의 종류를 결정한다. 척도에 따라 평균, 중앙값, 분산 등 특정 통계량을 계산하는 것이 적절한지 여부가 판단된다. 자료의 척도는 정보의 수준에 따라 명목, 서열, 등간, 비율 척도의 네 가지로 나뉜다.

① **명목 척도(Nominal Scale)**
• 정의 : 측정 대상이 어느 집단에 속하는지 분류하는 경우에 사용되는 척도이다.
• 특징 : 단순한 범주 구분을 위한 것으로, 부여된 숫자 간에는 순서나 크기, 의미가 없다.
  @ 성별 구분, 학과 구분, 옷 재질 구분, 차량 번호판 번호

② 서열 척도(Ordinal Scale)
- 정의 : 측정 대상을 비교하기 위해 특성의 서열에 따라 수치를 부여하는 척도이다.
- 특징 : 순서가 의미를 가지지만, 순위 간의 간격이 일정하지 않다.
  예 석차 구분, 소득계층 구분, 만족도 등급

③ 등간 척도(Interval Scale)
- 정의 : 서열의 의미가 있으며, 측정값 사이의 간격이 일정한 척도이다.
- 특징 : 덧셈과 뺄셈 연산은 가능하나, 비율 연산은 불가능하다. 절대적인 0점(Zero Point)이 없다.
  예 기온의 화씨 단위

④ 비율 척도(Ratio Scale)
- 정의 : 절대적인 0점이 존재하는 척도이다.
- 특징 : 측정값 사이의 비율이 의미를 가지므로, 사칙연산(덧셈, 뺄셈, 곱셈, 나눗셈)이 모두 가능하다. 비율 척도의 대표적인 예시로는 거리, 무게, 시간 등이 있다.
  예 거리, 무게, 시간, 키

🏁 기적의 TIP

- 자료의 형태를 이해하는 것은 통계적 분석 방법을 결정하는 데 매우 중요하다.
- 정보는 일상생활의 사실과 현상을 의미를 가지는 것으로 변환한 것이며, 변수는 숫자로 표현된 정보 중 값이 변화하는 것을 의미한다.
- 양적 자료는 크기나 양을 숫자로 표현할 수 있는 자료이며, 질적 자료는 성질이나 특성을 나타내는 범주형 자료로 숫자로 표시될 수 없는 것이 원칙이다.
- 양적 자료 중 이산형 자료는 셀 수 있는 정수 단위로 표현되며, 연속형 자료는 측정 범위 내 모든 값을 가질 수 있다.
- 척도는 조사 대상을 측정하기 위해 부여한 숫자 간의 관계를 의미한다.
- 명목 척도는 단순히 분류하는 데 사용되며, 서열 척도는 순서(서열)가 의미를 가지지만 간격은 일정하지 않다.
- 비율 척도는 절대적인 0점이 존재하며, 측정값 사이의 비율이 의미를 가진다.

기술통계분석

빈출 태그 ▶ 집중화 경향, 중앙값, 산술 평균, 기하 평균, 분산, 표준편차, 왜도, 첨도, 기술통계학 정의

기술통계학(Descriptive Statistics)은 자료 수집을 통해 얻은 자료를 이용하여 어떠한 판단이나 예측과 같은 주관이 섞일 수 있는 과정을 배제한 채 정보를 단순히 요약하고 기술하는 방법론이다. 통계적 분석의 첫 단계로서, 데이터가 어떤 특성을 가지고 있는지 수치적인 방법이나 시각적인 방법을 통해 설명하는 데 중점을 둔다. 기술통계 분석은 크게 자료의 집중된 경향을 측정하는 방법, 자료가 흩어진 정도를 측정하는 방법, 그리고 분포의 형태를 측정하는 방법으로 구성된다.

01 집중화 경향 측정(Measures of Central Tendency)

집중화 경향 측정치는 자료의 분포가 어디에 집중되어 있는지를 나타내는 대표적인 통계량이다.

1) 산술 평균(Mean, Average)
① 정의 및 계산 : 일반적으로 알려진 평균으로, 모든 자료의 값을 더하여 자료의 수로 나누어 준 값이다.
② 특징 : 자료의 모든 값에 반영하기 때문에, 데이터에 극단적인 값이 포함되어 있을 경우 그 영향을 받기 십상이다.
③ 가중 평균(Weighted Mean) : 각 자료에 가중치를 부여하여 계산하는 방식으로, 산술 평균을 일반화한 버전이라고 할 수 있다.

2) 중앙값(Median)
① 정의 및 계산 : 데이터를 크기 순으로 정렬했을 때 가장 가운데에 위치하는 값이다. 자료의 개수가 짝수일 경우, 가운데 위치한 두 값의 평균을 중앙값으로 한다.
② 특징 : 극단값이 포함되어 있을 때 산술 평균보다 더 유용한 기술통계량으로, 극단값의 영향을 받지 않는다는 장점이 있다.

3) 최빈값(Mode)
① 정의 : 발생 빈도가 가장 높은 값이다.
② 특징 : 주로 범주형 자료에 대한 대표값으로 사용되며, 극단값의 영향을 받지 않는다.

4) 기하 평균(Geometric Mean)
① 정의 : 성장률이나 증가율과 같이 비율을 나타내는 경우에 유용한 통계량이다. 모든 자료를 곱한 값에 자료의 수만큼 제곱근을 취해 계산한다.
② 특징 : 연간 수익률이나 주가 상승률 등 비율에 대한 평균을 구할 때 산술 평균보다 더 적절한 접근 방법을 제공한다.

▼ 집중화 경향 측정 예시

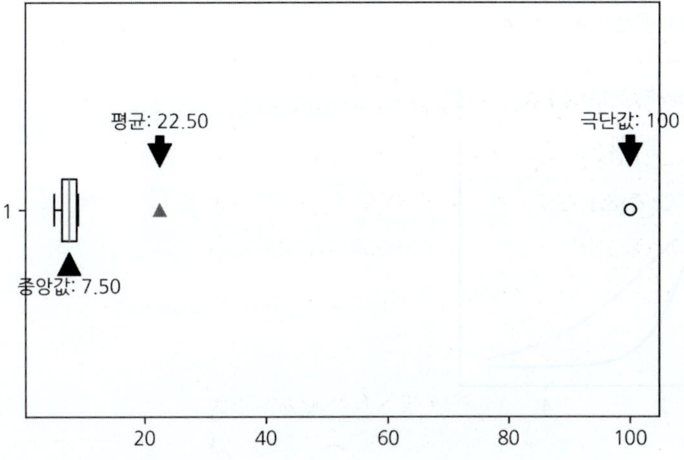

❷ 산포도 측정(Measures of Dispersion)

산포도는 데이터 분포가 평균을 중심으로 얼마나 퍼져 있는지를 나타내는 통계량이다.

1) 분산(Variance)

① 정의 : 자료값과 평균의 편차(Deviation) 제곱의 합을 자료의 수로 나누어 준 값이다.

② 특징 : 편차를 제곱하는 이유는 편차들의 합이 항상 0이 되어 산포도를 표현할 수 없기 때문이다.

③ 표본 분산의 특징 : 표본으로부터 계산된 표본 분산을 계산할 때에는 자료의 수(N)가 아닌 (N−1)로 나누어 계산한다. 이는 표본 분산이 모 분산을 비편의적(Unbiased)으로 대표하는 바람직한 성질을 만족시키기 위함이다.

2) 표준편차(Standard Deviation)

① 정의 : 분산을 단순 제곱근한 값이다.

② 특징 : 제곱근을 취하는 이유는 분산 계산 시 단위가 제곱되어 왜곡되는 것을 다시 원래 데이터의 단위로 되돌려주기 위함이다.

▼ 산포도

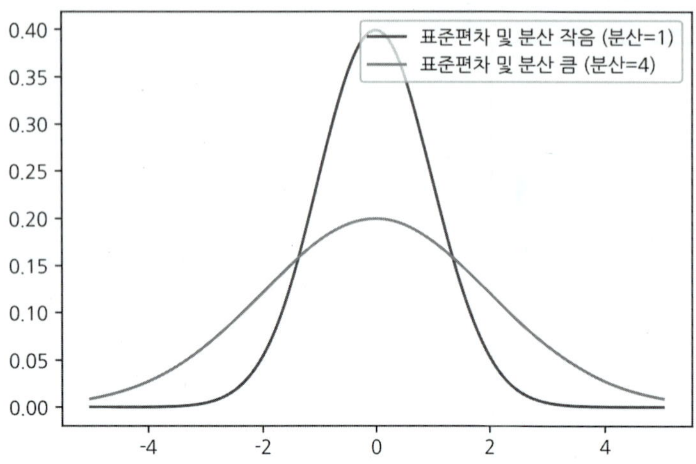

03 분포의 형태 측정

1) 왜도(Skewness)

① 정의 : 분포의 비대칭 정도를 나타내는 통계량이다.

② 특징

- 양수(+) : 오른쪽으로 꼬리가 길게 뻗어 있는 형태이며, 평균이 중앙값이나 최빈값보다 크다.
- 음수(−) : 왼쪽으로 꼬리가 길게 뻗어 있는 형태이다.
- 0 : 좌우대칭 분포(Symmetric Distribution)를 가진다.

▼ 왜도

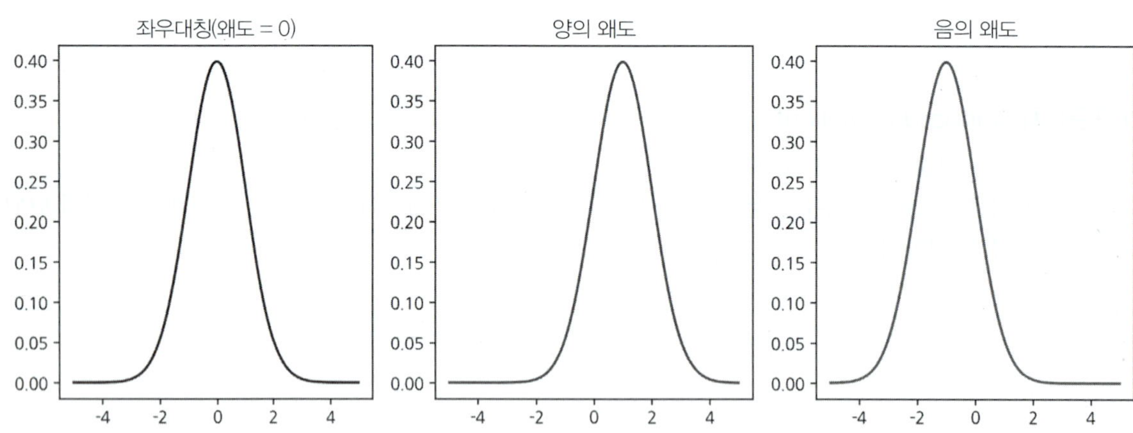

2) 첨도(Kurtosis)

- 정의 : 데이터 분포가 얼마나 뾰족한가를 나타내는 정도이다.

▼ 첨도

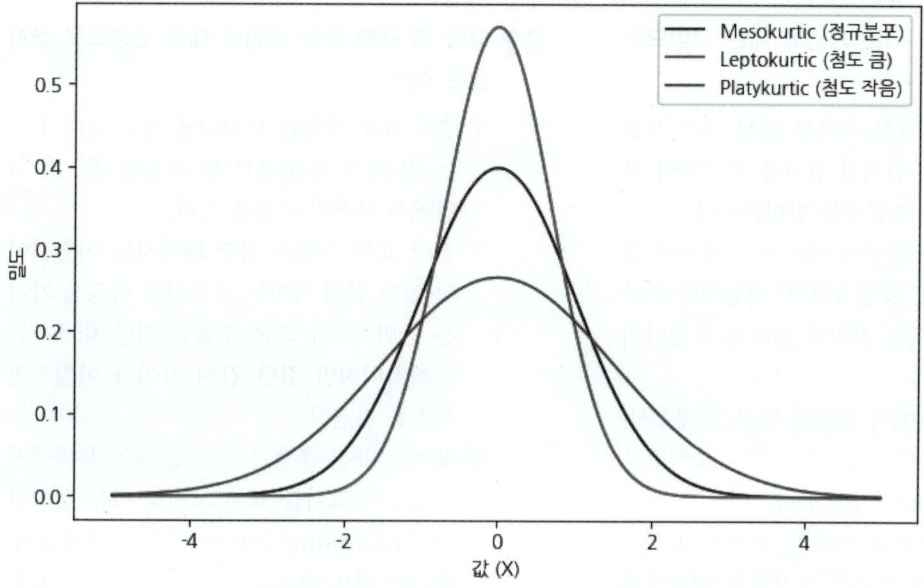

기적의 TIP

기술통계분석 핵심요약

측정 유형	통계량	의미 및 특징
집중화 경향	산술 평균	모든 값 반영, 극단값에 취약하다.
	중앙값	크기 순으로 정렬 시 중간값, 극단값에 둔감하여 편향이 적을 때 유용하다.
	기하 평균	성장률이나 증가율 등 비율의 평균을 구하는 데 적합하다.
산포도	분산	자료가 평균으로부터 흩어진 정도의 제곱 합
	표준편차	분산의 제곱근, 단위를 원래대로 복원하여 산포도를 이해하기 쉽게 한다. 표본 분산은 N−1로 나누어 모분산의 비편의 추정량이 되도록 한다.
분포 형태	왜도	분포의 비대칭 정도를 나타낸다.
	첨도	분포가 얼마나 뾰족한지를 나타낸다.

01 다음 중 통계학의 기본 개념에 대한 설명으로 옳은 것은?

① 기술통계학은 표본 조사를 통해 얻은 정보를 바탕으로 주관적인 판단을 추가하여 모집단의 특성을 추론하는 방법론이다.
② 모집단은 연구 대상이 되는 모든 개체의 집합을 의미하며, 동전 던지기 실험처럼 무한히 반복 수행되는 결과의 집합은 모집단이 명확하지 않다.
③ 표본은 모집단에서 선택된 일부 개체로서, 표본으로부터 도출된 수치적인 요약값을 모수(Parameter)라고 한다.
④ 전수조사는 시간과 비용의 제약이 크므로, 대부분의 통계 연구는 모집단을 대상으로 직접 수행된다.
⑤ 표본의 대표성은 표본이 모집단의 특성을 대표할 수 있는가에 대한 문제로, 단순 무작위 표본 추출(Simple Random Sampling)은 항상 대표성을 지닌 표본을 추출할 수 있다는 장점이 있다.

주사위 굴리기나 동전 던지기 실험은 무한 반복 수행 결과로 모집단의 정의가 모호하다.

오답 피하기

① 기술통계학은 주관이 섞일 수 있는 과정을 배제한 채 정보를 단순히 요약 및 기술하는 것이다.
③ 표본으로부터 도출된 수치적 요약값은 통계량(Statistic)이라고 한다. 모수(Parameter)는 모집단의 수치적 요약값을 말한다.
④ 모집단은 매우 커서 전체를 조사하는 것이 불가능한 경우가 많으므로, 표본을 조사하여 모집단의 특성을 추론한다.
⑤ 단순 무작위 표본 추출은 항상 대표성을 지닌 표본이 추출되는 것은 아니어서 대표성의 문제가 발생할 수 있다.

02 다음 중 표본 추출 방법에 대한 설명으로 옳지 않은 것은?

① 층화 표본 추출은 모집단을 서로 겹치지 않는 몇 개의 집단(층)으로 분류한 후, 각 집단에서 무작위 추출을 한다.
② 집락 표본 추출은 집단 내에서는 이질적이나 집단 간의 차이는 동질적인 특징을 가지는 반면, 층화 표본 추출은 집단 내에서는 동질적이지만 집단 간의 차이가 이질적인 특징을 가진다.
③ 체계적 표본 추출은 표본 프레임 목록에서 모집단의 크기를 표본 크기로 나눈 일정한 간격(Sampling Interval)으로 개체를 추출하는 방법이다.
④ 한 금융기관의 고객 데이터를 총자산 규모에 따라 나누어 각 규모에서 무작위 추출을 하는 것은 층화 표본 추출의 예시이다.
⑤ 과학적인 조사 방법으로 권장되지는 않으나, 추출 확률을 모르기 때문에 도출된 결론을 일반화할 가능성이 현저하게 떨어지는 방법은 확률 표본 추출이다.

추출 확률을 모르기 때문에 도출된 결론을 일반화할 가능성이 현저하게 떨어지는 방법은 비확률 표본 추출(Non-probability Sampling)이다. 비확률 표본 추출은 과학적인 조사 방법으로 권장되지 않는다.

03 다음 중 확률 표본 추출 방법과 그 예시가 바르게 짝지어진 것은?

① 단순 무작위 표본 추출 : 고객을 총자산 규모에 따라 나눈 후 각 규모에서 무작위 추출을 한다.
② 체계적 표본 추출 : 고객을 거주지에 따라 군집화한 후, 특정 지역에 속하는 고객 전원을 표본으로 설정한다.
③ 층화 표본 추출 : 고객 데이터베이스에서 고객 나이를 기준으로 무작위로 1,000명을 추출하여 만족도 조사를 실시한다.
④ 집락 표본 추출 : 고객 데이터를 고객번호 순으로 정렬한 후, 시작점을 임의로 정하여 50명마다 1명씩 선택하여 총 2,000명을 추출한다.
⑤ 층화 표본 추출 : 고객을 이용 상품 유형별로 분류한 후 각 유형에서 동일 수 표본을 무작위로 추출한다.

고객을 유형별로 분류한 후 각 유형에서 추출하는 것은 층화 표본 추출의 정의에 부합한다.

오답 피하기

① 층화 표본 추출의 예시이다.
② 집락 표본 추출의 예시이다.
③ 단순 무작위 표본 추출의 예시이다.
④ 체계적 표본 추출의 예시이다.

04 다음 중 자료의 척도에 대한 설명으로 옳지 <u>않</u>은 것은?

① 명목 척도(Nominal Scale)는 측정 대상이 어느 집단에 속하는지 분류하는 경우에 사용되며, 성별 구분이나 차량 번호판 번호가 예시이다.
② 서열 척도(Ordinal Scale)는 순서가 의미를 가지지만 순위 간의 간격이 일정하지 않으며, 석차 구분이나 만족도 등급이 이에 해당한다.
③ 등간 척도(Interval Scale)는 절대적인 0점(Zero Point)이 존재하지 않으며, 측정 값 사이의 간격이 일정하다.
④ 비율 척도(Ratio Scale)는 절대적인 0점이 존재하며, 거리, 무게, 시간, 키와 같은 자료를 측정할 때 사용된다.
⑤ 질적 자료는 비율 척도 또는 등간 척도에 의해 측정될 수 있다.

질적 자료는 성질 또는 특성을 나타내는 사실과 현상으로, 원칙적으로 숫자로 표시될 수 없는 자료이므로 비율 척도나 등간 척도에 의해 측정될 수 없다.

05 다음 자료의 척도 중 성질이 <u>다른</u> 하나는?

① 학과 구분
② 석차 구분
③ 성별 구분
④ 옷 재질 구분
⑤ 차량 번호판 번호

석차 구분은 순위나 서열이 의미를 가지는 서열 척도(Ordinal Scale)에 해당하므로 성질이 다르다.

오답 피하기

①③④⑤ 모두 단순하게 범주를 분류하는 명목 척도(Nominal Scale)에 해당한다.

06 다음 중 자료의 형태 및 척도에 대한 설명으로 옳은 것은?

① 이산형 자료는 길이, 시간, 키와 같이 측정 범위 내의 모든 값을 가질 수 있는 자료를 의미한다.
② 양적 변수는 범주로 나타낼 수 있으며, 부여된 숫자는 해당 범주의 특성을 알려줄 뿐이다.
③ 연속형 자료는 셀 수 있는 정수 단위로 표현되며, 불량품의 수나 빈도수가 대표적인 예시이다.
④ 키는 양적 자료의 형태로서 다양한 키가 연속적인 양으로 표현되는 연속형 자료에 속한다.
⑤ 거주지는 양적 자료의 형태로, 특정 거주지 간의 크기나 양을 숫자로 비교할 수 있다.

키는 크기나 양을 숫자로 표현할 수 있는 양적 자료이며, 측정 범위 내 모든 값을 가질 수 있는 연속형 자료에 해당한다.

오답 피하기

①③ 이산형 자료는 셀 수 있는 정수 단위로 표현되는 반면, 연속형 자료는 측정 범위 내의 모든 값을 가질 수 있다.
② 양적 변수(Quantitative Variable)는 숫자로 표현할 수 있는 변수이며, 제시된 설명은 질적 변수(Qualitative Variable)에 대한 설명이다.
⑤ 거주지는 성질 또는 특성을 나타내는 질적 자료에 해당하며, 순서가 아닌 범주형 자료이다.

07 다음 중 극단적인 값(Outlier)이 포함되어 있을 때 자료의 집중화 경향을 측정하는 데 가장 유용하며, 극단값의 영향을 받지 <u>않는</u> 기술통계량은?

① 산술 평균(Mean)
② 분산(Variance)
③ 최빈값(Mode)
④ 중앙값(Median)
⑤ 표준 편차(Standard Deviation)

산술 평균은 모든 값에 반영되므로 극단값의 영향을 받기 쉽다. 반면, 중앙값은 데이터를 크기 순으로 정렬했을 때 가운데에 위치하는 값이므로, 극단적인 값의 영향을 받지 않아 이 경우 유용하다. 최빈값도 극단값의 영향을 받지 않지만, 주로 범주형 자료에 대한 대표값으로 사용된다.

08 분산(Variance)과 관련된 설명으로 옳지 <u>않은</u> 것은?

① 분산은 자료값과 평균의 편차 제곱의 합을 자료의 수로 나누어 준 값이다.
② 편차를 제곱하는 이유는 편차의 합이 0이 되어 산포도를 표현할 수 없기 때문이다.
③ 표본 분산을 계산할 때에는 모 분산을 비편의적(Unbiased)으로 대표하기 위해 자료의 수(N)가 아닌 (N−1)로 나누어 계산한다.
④ 표준편차는 분산을 단순 제곱근한 값이며, 분산 계산 시 왜곡된 단위를 원래 데이터의 단위로 되돌려준다.
⑤ 분포의 비대칭 정도를 나타내는 통계량은 분산이다.

분포의 비대칭 정도를 나타내는 통계량은 왜도(Skewness)이다. 분산은 자료가 평균을 중심으로 얼마나 퍼져 있는지를 나타내는 산포도 측정량이다.

09 애널리스트 C가 동일 산업 내 기업 세 곳의 ROE(%) 데이터를 기록한 표를 작성했다. 다음 보기 중 옳지 <u>않은</u> 것은?

산업군	기업명	ROE (%)
에너지	a	8.5
에너지	b	9.4
에너지	c	10.2
제조업	d	12.4
제조업	e	13.2
제조업	f	11.2
바이오/의료	g	4.3
바이오/의료	h	4.6
바이오/의료	i	13.8

① 에너지 산업의 중앙값(9.4)은 바이오/의료 산업군의 중앙값(4.6)보다 크다.

② 세 산업군 중 평균이 가장 큰 산업군은 제조업(평균 ≈ 12.27%)이다.

③ 바이오/의료 산업군의 표본분산(≈ 29.16)은 세 산업군 중 두 번째로 작다.

④ 표준편차가 가장 작은 산업군은 에너지(표준편차 ≈ 0.85)이다.

⑤ 에너지 산업의 평균(≈ 9.37%)은 바이오/의료 산업군의 평균(≈ 7.57%)보다 크다.

각 산업별 통계량은 에너지(표본분산 ≈ 0.72), 제조업(표본분산 ≈ 1.01), 바이오/의료(표본분산 ≈ 29.16)이다. 따라서 바이오/의료 산업군의 분산은 세 산업군 중 가장 크게 나타났다.

확률, 확률변수와 확률분포

빈출 태그 ▶ 확률의 성질, 조건부 확률, 독립 사건, 베르누이 분포, 이항 분포, 정규분포, 확률변수, 기댓값

현실의 데이터는 항상 불확실성과 변동을 포함한다. 통계학은 이러한 불확실성을 정량적으로 다루기 위해 확률 개념을 사용한다. 확률은 어떤 사건이 일어날 가능성을 수리적으로 표현하는 도구이며, 이를 통해 데이터 속의 무작위성(Randomness)을 이해하고 분석할 수 있다. 따라서 확률이란 모든 통계적 추론의 기초가 되는 언어이다.

01 확률

1) 확률의 기본 개념

- 표본공간(Sample Space)은 가능한 모든 결과의 집합이며, 사건(Event)은 그중 관심 있는 결과들의 모임이다.
- 확률은 사건이 일어날 가능성을 0과 1 사이의 수로 나타내며, 전체 표본공간의 확률은 항상 1이다.
- 예를 들어, 동전을 던질 때 표본공간은 {앞, 뒤}, 사건은 '앞면이 나오는 경우'처럼 특정 결과에 해당한다.

2) 확률의 성질

- 서로 배반인 두 사건 A와 B의 합집합(Union) 확률은 $P(A \cup B) = P(A) + P(B)$이다.
- 배반이 아닌 경우에는 $P(A \cup B) = P(A) + P(B) - P(A \cap B)$로 계산하며, 교집합(Intersection) $P(A \cap B)$는 두 사건이 동시에 일어날 확률을 뜻한다.
- 즉, '또는($\cup$)'은 더하고, '그리고($\cap$)'는 곱하는 개념으로 이해하면 된다.

▼ 확률의 성질: 교집합($\cap$)과 합집합($\cup$)

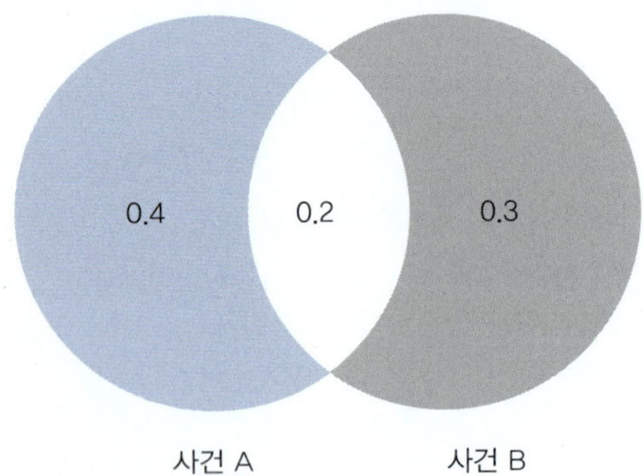

3) 조건부 확률(Conditional Probability)

- 조건부 확률은 어떤 사건 B가 일어난 상태에서 A가 발생할 확률로, $P(A|B)=P(A\cap B)/P(B)$로 계산한다.
- 이 값은 'B가 일어났다는 정보가 주어졌을 때 A가 발생할 가능성'을 의미한다.
- 예를 들어 '경기 침체일 때 매출이 10억 이상일 확률'과 같은 형태로 자주 출제된다.

4) 독립 사건(Independent Events)

- 두 사건이 서로의 발생에 아무런 영향을 미치지 않을 때, 이를 독립 사건이라고 한다.
- 독립이라면 $P(A\cap B)=P(A)\times P(B)$가 성립하며, 이는 $P(A|B)=P(A)$와 같은 의미이다.
- 예를 들어 '비가 오는지 여부'와 '동전의 앞면이 나오는지 여부'는 서로 독립적인 사건이다.

02 확률변수와 확률분포

1) 주요 이산 확률 분포(Discrete Probability Distributions)

- 이산 확률 분포는 결과가 0, 1, 2처럼 셀 수 있는 값으로 나타나는 경우에 해당한다.
- 베르누이 분포(Bernoulli Distribution)는 한 번의 시행에서 성공(1)과 실패(0) 중 하나만 가능한 분포로, 분산은 $p(1-p)$이다.
- 이항 분포(Binomial Distribution)는 n번의 독립 시행 중 성공 횟수의 분포로, 분산은 $np(1-p)$이며 베르누이 분포를 여러 번 반복한 형태이다.
- 확률실험의 결과를 수치로 나타낸 변수를 '확률변수(Random Variable)'라 한다.
- 결과가 셀 수 있는 값이면 '이산형(Discrete) 확률변수', 연속적인 구간에서 모든 값을 가질 수 있으면 '연속형(Continuous) 확률변수'라 한다.
- 확률변수의 평균을 '기댓값(Expected Value)'이라 하며, 사건이 여러 번 반복될 때 얻어지는 장기적인 평균을 의미한다.
- 이산형 확률변수 X의 기댓값은 $E(X)=\Sigma x \cdot P(x)$로 계산한다.
- 예를 들어, 주사위를 던질 때의 기댓값은 $(1+2+3+4+5+6)/6=3.5$이다.

▼ 이항분포와 정규분포의 근사 관계

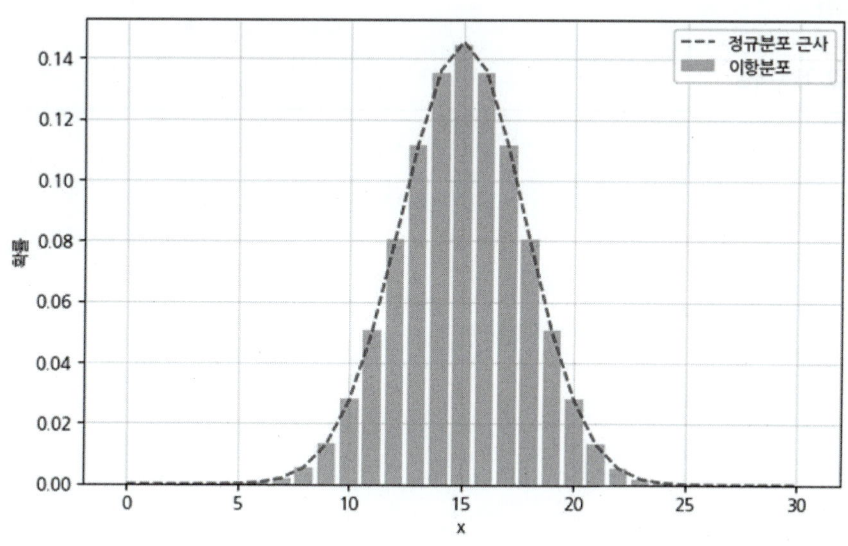

2) 주요 연속 확률 분포(Continuous Probability Distributions)

- 연속 확률 분포는 확률변수가 연속적인 값을 가질 때 적용된다.
- 그중 정규분포(Normal Distribution)는 평균을 중심으로 좌우 대칭인 종(鐘) 모양의 곡선을 가지며, 평균 · 중앙값 · 최빈값이 모두 같다.
- 정규분포는 대부분의 통계 분석(표본분포, 추정, 가설검정 등)의 전제가 되는 가장 기본적인 분포이다.

▼ 정규분포의 표준편차에 따른 변화

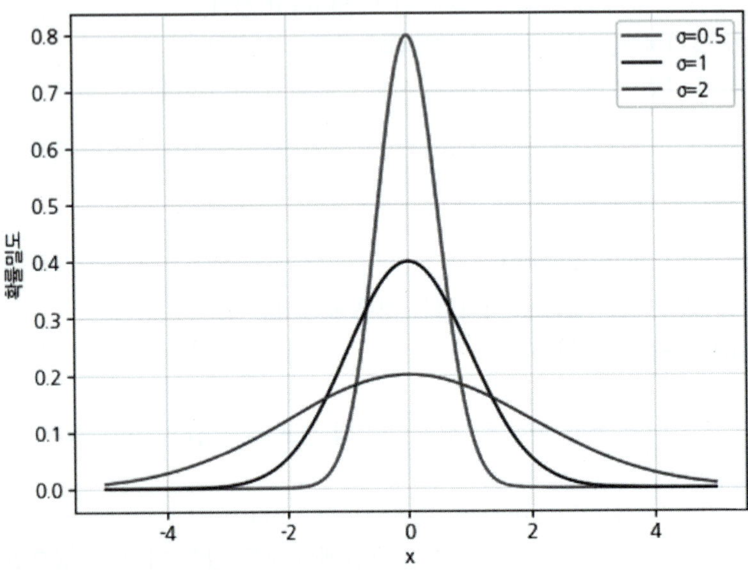

🏁 **기적**의 TIP

- 합집합 확률 : $P(A \cup B) = P(A) + P(B) - P(A \cap B)$
- 조건부 확률 : $P(A|B) = P(A \cap B)/P(B)$
- 독립 사건 : $P(A \cap B) = P(A)P(B)$
- 베르누이 분포 : 한 번의 시행, 분산 $p(1-p)$
- 이항 분포 : 여러 시행의 성공 횟수, 분산 $np(1-p)$
- 확률변수 구분 : 이산형 vs 연속형
- 기댓값 : 확률변수의 평균, $E(X) = \Sigma x \cdot P(x)$
- 정규분포 : 평균=중앙값=최빈값, 좌우대칭

표본분포와 추정

빈출 태그 ▶ 확률표본추출, 중심극한정리, 비확률표본추출, 불편성, 효율성, 일치성, 신뢰구간, 신뢰수준,
중심극한정리, 가설검정, t검정, F검정, z검정, 제1종·제2종 오류

통계분석의 핵심 목적은 모집단(전체 집단)의 특성을 파악하는 것이다. 하지만 전체를 모두 조사하는 것은 현실적으로 불가능하므로, 일부 표본을 선택해 모집단을 추정한다. 이때 표본이 모집단을 얼마나 잘 대표하는가에 따라 분석의 신뢰도가 달라지며, 이를 이해하기 위해서는 표본의 분포(표본분포)와 추정 방법의 개념을 정확히 익혀야 한다.

01 표본

1) 표본 추출 방법(Sampling Methods)

① 표본 추출 방법에는 확률표본추출과 비확률표본추출이 있다.

② 대표적인 확률표본추출에는 다음 네 가지 방법이 있다.

- 단순무작위추출(Simple Random Sampling) : 모든 개체가 동일한 확률로 선택된다.
- 체계적추출(Systematic Sampling) : 모집단 목록에서 일정한 간격으로 표본을 선택한다.
- 층화추출(Stratified Sampling) : 모집단을 여러 층으로 나누고 각 층에서 무작위 추출한다. 대표성이 높다.
- 집락추출(Cluster Sampling) : 모집단을 여러 집락으로 나눈 후 일부 집락을 선택하고, 그 집락 내 전원을 조사한다.

02 추정

1) 추정(Estimation)의 개념

- 추정 : 표본에서 얻은 통계량을 이용해 모집단의 특성을 유추하는 과정
- 모수(Parameter) : 모집단의 실제 값
- 통계량(Statistic) : 표본에서 계산된 값
- 신뢰수준이 높을수록 추정 구간은 넓어지고, 신뢰구간이 좁을수록 추정의 정밀도는 높다.
- 중심극한정리(Central Limit Theorem)에 따르면, 모집단의 분포 형태가 어떠하든 표본의 크기가 충분히 크면(일반적으로 $n \geq 30$), 표본평균의 분포는 정규분포에 근사한다.
- 즉, 표본평균의 기댓값은 모집단의 평균 μ, 분산은 σ^2/n이 되며, 이를 통해 대부분의 추정과 가설검정이 정규분포 기반의 통계량(z, t 등)으로 계산될 수 있다.
- 이 성질 덕분에 현실에서는 모집단 분포를 모르더라도, 충분히 큰 표본을 통해 신뢰구간을 구하거나 검정을 수행할 수 있다.

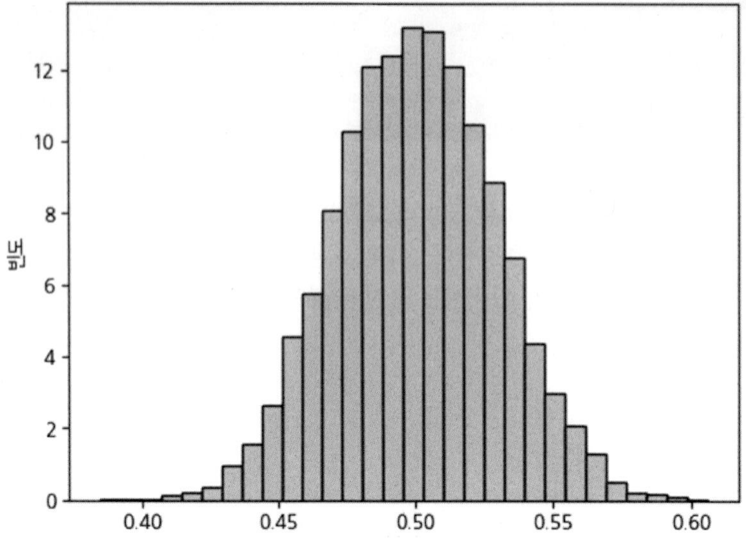

2) 바람직한 추정량의 특성(Properties of a Good Estimator)

① 바람직한 추정량은 모집단의 실제 값을 가장 정확하게 반영하는 통계량을 말한다.

② 추정량이 바람직하다는 것은 같은 자료를 여러 번 추출했을 때도 결과가 크게 흔들리지 않고 참값 근처
에 안정적으로 모인다는 뜻이다.

③ 바람직한 추정량은 불편성(정확한 중심), 효율성(작은 분산), 일치성(큰 표본에서의 수렴성)을 모두 충족
해야 한다.

- 불편성(Unbiasedness) : 추정량의 평균(기댓값)이 모집단의 실제 모수와 일치하는 성질이다. 즉, 여러
번 표본을 뽑아 추정했을 때 그 평균값이 모수와 같다면 불편 추정량이라 한다.

- 효율성(Efficiency) : 불편 추정량 중에서도 분산이 가장 작은 추정량을 말한다. 분산이 작다는 것은 추
정값들이 모수 주위에 더 밀집되어 있다는 뜻으로, 계산의 일관성과 정확성이 높음을 의미한다. 따라서
두 개의 불편 추정량이 있을 때, 분산이 더 작은 쪽이 '더 효율적인 추정량'이다.

- 일치성(Consistency) : 표본의 크기가 커질수록 추정량이 모집단의 실제 모수에 점점 가까워지는 성질
이다. 즉, 표본 수 n이 무한대로 커질 때 추정량의 값이 모수에 수렴한다면 일치성을 가진다고 한다. 이
성질은 표본이 충분히 크면 추정이 안정되고 오차가 줄어드는 통계적 근거가 된다.

3) 가설 검정(Hypothesis Testing)

① 가설 검정은 모집단의 특성에 대한 주장을 표본의 통계값을 근거로 판단하는 절차이다.

② 예를 들어 "올해 평균 매출이 작년보다 높아졌다."라는 주장을 수치적으로 확인하고자 할 때, 표본평균과 분포의 차이를 통계적으로 검증한다. 이 과정에서 귀무가설(H_0)은 '차이가 없다'는 전제이며, 대립가설(H_1)은 '차이가 있다'는 주장을 의미한다.

③ 표본으로부터 계산된 유의확률(p-value)이 유의수준(보통 0.05)보다 작으면, 귀무가설(H_0)을 기각하고 대립가설(H_1)을 채택한다. 이는 표본 데이터가 귀무가설 하에서 발생하기 어렵다는 통계적 근거를 제시하는 것이다.

④ 가설 검정에서는 두 가지 오류 가능성을 항상 고려해야 한다.

• 제1종 오류(Type I Error, α) : 실제로 H_0이 참인데 잘못 기각하는 오류
• 제2종 오류(Type II Error, β) : 실제로 H_1이 참인데 H_0을 기각하지 않는 오류

⑤ 검정의 종류는 분석 목적에 따라 달라진다.

• 평균 비교 : 두 집단의 평균이 통계적으로 차이가 있는지를 판단할 때 t검정(t-test)을 사용한다.
　예 남성과 여성의 월평균 소비액 차이 검정
• 분산 비교 : 두 집단의 분산이 같은지를 확인할 때 F검정(F-test)을 사용한다.
　예 두 공장의 제품 품질 변동성 비교

⑥ t검정은 표본의 크기가 작거나 모집단의 분산을 알 수 없을 때 사용된다.

⑦ F검정은 회귀분석의 전체 유의성 검정이나 분산 동질성 검정에서도 활용된다.

• 검정에 사용되는 통계량은 표본 조건에 따라 다르다.
• 모집단의 분산을 알고 표본 크기가 큰 경우 : z검정(z-test) 사용
• 모집단의 분산을 모를 경우 또는 표본이 작은 경우 : t검정(t-test) 사용
• 두 집단의 분산 비교 : F검정(F-test) 사용

▼ t-분포와 정규분포의 비교

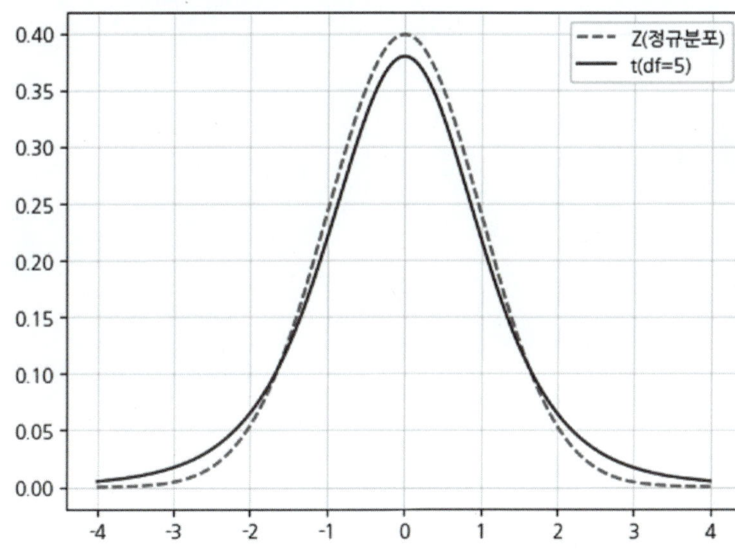

자주 출제되는 가설 검정 절차 4단계

단계	내용	예시 및 설명
1. 가설 설정	귀무가설(H_0)과 대립가설(H_1)을 설정	H_0 : 평균 매출 차이 없음 H_1 : 평균 매출 차이 있음
2. 유의수준 결정	일반적으로 $\alpha = 0.05$ (5%) 사용	제1종 오류 허용 한계 설정
3. 검정통계량 결정	표본 데이터로 t값 또는 F값 계산	표본평균, 분산 등을 이용해 검정통계량 도출
4. 의사결정 및 결론	p값과 α 비교하여 H_0 기각 여부 결정	p값 〈 0.05 → 귀무가설 기각 (통계적으로 유의함)

🏁 **기적의** TIP

- 표본추출 유형 구분 문제는 거의 매회 출제되므로 더욱 집중해서 학습하세요.
- 제1종 오류 : 참인 가설을 잘못 기각하는 오류
- 제2종 오류 : 거짓인 가설을 기각하지 않는 오류
- 분산 비교 : F검정(F-test)
- 평균 비교 : t검정(t-test)
- 검정 종류
  - z검정(모분산 알고 표본 큼)
  - t검정(모분산 모름 · 표본 작음)
  - F검정(분산 비교)
- 표본평균의 표본분포는 중심극한정리에 의해 정규분포에 근사
- 신뢰수준은 구간의 신뢰도, 신뢰구간은 실제 계산된 범위

상관분석과 선형회귀분석

빈출 태그 ▶ 상관계수, 결정계수(R^2), 인과관계 vs 상관관계, 산점도, 단순회귀, 다중회귀, 잔차, 최소제곱법, 다중공선성, 유의성 검정(p값, F값)

데이터 분석의 궁극적 목적은 변수 간 관계를 파악하고 예측력을 높이는 것이다. 상관분석은 두 변수 간의 연관성의 방향과 강도를 측정하며, 선형회귀분석은 한 변수의 변화가 다른 변수에 미치는 영향을 수학적으로 표현한다. 이 장에서는 두 분석 방법의 차이점, 해석 방식, 그리고 통계적 유의성 판단 기준을 다룬다.

01 상관분석(Correlation Analysis)

① 상관분석의 개념

• 두 변수 간의 선형적 관계의 강도를 알아보는 분석이다.

• 예를 들어, 광고비가 늘어날수록 매출이 증가하거나, 부채비율이 높을수록 신용등급이 낮아지는지를 확인할 때 사용된다.

• 이때 두 변수 간의 관계를 수치로 표현한 것이 피어슨 상관계수(Pearson's r)이며, −1 이상 +1 이하의 값을 가진다.

② 부호는 관계의 방향(양의 관계 · 음의 관계), 절댓값은 관계의 강도를 의미하며, r이 0이면 선형관계가 거의 없다. |r|이 0.7 이상이면 일반적으로 강한 상관관계로 해석한다.

③ 상관계수는 인과관계를 의미하지 않으며, 변수 간 관계가 비선형일 경우 r=0이라도 상관성이 존재할 수 있다.

④ 또한 상관관계는 산점도(Scatter Plot)를 통해 시각적으로 확인할 수 있다. 산점도는 각 관측값을 좌표 평면에 점으로 표시하여 관계의 방향(양 · 음)과 형태(선형 · 곡선형)을 한눈에 파악할 수 있게 해준다.

▼ 상관계수 r의 크기와 부호에 따른 데이터 패턴

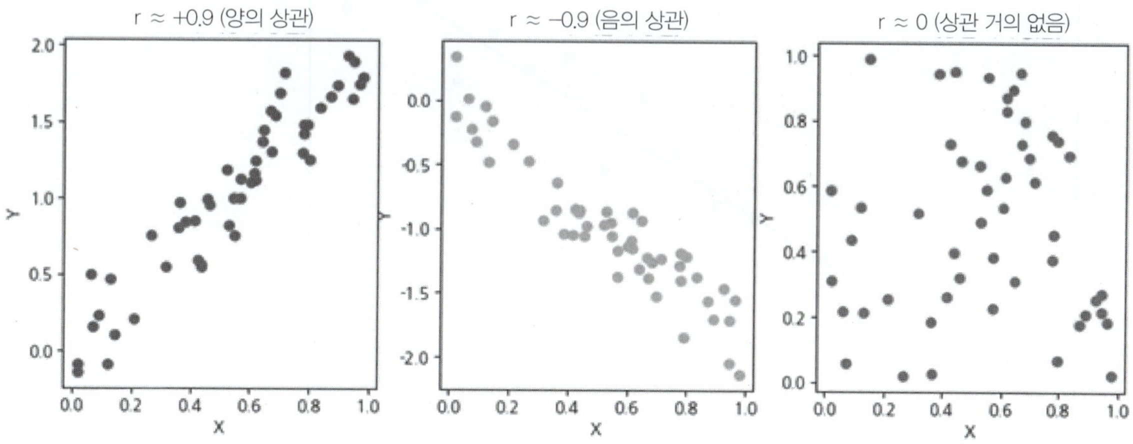

❷ 선형회귀분석(Linear Regression Analysis)

① 선형회귀분석의 개념 : 독립변수(X)가 종속변수(Y)에 미치는 영향을 수식으로 표현한 분석

② 회귀식은 $\hat{Y} = b_0 + b_1 X$ 형태로, b_0은 절편(intercept), b_1은 기울기(slope, 영향 정도)를 의미한다. b_1이 양수이면 X가 증가할수록 Y가 증가하고, b_1이 음수이면 X가 증가할수록 Y가 감소한다. 절편 b_0은 독립변수가 0일 때 종속변수의 예상값을 의미하며, 기울기 b_1은 독립변수가 1단위 증가할 때 종속변수가 얼마나 변하는지를 나타낸다.

- 최소제곱법(Least Squares Method) : 잔차(실제값 − 예측값)의 제곱합을 최소화하여 회귀계수를 구한다.
- 결정계수(R^2, Coefficient of Determination) : 회귀식이 종속변수의 변동을 얼마나 설명하는지를 나타내며, 값이 1에 가까울수록 설명력이 높다. 그러나 결정계수가 높다고 해서 반드시 인과관계가 강하다는 뜻은 아니다. 결정계수는 단지 회귀식의 설명력만을 나타내는 지표이다.
- 유의성 검정(Significance Test) : p값이 0.05보다 작으면 해당 독립변수의 영향이 통계적으로 유의하다.
- 잔차(Residual) : 실제 관측값과 회귀식으로 예측된 값의 차이로, 모델의 예측 오차를 의미한다.

③ 단순회귀와 다중회귀
- 독립변수가 하나일 경우를 단순회귀(Simple Regression), 둘 이상일 경우를 다중회귀(Multiple Regression)라 한다.
- 다중회귀에서는 각 독립변수의 계수가 통계적으로 유의한지(p값)와 전체 모형의 적합도(F값, R^2)를 함께 해석해야 한다. 또한 독립변수들 간 상관이 지나치게 높을 경우 '다중공선성(Multicollinearity)' 문제가 발생할 수 있으며, 이는 회귀계수의 해석을 왜곡시킬 수 있다.

▼ 단순회귀분석 : 최소제곱법에 의한 회귀직선과 잔차

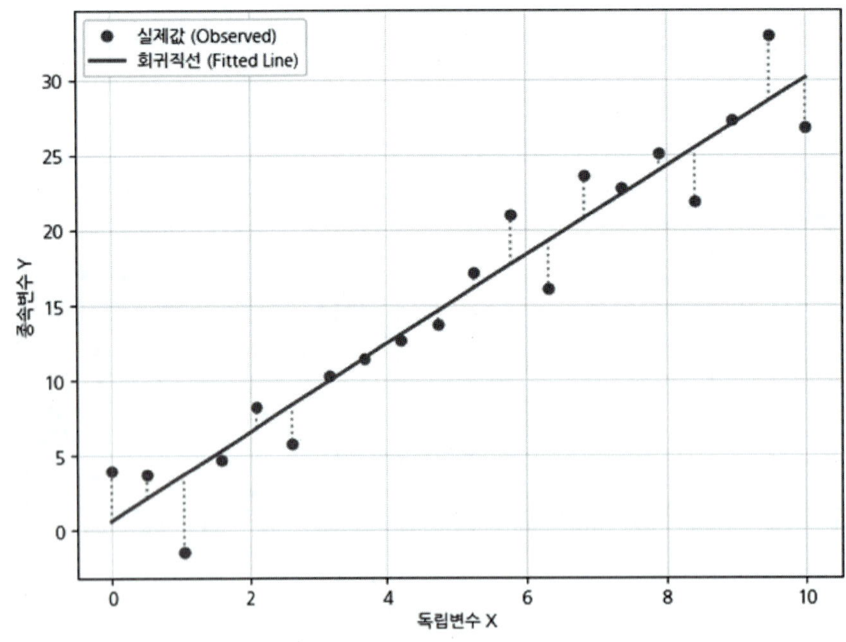

▼ 다중회귀분석 : 회귀면(Plane) 시각화

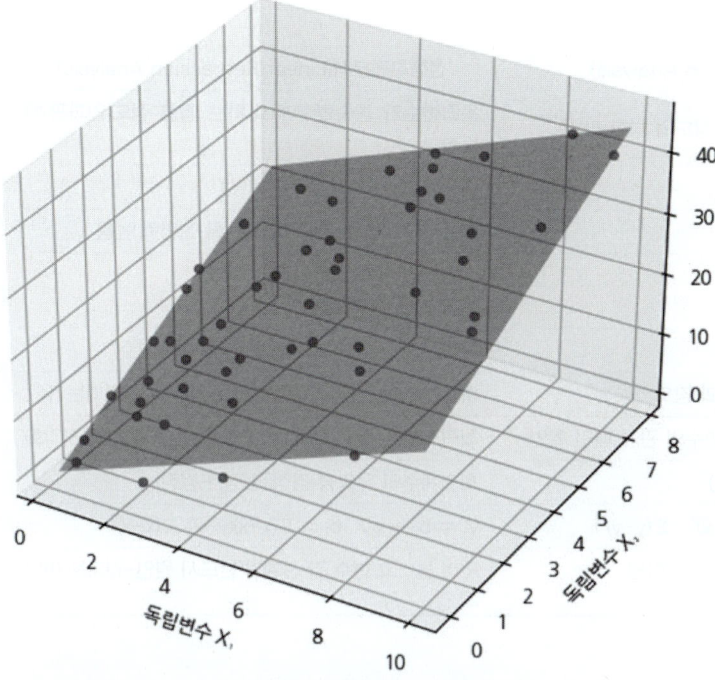

▼ 다중공선성 확인을 위한 상관행렬(Heatmap)

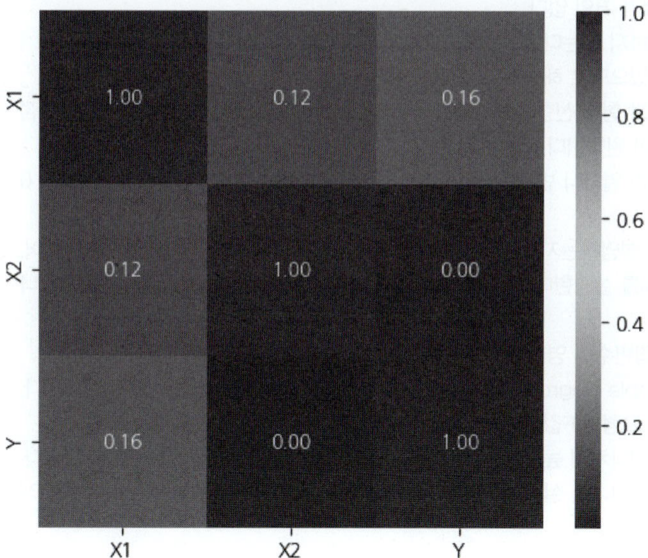

상관분석과 선형회귀분석의 비교

구분	상관분석(Correlation Analysis)	선형회귀분석(Linear Regression Analysis)
분석 목적	두 변수 간의 선형적 관계의 강도와 방향 파악	독립변수가 종속변수에 미치는 영향 정도(인과관계) 분석
핵심 지표	피어슨 상관계수 (r)	회귀계수(b_0, b_1), 결정계수(R^2)
값의 범위	$-1 \leq r \leq +1$	R^2은 0~1 사이, 1에 가까울수록 설명력 높음
부호의 의미	$r > 0$: 양의 관계 $r < 0$: 음의 관계	$b_1 > 0$: 양(+)의 영향 $b_1 < 0$: 음(−)의 영향
인과관계 여부	인과관계 아님(상관 ≠ 원인)	인과관계 분석 가능(독립변수 → 종속변수)
결과 해석	두 변수 간 선형관계의 방향과 강도	종속변수의 변동이 독립변수로 얼마나 설명되는가
시각화 방법	산점도(Scatter Plot) − 두 변수의 관계 패턴 확인	회귀직선(Regression Line) − 예측선과 잔차 시각화
통계적 검정	상관계수의 유의성 검정(p값)	회귀계수의 유의성 검정(t검정, F검정)
계산식 예시	$r = \Sigma[(x-\bar{x})(y-\bar{y})] / \tilde{A}(\Sigma(x-\bar{x})^2 \cdot \Sigma(y-\bar{y})^2)$	$y^\wedge = b_0 + b_1 X$, $b_1 = \Sigma(x-\bar{x})(y-\bar{y}) / \Sigma(x-\bar{x})^2$
대표적 오해	r이 높다고 인과관계가 있는 것은 아님	R^2이 높다고 변수 간 관계가 반드시 원인−결과는 아님

- 상관계수(Pearson's r) : 두 변수 간 선형적 관계의 강도와 방향을 나타내며, $-1 \leq r \leq +1$ 범위의 값을 가진다. $|r| \geq 0.7$ 이면 강한 상관관계로 해석하며, r이 0이면 선형관계가 거의 없다.
- 상관관계와 인과관계 : 상관계수는 인과관계를 의미하지 않는다.
- 비선형 관계에서는 r=0이라도 상관성이 존재할 수 있으므로 해석 시 주의해야 한다.
- 산점도(Scatter Plot) : 두 변수의 관계 방향(양 · 음)과 형태(선형 · 곡선형)를 시각적으로 확인할 수 있다. 상관관계는 산점도를 통해 관계 패턴을 먼저 확인한 후 해석하는 것이 원칙이다.
- 회귀계수(b_1) : 독립변수가 1단위 증가할 때 종속변수가 얼마나 변하는지를 나타내는 값이다. $b_1 > 0$이면 양(+)의 영향, $b_1 < 0$ 이면 음(−)의 영향을 의미한다.
- 결정계수(R^2) : 회귀식이 종속변수의 변동을 얼마나 설명하는지를 나타내는 지표로, 0~1 사이의 값을 가진다. 예를 들어, R^2=0.6이면 독립변수가 종속변수의 변동의 약 60%를 설명한다. 단, R^2이 높다고 해서 반드시 인과관계가 강한 것은 아니다.
- 유의성 검정(p-value) : p값이 0.05보다 작으면 독립변수의 영향이 통계적으로 유의하다고 판단한다.
- 회귀모형 종류 : 독립변수가 하나이면 단순회귀(Simple Regression), 둘 이상이면 다중회귀(Multiple Regression)이다. 다중회귀에서는 각 변수의 p값(개별 유의성)과 전체 모형의 F값, R^2(모형 설명력)을 함께 해석해야 한다.
- 다중공선성(Multicollinearity) : 독립변수 간 상관이 지나치게 높을 때 발생하는 문제로, 회귀계수의 해석을 왜곡할 수 있다.
- 최소제곱법(Least Squares Method) : R^2 계산법이 아니라, 실제값과 예측값의 차이(잔차)의 제곱합을 최소화하여 회귀직선을 구하는 방법이다.

01 다음 중 확률의 기본 성질에 대한 설명으로 옳지 <u>않은</u> 것은?

① 확률값은 항상 0과 1 사이의 값을 가진다.

② 전체 표본공간의 확률은 1이다.

③ 사건 A가 일어날 확률이 0이면, A는 절대 일어나지 않는다.

④ 서로 배반인 두 사건 A와 B에 대해 P(A∪B)=P(A)+P(B)가 성립한다.

⑤ A와 B가 독립일 경우 P(A∩B)=P(A)×P(B)가 성립한다.

확률이 0이라고 해서 반드시 불가능한 사건은 아니다. 확률 0의 사건도 이론상 발생 가능성이 존재할 수 있다(예 연속확률분포에서 특정 한 점의 확률).

02 다음 중 조건부 확률에 대한 설명으로 옳은 것은?

① 조건부 확률은 항상 독립사건에 대해서만 정의된다.

② P(A|B)는 사건 A와 B가 동시에 일어날 확률을 의미한다.

③ P(A|B)=P(B|A)일 때 두 사건은 항상 독립이다.

④ P(A|B)=P(A∩B)/P(B)는 'B가 일어난 상태에서 A가 일어날 확률'을 의미한다.

⑤ 조건부 확률은 사건 간의 순서와 관계없이 동일한 값을 가진다.

조건부 확률은 'B가 일어난 상태'라는 조건을 전제로 한 A의 발생확률을 의미한다. 독립사건일 때에만 P(A|B)=P(A)가 성립한다.

03 다음 중 베르누이 분포와 이항분포의 관계를 가장 정확히 설명한 것은?

① 베르누이 분포는 이항분포를 여러 번 반복한 결과이다.

② 이항분포는 베르누이 시행을 여러 번 반복한 결과이다.

③ 두 분포는 모두 연속형 분포이다.

④ 이항분포는 항상 평균이 0이다.

⑤ 베르누이 분포의 분산은 $np(1-p)$로 계산된다.

베르누이 시행(성공·실패 두 가지 결과)을 n번 반복한 분포가 이항분포이다.

오답 피하기

⑤ 이항분포의 분산은 $np(1-p)$, 베르누이 분포의 분산은 $p(1-p)$이다.

04 정규분포에 대한 설명으로 옳지 <u>않은</u> 것은?

① 평균, 중앙값, 최빈값이 모두 같다.
② 표준정규분포에서는 평균이 0, 표준편차가 1이다.
③ 좌우 비대칭을 가진 종(鐘) 모양의 분포이다.
④ 확률밀도함수의 면적 전체는 1이다.
⑤ 중심극한정리에 따라 표본평균의 분포는 정규분포로 수렴한다.

정규분포는 좌우대칭의 종 모양 곡선을 가진다. 비대칭 분포는 왜도가 존재하는 경우에 해당한다.

05 다음 중 바람직한 추정량의 특성으로 옳지 <u>않은</u> 것은?

① 불편성(Unbiasedness) : 추정량의 기댓값이 모수와 같다.
② 효율성(Efficiency) : 분산이 가장 작은 추정량이 바람직하다.
③ 일치성(Consistency) : 표본이 커질수록 추정량이 모수에 수렴한다.
④ 정규성(Normality) : 추정량의 분포가 항상 정규분포를 따라야 한다.
⑤ 동일한 불편추정량 중 분산이 작은 것이 더 효율적이다.

추정량의 분포가 항상 정규분포를 따라야 하는 것은 아니다. 표본 수가 충분히 크면 중심극한정리에 의해 근사 정규분포가 될 뿐이다.

06 가설검정의 절차에 대한 설명으로 옳지 <u>않은</u> 것은?

① 귀무가설은 '차이가 없다'는 주장을 설정한다.
② p값이 유의수준보다 작으면 귀무가설을 기각한다.
③ 제1종 오류는 참인 귀무가설을 잘못 기각하는 오류이다.
④ 제2종 오류는 거짓인 귀무가설을 기각하지 않는 오류이다.
⑤ p값이 유의수준보다 클수록 귀무가설을 더 강하게 기각할 수 있다.

p값이 유의수준보다 크면 귀무가설을 기각할 근거가 약하다는 의미이다. p값이 작을수록 대립가설이 참일 가능성이 높다고 본다.

정답 04 ③ 05 ④ 06 ⑤

07 다음 중 검정 방법과 적용 상황이 바르게 짝지어진 것을 모두 고르면?

① 모집단 분산을 알고 표본 크기가 작을 때 → t검정
② 모집단 분산을 알고 표본 크기가 충분히 클 때 → z검정
③ 두 집단의 분산 비교 → t검정
④ 세 집단의 평균 비교 → F검정
⑤ 표본의 크기와 무관하게 항상 z검정을 사용한다.

모집단의 분산을 알고 표본이 클 때는 z검정. 분산 비교나 세 집단 이상의 평균 비교는 F검정을 사용한다.

08 다음 중 상관계수(Pearson's r)에 대한 설명으로 옳지 <u>않은</u> 것은?

① $-1 \leq r \leq +1$의 값을 가진다.
② r의 부호는 관계의 방향(양·음)을 의미한다.
③ r의 절댓값이 0에 가까울수록 관계가 강하다.
④ $|r| \geq 0.7$이면 강한 상관관계로 해석한다.
⑤ $r=0$이라도 비선형 관계가 존재할 수 있다.

$|r|$이 1에 가까울수록 강한 상관관계이다. 0에 가까울수록 선형적 관계가 약함을 의미한다.

09 다음 중 선형회귀분석의 기초 개념에 대한 설명으로 옳은 것은?

① 회귀계수 b_1은 독립변수 X가 1단위 증가할 때 종속변수 Y가 변하는 평균적 크기를 의미한다.

② 절편 b_0은 X가 증가할수록 Y가 얼마나 빠르게 변하는지를 나타낸다.

③ 결정계수 R^2은 항상 0보다 작을 수 있다.

④ 잔차는 예측값에서 실제값을 뺀 오차로서, 작을수록 모델의 적합도가 낮다.

⑤ R^2이 높으면 항상 인과관계가 강하다고 해석할 수 있다.

---

b_1은 X의 변화가 Y에 미치는 영향 정도를 나타내는 기울기이다.

오답 피하기

④⑤ 잔차는 작을수록 적합도가 높으며, R^2이 높다고 인과관계를 단정할 수는 없다.

10 다음 중 다중회귀분석(Multiple Regression)에 대한 설명으로 옳지 <u>않은</u> 것은?

① 독립변수가 여러 개인 회귀모형이다.

② 각 독립변수의 통계적 유의성은 p값으로 판단한다.

③ 전체 모형의 유의성은 F값으로 검정한다.

④ 독립변수 간 상관이 높을수록 회귀계수의 해석이 명확해진다.

⑤ 다중공선성(Multicollinearity)은 회귀계수의 불안정성을 초래할 수 있다.

독립변수 간 상관이 높을수록(다중공선성 존재 시) 회귀계수가 왜곡되고 해석이 어려워진다.

MEMO

MEMO

07

파이썬과 Fraudit Ⅰ

7일차에 학습할 파이썬과 Fraudit Ⅰ에서는 Fraudit 프로그램에서의 리스트 컴프리헨션과 변수, 또 여러 가지 함수에 대해 학습하겠습니다.

리스트 컴프리헨션과 지역변수, 전역변수

빈출 태그 ▶ 리스트 컴프리헨션 출력값, 전역변수의 선언, 지역변수와 전역변수의 차이, 비교

01 리스트 컴프리헨션

컴프리헨션(Comprehension) 이란, 기존의 반복문과 조건문을 간단하게 표현하여 새로운 리스트, 집합, 딕셔너리를 만드는 문법이다.

1) 기본 구조

```
[표현식 for 변수 in 반복가능객체 if 조건식]
```

- 표현식 : 각 요소를 가지고 새로 만들 값이다.
- 변수 : 반복가능객체에서 꺼낸 각 요소를 저장하는 이름이다.
- 조건식(선택사항) : 조건을 만족하는 값만 선택적으로 사용한다.

2) 리스트 컴프리헨션 예제

① 기본적인 반복 변환
- 기존 리스트에서 제곱값을 구해 새로운 리스트를 만든 경우이다.

```python
numbers = [1, 2, 3, 4, 5]
squares = [n * n for n in numbers]
print(squares)
```

[실행결과]

```
[1, 4, 9, 16, 25]
```

- for문으로 작성한다면 다음과 같다.

```python
numbers = [1, 2, 3, 4, 5]
squares = []                    # 빈 리스트 생성
for n in numbers:               # numbers의 각 요소 n에 대해 반복
    squares.append(n * n)       # n의 제곱을 squares에 추가
print(squares)
```

② if문을 포함한 리스트 컴프리헨션

- 기존 리스트에서 짝수만 뽑아 새로운 리스트를 만든 경우이다.

```python
numbers = [1, 2, 3, 4, 5, 6]
evens = [n for n in numbers if n % 2 == 0] # 짝수만 선택
print(evens)
```

[실행결과]

```
[2, 4, 6]
```

- for문＋if문으로 작성하면 다음과 같다.

```python
numbers = [1, 2, 3, 4, 5, 6]
evens = []                      # 빈 리스트 생성
for n in numbers:               # numbers의 각 요소 n에 대해 반복
    if n % 2 == 0:              # n이 짝수인지 검사
        evens.append(n)         # 짝수이면 evens에 추가
print(evens)
```

3) 장점

- 코드가 간결하고 직관적이다.
- 반복문과 조건문을 한 줄로 표현 가능하다.
- 데이터 처리 효율성을 높인다.

파이썬에서 변수는 선언된 위치에 따라 사용 가능한 범위가 달라진다. 함수 바깥에서 선언된 변수는 전역 (global)변수, 함수 안에서 선언된 변수는 지역(local)변수라고 한다.

1) 전역변수

- 프로그램 전체에서 사용할 수 있는 변수는 전역변수라 하며, 이는 함수 외부에서 선언된다. 전역변수는 함수 내부에서도 참조할 수 있지만, 함수 안에서 전역변수의 값을 변경하려면 global 키워드를 사용해야 한다.
- 예시

```python
x = 10                    # 전역변수

def show():
    print("x =", x)

show()                    # 출력 : x = 10
print(x)                  # 출력 : 10

global 키워드 사용 예시

count = 0                 # 전역변수

def increase():
    global count
    count += 1

increase()
print(count)              # 출력 : 1
```

2) 지역변수

- 특정 함수 안에서만 사용할 수 있는 변수는 지역변수라 하며, 함수 내부에서 선언된다. 지역변수는 해당 함수가 실행되는 동안에만 유효하고, 함수가 종료되면 메모리에서 사라져 더 이상 사용할 수 없다.
- 예시

```python
def func():
    y = 5                 # 지역변수
    print("y =", y)

func()                    # 출력 : y = 5
print(y)                  # 오류 발생 (y는 함수 밖에서 사용 불가)
```

3) 전역변수와 지역변수의 충돌

- 함수 안에서 전역변수와 같은 이름의 변수를 만들면, 지역변수가 우선 사용된다.
- 예시

```python
x = 10                          # 전역변수

def func():
    x = 20                      # 지역변수
    print("함수 내부 x =", x)

func()                          # 출력 : 함수 내부 x = 20
print("함수 외부 x =", x)        # 출력 : 함수 외부 x = 10
```

4) 특징 및 주의사항

- 전역변수는 프로그램 전체에서 접근 가능 → 편리하지만, 코드의 복잡성이 커지고 버그 가능성이 높아진다.
- 지역변수는 함수 내부에서만 사용 가능 → 함수 실행이 끝나면 사라진다.
- 권장 방식 : 전역변수 사용을 최소화하고, 함수 매개변수와 반환값을 적극 활용하는 것이 바람직하다.

5) 전역변수와 지역변수 사용 사례

① 지역변수 사용 사례 (함수 내부에서만 필요한 값)

```python
def calculate_area(radius):
    pi = 3.14                   # 지역변수 (함수 안에서만 사용됨)
    area = pi * (radius ** 2)
    return area

print(calculate_area(5))        # 출력 : 78.5
print(calculate_area(10))       # 출력 : 314.0
```

[설명]

pi는 원 넓이를 구하는 데 필요한 값이지만, 함수 바깥에서는 필요하지 않다. 따라서 pi를 지역변수로 두어 함수 내부에서만 사용하면 코드가 깔끔하고 안전하다.

② 전역변수 사용 사례 (프로그램 전체에서 공유되는 값)

```python
# 게임 점수를 관리하는 전역변수
score = 0

def add_score(points):
    global score                    # 전역변수를 변경하기 위해 global 사용
    score += points
    print("점수가", points, "점 올랐습니다!")

def show_score():
    print("현재 점수:", score)

add_score(10)                       # 출력 : 점수가 10 점 올랐습니다!
add_score(5)                        # 출력 : 점수가 5 점 올랐습니다!
show_score()                        # 출력 : 현재 점수: 15
```

[설명]

게임 점수처럼 프로그램 전체에서 공유해야 하는 값은 전역변수로 관리하는 것이 편리하다. 단, 전역변수 남용 시 코드 흐름이 복잡해지고 오류 추적이 어려워질 수 있다. → 최소화하는 것이 좋다.

③ 지역변수와 전역변수가 동시에 존재할 때

```python
x = 100                             # 전역변수

def test():
    x = 50                          # 지역변수 (전역변수와 이름이 같음)
    print("함수 내부 x =", x)

test()                              # 출력 : 함수 내부 x = 50
print("함수 외부 x =", x)            # 출력 : 함수 외부 x = 100
```

[설명]

같은 이름을 가진 변수가 함수 안과 밖에 동시에 존재하면, 함수 내부에서는 지역변수가 우선 사용된다. 전역변수의 값은 변하지 않는다.

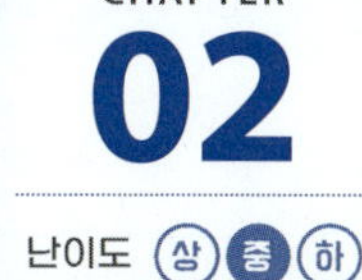

함수

01 사용자 정의 함수

1) 함수의 기능

- 함수는 프로그램 작성에서 핵심적인 역할을 하며, 그 필요성은 여러 측면에서 설명할 수 있다. 동일한 동작을 여러 번 사용할 때 코드를 반복하지 않고 재사용을 가능하게 해주고, 프로그램 전체를 간결하게 유지할 수 있다.
- 함수는 논리적으로 코드가 잘 구조화되도록 도와주어 가독성 향상에 기여하며, 다른 사람이 코드를 읽고 이해하기도 쉬워진다.
- 함수 단위로 코드를 수정하거나 개선할 수 있어 유지보수가 용이하고, 프로그램을 작은 단위로 나누어 설계할 수 있는 모듈화에도 효과적이다. 이러한 이유로 함수는 효율적이고 체계적인 프로그램 개발을 위해 반드시 필요한 요소라 할 수 있다.
- 파이썬은 print(), len()과 같은 내장 함수도 제공하지만, 사용자가 직접 정의하여 만드는 함수를 사용자 정의 함수라고 한다.

2) 함수의 기본 구조

```
def 함수명(매개변수):
    실행할 코드
    return 반환값
```

- 함수이름 : 함수의 이름(변수명과 동일한 규칙 적용)
- 매개변수(parameter) : 함수 호출 시 입력받는 값, 생략 가능
- return : 함수 실행 결과를 반환(생략 가능)

※ 주의 : 함수를 정의한 후에는 반드시 콜론을 찍어야 한다. 콜론으로 마친 후 다음 줄(블록)은 들여쓰기를 해야 한다.

3) 함수 정의와 호출 예시

① 매개변수와 반환값이 없는 함수

```python
def hello():
    print("안녕하세요")

hello()    # 함수 호출
```

② 매개변수가 있는 함수

```python
def greet(name):
    print("안녕하세요,", name)

greet("철수")
```

③ 반환값이 있는 함수

```python
def add(a, b):
    return a + b

result = add(3, 5)
print(result)   # 8 출력
```

④ 매개변수와 반환값이 모두 없는 함수

```python
def notice():
    print("공지사항을 확인하세요")

notice()
```

4) 함수의 주요 특징

- 호출 전에는 실행되지 않는다. → 함수는 정의만 되어 있을 뿐, 호출해야 실행된다.
- return 값을 생략할 수 있다. → return이 없는 함수는 None을 반환한다.
- 매개변수 기본값을 지정할 수 있다.

```python
def greet(name="손님"):
    print("안녕하세요,", name)

greet()              # 안녕하세요, 손님
greet("영희")         # 안녕하세요, 영희
```

• 여러 개의 반환값이 가능하다. → 파이썬은 튜플로 반환 가능하다.

```python
def calc(x, y):
    return x + y, x - y

result = calc(10, 3)
print(result)   # (13, 7)
```

02 람다 함수

• lambda 키워드를 사용해 만드는 익명 함수(이름이 없는 함수)이다.
• 보통 한 번 쓰고 버리는 간단한 기능을 만들 때 사용한다.
• 일반적인 def 함수처럼 여러 줄로 작성하지 않고, 한 줄로 간단하게 표현한다.

1) 기본 구조

• lambda 매개변수 : 표현식
• lambda : 람다 함수 정의 키워드
• 매개변수 : 함수에 전달할 값
• 표현식 : 계산하거나 반환할 값(자동으로 return됨)

2) 람다함수 예제

① 일반 함수 vs 람다 함수 비교

```python
# 일반 함수
def add(x, y):
    return x + y

# 람다 함수
add_lambda = lambda x, y: x + y

print(add(3, 5))        # 8
print(add_lambda(3, 5))    # 8
```

② map() 함수와 함께 사용

```python
numbers = [1, 2, 3, 4, 5]

# 각 원소의 제곱 구하기
squares = list(map(lambda x: x**2, numbers))
print(squares)   # [1, 4, 9, 16, 25]
```

③ 조건 표현식과 함께 사용

```python
is_even = lambda x: "짝수" if x % 2 == 0 else "홀수"
print(is_even(4))    # 짝수
print(is_even(7))    # 홀수
```

3) 특징

- 이름이 없는 함수 → 변수에 저장하거나 다른 함수의 인자로 전달해 사용한다.
- 간단한 기능을 구현할 때 적합, 복잡한 로직에는 적합하지 않다.
- map(), filter(), sorted() 같은 함수와 자주 함께 쓰인다.

01 다음 중 지역변수에 대한 설명으로 옳은 것은?

① 함수 외부에서 선언되어 어디서나 사용할 수 있다.
② 프로그램 전체에서 값을 공유한다.
③ 함수 내부에서 선언되어 함수가 끝나면 소멸된다.
④ 모든 함수에서 자동으로 참조된다.
⑤ 전역 변수와 같은 이름을 가질 수 없다.

지역변수는 함수 내부에서 선언되고, 함수 실행이 끝나면 메모리에서 사라진다.

02 다음 코드를 실행했을 때 출력 결과로 옳은 것은?

```
x = 10
def test():
    x = 5
    print(x)
test()
print(x)
```

① 10
② 5
③ 5
　 5
④ 10
　 5
⑤ 5
　 10

함수 내부의 x는 지역변수로 5를 출력하고, 외부의 x는 전역변수로 10을 출력한다.

03 다음 코드에서 오류가 발생하는 이유로 옳은 것은?

```
count = 0
def add():
    count = count + 1
    print(count)
add()
```

① 전역변수를 선언하지 않았다.
② 지역변수를 사용하기 전에 참조했다.
③ print() 함수의 괄호가 잘못되었다.
④ 들여쓰기가 잘못되었다.
⑤ 함수 이름이 예약어이기 때문이다.

함수 내부에서 count를 새로 할당하면 지역변수로 인식되며, 그 전에 참조가 일어나 오류가 발생한다.

04 함수 안에서 전역변수를 수정하기 위해 사용해야 하는 키워드는?

① global
② static
③ extern
④ var
⑤ globalize

global 키워드를 사용해야 함수 내부에서 전역변수를 수정할 수 있다.

05 다음 코드를 실행하면 출력 결과로 옳은 것은?

```
x = 1
def change():
    global x
    x = x + 5
change()
print(x)
```

① 1
② 5
③ 6
④ 오류 발생
⑤ None

global x로 전역변수를 참조하므로 x의 값은 1에서 6으로 변경된다.

06 다음 중 람다함수(lambda function)의 특징으로 옳은 것은?

① 여러 줄의 명령문을 포함할 수 있다.
② 이름을 가진 일반 함수이다.
③ return 문을 반드시 포함해야 한다.
④ 이름이 없는 한 줄짜리 익명 함수이다.
⑤ def 키워드로 정의해야 한다.

람다함수는 이름이 없는 한 줄짜리 익명 함수로, lambda 매개변수: 표현식 형태를 가진다.

07 다음 코드의 실행 결과로 옳은 것은?

```
f = lambda x, y: x * y
print(f(3, 4))
```

① 7
② 12
③ 34
④ 오류 발생
⑤ None

lambda x, y: x * y는 두 값을 곱하는 함수이므로 3 * 4 = 12가 출력된다.

08 다음 중 사용자 정의 함수(User-defined Function)에 대한 설명으로 옳지 <u>않은</u> 것은?

① def 키워드를 사용하여 정의한다.
② 함수는 호출되어야 실행된다.
③ 반드시 인수를 가져야 한다.
④ return 문을 사용해 값을 반환할 수 있다.
⑤ 함수 이름은 식별자 규칙을 따라야 한다.

사용자 정의 함수는 인수가 없어도 정의할 수 있다.
예 def hello(): print("Hi")

09 다음 코드를 실행했을 때 출력 결과로 옳은 것은?

```python
def greet(name="Python"):
    print("Hello,", name)

greet()
greet("Java")
```

① Hello, Python
② Hello, Java
③ Hello, Python
　 Hello, Java
④ Hello, Java
　 Hello, Python
⑤ 오류 발생

기본 매개변수 name="Python"이 설정되어 있으므로, 첫 번째 호출은 기본 값을 사용하고 두 번째는 인수 "Java"를 사용한다.

10 다음 중 함수를 인수로 전달하는 예로 옳은 것은?

① map(lambda x: x+1, [1,2,3])
② def f(g()): print(g())
③ apply(print("hi"))
④ for i in range(len())
⑤ lambda(x, y): x + y

map() 함수는 함수와 반복 가능한 객체를 인수로 받아, 각 요소에 함수를 적용한다.

11 다음 중 리스트 컴프리헨션에 대한 설명으로 옳은 것은?

① 리스트에 요소를 추가할 때만 사용할 수 있다.
② for 문 없이 사용할 수 없다.
③ 기존 리스트를 이용해 새로운 리스트를 만드는 간결한 표현식이다.
④ 반드시 if 조건을 포함해야 한다.
⑤ 튜플이나 딕셔너리에는 사용할 수 없다.

리스트 컴프리헨션은 [표현식 for 변수 in 반복가능객체 (if 조건식)] 형태로, 간결하게 새 리스트를 만든다.

12 다음 코드의 실행 결과로 옳은 것은?

```python
nums = [1, 2, 3, 4]
result = [n * 2 for n in nums]
print(result)
```

① [1, 2, 3, 4]
② [2, 4, 6, 8]
③ [1, 4, 9, 16]
④ [n * 2 for n in nums]
⑤ 오류 발생

각 요소에 *2를 적용한 결과 [2, 4, 6, 8]이 출력된다.

13 다음 코드의 실행 결과로 옳은 것은?

```
nums = [1, 2, 3, 4, 5, 6]
even = [n for n in nums if n % 2 == 0]
print(even)
```

① [1, 3, 5]
② [2, 4, 6]
③ [1, 2, 3, 4, 5, 6]
④ [0, 2, 4, 6, 8, 10]
⑤ 오류 발생

조건식 if n % 2 == 0이 참인 값만 리스트에 포함되므로 짝수 리스트 [2, 4, 6]이 생성된다.

14 다음 중 중첩 리스트 컴프리헨션의 결과로 옳은 것은?

```
result = [x * y for x in [1, 2] for y in
[10, 100]]
print(result)
```

① [10, 100, 20, 200]
② [1, 2, 10, 100]
③ [[1,10], [2,100]]
④ [10, 20, 100, 200]
⑤ 오류 발생

첫 번째 for문이 바깥쪽, 두 번째 for문이 안쪽이므로
1*10, 1*100, 2*10, 2*100 → [10, 100, 20, 200]

15 다음 중 리스트 컴프리헨션을 이용한 올바른 코드로만 구성된 것은?

① [x for x in range(5)]
② [x + y for x in [1,2] for y in [3,4]]
③ [x if x%2==0 for x in range(5)]
④ [for x in range(5): x*2]
⑤ [x * 2 in range(5)]

①은 맞지만 ②도 올바르며 더 복합적인 예시이다.
③은 문법 오류이다(if는 for 뒤에 와야 함).
④ · ⑤는 문법 구조가 잘못되었다.

CHAPTER 01

난이도 상 중 하

반복학습 1 2 3

데이터의 SELECT

빈출 태그 ▶ SELECT, WHERE, 조건식, 필터링, LIKE, 정규식(Regular Expression), Expression

Fraudit의 [Select] 메뉴는 SQL의 SELECT … WHERE 문과 동일한 기능을 수행하며, 필요한 데이터만 필터링해 새로운 테이블로 추출하는 기능이다.

메뉴 경로는 [Data] → [Select]이며, 다섯 가지 세부 기능으로 구성된다.

01 Select By Record Index(레코드 인덱스로 선택)

- 테이블의 행 번호(Index)를 직접 지정하여 필요한 레코드를 선택한다.
- Fraudit의 인덱스는 Python 문법을 따르므로 0부터 시작한다.

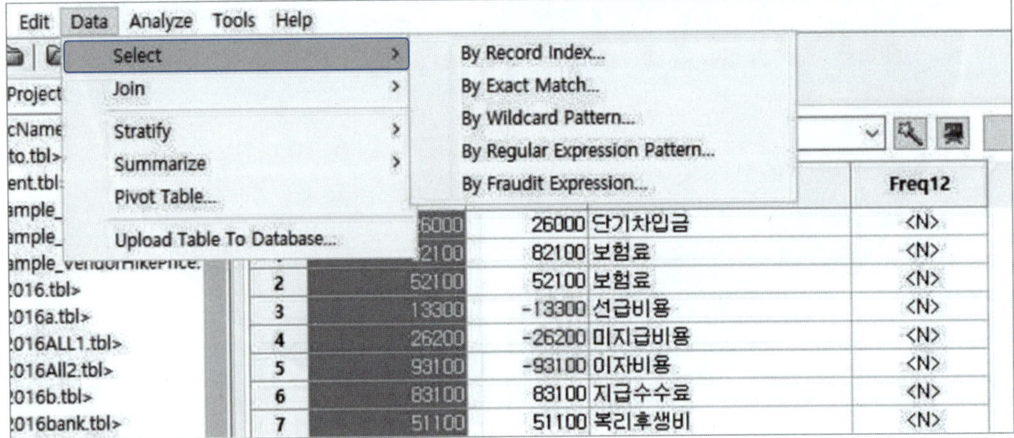

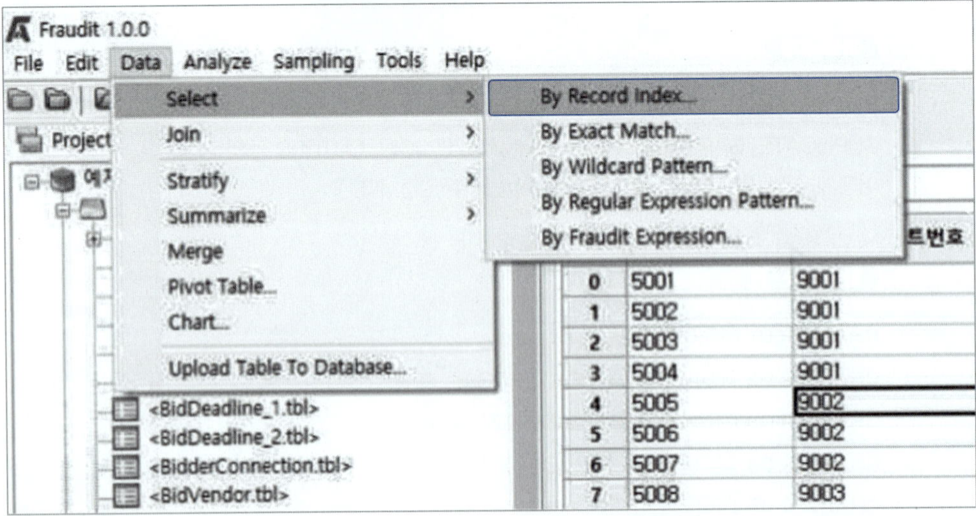

① 범위 지정

예 From Row = 0, To Row = 10 : 0~10행(총 11개 레코드) 선택

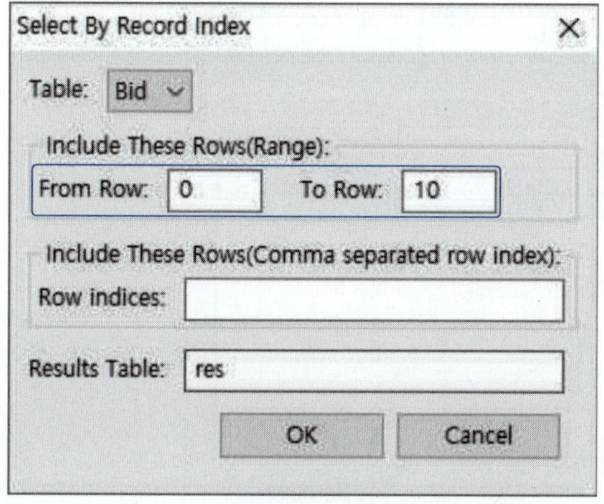

② **개별 지정** : 이 기능은 데이터를 샘플링하거나 특정 구간만 검토할 때 유용하다.

예 0,5 입력 → 0번째와 5번째 레코드만 선택

02 Select By Exact Match(정확히 일치하는 값 선택)

- 지정한 칼럼(column)의 값이 정확히 동일한 경우만 선택한다.
- SQL의 WHERE column == '값' 문과 동일하다.
- Fraudit Expression에서는 비교연산자(==, !=, 〈, 〉, 〈=, 〉=)를 사용해야 하며, '=' 한 개로 입력하면 오류가 발생한다.
  - **예** WHERE DEPT == 'Accounting'
    - → DEPT가 'Accounting'인 행만 필터링
- 입력 시 대소문자를 정확히 구분해야 하며, 문자열은 반드시 작은따옴표(' ')로 감싼다.

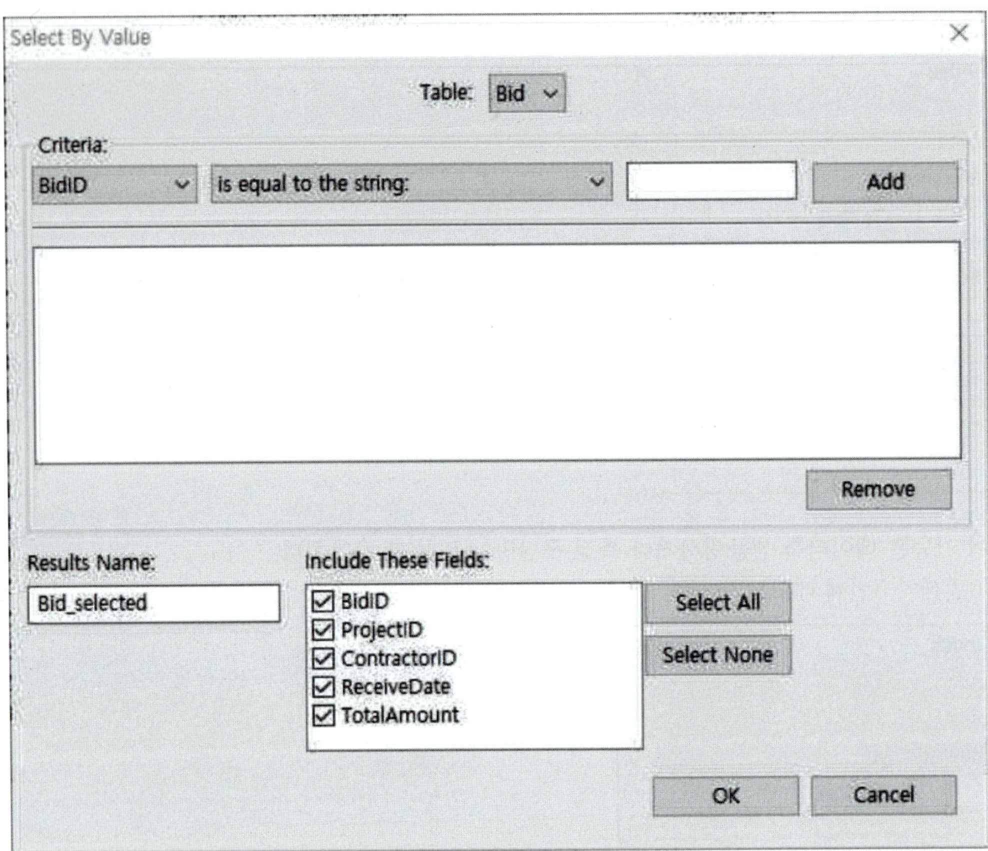

❸ Select By Wildcard Pattern(패턴 일치로 선택)

- 문자열의 일부만 일치할 때 사용하는 방식이다.
- SQL의 LIKE 구문과 동일하며, 패턴 기호(%)를 활용한다.

예

> − M% : M으로 시작
> − %M : M으로 종료
> − %M% : M을 포함

- 또한 Fraudit에서는 대소문자 구분 여부(Case Specific), 포함/제외 조건(Include/Exclude Matching Records) 등을 선택할 수 있다.
- 예 WHERE NAME LIKE 'M%' : 이름이 M으로 시작하는 행 선택

04 Select By Regular Expression(정규식으로 선택)

- [Data] → [Select] → [By Regular Expression] 메뉴는 Python의 정규식(Regular Expression)을 이용해 문자열 패턴을 세밀하게 필터링하는 기능이다.
- 사용 방법은 [Select By Wildcard Pattern]과 거의 동일하지만, 더 정교하고 복잡한 조건을 설정할 수 있다는 점이 다르다.
- 정규식(Regular Expression)이란 문자열 내에서 특정 패턴을 찾아내기 위한 규칙 언어다.

예

- ^A : A로 시작하는 문자열
- [0-9]{3} : 숫자 3개로 이루어진 문자열
- ^A[0-9]{3} : A로 시작하고 뒤에 숫자 3개가 이어지는 문자열 (정규식에서 "^"는 시작, "$"는 끝을 의미)
- 이 기능은 숫자 코드, 제품명, 이메일 주소 등 일정한 규칙이 있는 문자열 데이터 검증에 매우 유용하다.

① [Data] → [Select] → [By Regular Expression] 메뉴를 선택한다.
② 테이블과 칼럼(Column)을 지정한 뒤, Pattern 입력란에 정규식 문법을 입력한다.
③ [Include Matching Records] 또는 [Exclude Matching Records] 중 하나를 선택하여 필터링 방향을 결정한다.
④ OK를 누르면 조건에 맞는 레코드만 별도의 테이블로 생성된다.
- 이 기능은 숫자 코드, 제품명, 이메일 주소 등 일정한 규칙이 있는 문자열 데이터를 검증할 때 매우 유용하다.

- [Data] → [Select] → [By Fraudit Expression] 메뉴는 여러 조건식을 직접 작성해 데이터를 필터링할 수 있는 기능이다.
- Fraudit Expression은 SQL의 WHERE 절과 동일한 개념으로, 숫자 · 문자 · 논리 조건을 자유롭게 결합할 수 있다.
- 조건식은 직접 입력하거나 Expression Builder 창을 이용할 수 있다.
- 문자열 필터링 시 반드시 작은따옴표(' ')를 사용하며, 비교연산자는 ==, != / 논리연산자는 and, or, not을 사용한다.
  예 Country == 'KOR' and Amount > 100000
- 결과 테이블 이름(Results_Name)을 지정하지 않으면 자동으로 'res' 등의 임시 이름이 부여된다.
- Include These Fields 영역에서 표시할 칼럼을 선택해 가독성을 높일 수 있다.

▼ Select By Fraudit Expression 메뉴 화면

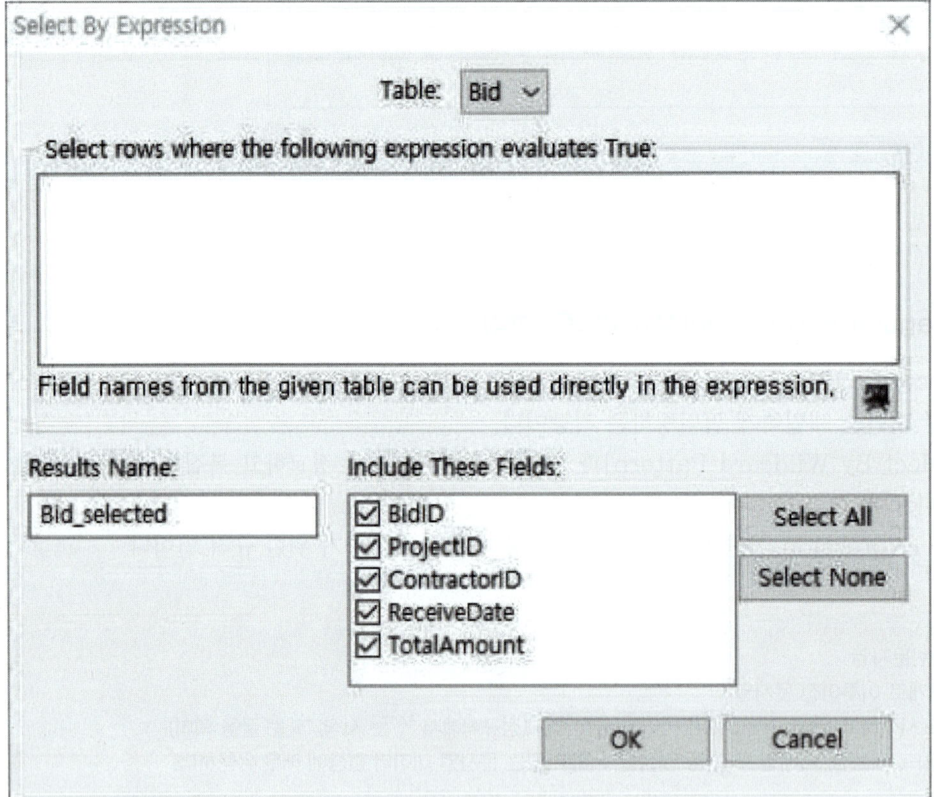

① **파일 불러오기** : 파일을 열고, 메뉴에서 [Data] → [Select] → [By Fraudit Expression]을 선택한다.

② **Expression 작성**

- 조건식은 직접 입력하거나, Expression 아이콘을 눌러 Expression Builder 창에서 쉽게 작성할 수 있다.
- 문자열(String) 값을 필터링할 때는 반드시 작은따옴표(' ')를 사용한다.

📵 Country == 'KOR' and Amount > 100000

③ **결과 테이블 지정**

- Results_Name 입력란에 결과 테이블 이름을 입력한다.
- 기본적으로 새로운 테이블이 생성되므로, 이름을 지정하지 않으면 자동으로 'res' 등의 임시 이름이 부여된다.

④ **필드 선택**

- Include These Fields 영역에서 결과에 포함할 칼럼을 체크박스로 선택할 수 있다.
- 필요한 칼럼만 선택하면 데이터 가독성이 높아진다.

⑤ **결과 확인**

- OK 버튼을 누르면 조건에 맞는 데이터만 필터링된 새로운 테이블이 생성된다.
- 이 테이블은 기존 데이터와 독립적으로 저장되며, 추가 분석이나 조인(Join) 등 후속 단계에 활용할 수 있다.

🏳 기적의 TIP

- SELECT는 SQL WHERE 절과 동일한 필터링 기능이다.
- Fraudit Expression에서는 '='이 아니라 '=='을 사용해야 하며, 문자열은 작은따옴표(' ')로 감싼다.
- 정규식의 ^(시작), $(끝), [] (범위지정) 기호 의미를 숙지해야 한다.
- 시험에서는 "WHERE 절 필터링", "LIKE 연산자", "Expression 문법(==, !=, and/or)" 형태로 자주 출제된다.

데이터의 DUPLICATE와 GAP 분석

빈출 태그 ▶ 중복검사(Duplicates), 누락검사(Gap), Matching, Nonmatching, Find 메뉴, Integer 타입,
Ascending 정렬

Fraudit의 [Find] 메뉴는 데이터 내 중복(Duplicates)과 누락(Gaps) 여부를 검증하는 기능이다. 또한 두 테이블 간 일치 · 불일치 데이터를 찾는 Matching / Nonmatching 기능도 포함된다.

메뉴 경로는 [Analyze] → [Find]이다.

🟦 Duplicates(중복 탐색)

Duplicates 기능은 특정 칼럼에서 동일한 값이 두 번 이상 나타나는 행을 찾아 표시한다. 예를 들어, 거래처코드나 전표번호처럼 고유해야 하는 값이 반복되는지를 확인할 수 있다. 결과는 원본테이블명 뒤에 자동으로 _duplicates가 붙는다.

📘 PurchaseTransaction_duplicates

1) 사용 절차

① 메뉴에서 [Analyze] → [Find] → [Duplicates]를 선택한다.
② Select a Table에서 PurchaseTransaction을 선택하고, Select one or more columns에서 TransactionID 칼럼을 지정한다.
③ 결과 테이블명(Results Name)은 입력하지 않으면 자동으로 원본테이블명_duplicates 형태(PurchaseTransaction_duplicates)로 생성된다.
④ OK 버튼을 클릭하면 중복된 레코드만 필터링된 테이블이 생성된다.

2) 예시 결과

TransactionID가 4001인 값이 0행과 1행에 중복되어 있으면, 해당 두 레코드가 별도의 "_duplicates" 테이블로 표시된다.

▼ Duplicates 분석 화면

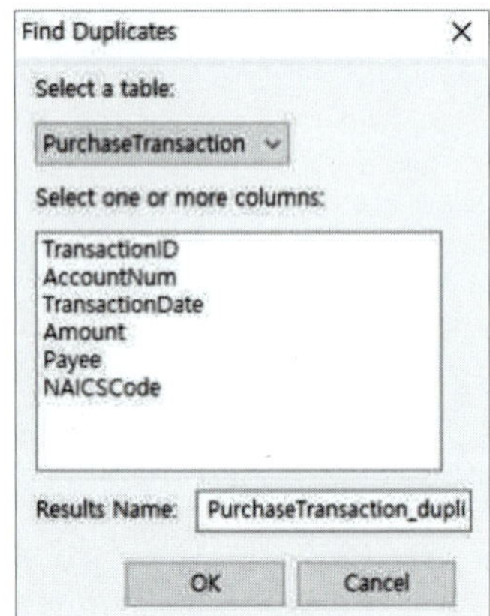

02 Gap(누락 탐색)

- Gaps 기능은 선택한 칼럼의 연속성(번호의 누락 여부)을 점검한다.
- 전표번호, 지급번호, 어음번호, 재고태그 번호처럼 순차적이어야 하는 데이터의 결손을 검증할 때 유용하다.

1) 유의사항

- Integer(정수형) 칼럼만 분석 가능하다.
- 분석 전 반드시 Ascending(오름차순 정렬) 되어 있어야 한다.
- 한 번에 하나의 칼럼만 선택할 수 있다.

2) 사용 절차

① 파일을 연다.

② 메뉴에서 [Analyze] → [Find] → [Gaps]를 선택한다.

③ 분석 대상 칼럼(거래번호)의 데이터 타입을 Integer로 설정하고, 테이블이 오름차순(Ascending)으로 정렬되어 있는지 확인한다.

④ Select a Table에서 PurchaseTransaction을 선택하고, Select one or more columns에서 거래번호 칼럼을 지정한다.

⑤ 결과 테이블명(Results Name)은 자동으로 원본테이블명_gaps 형태(PurchaseTransaction_gaps)로 생성된다.

⑥ OK를 클릭하면 누락 구간이 표시된 결과 테이블이 생성된다.

3) 예시 결과

- 0행과 1행에 거래번호 4001이 중복으로 존재하면, 이는 중복이자 gap으로 인식된다.
- 2행과 3행이 4002와 4004라면, 그 사이의 4003이 누락(Missing Number 1) 으로 표시된다.

▼ Gap 분석 화면

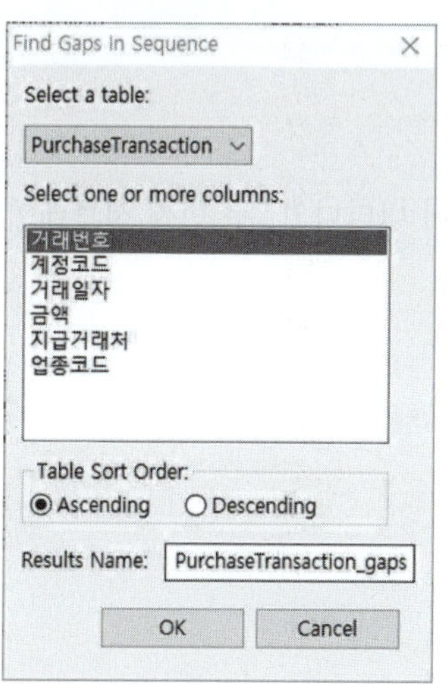

4) Gap 분석의 주의사항

- 칼럼은 Integer 타입이어야 한다.
- Ascending(오름차순) 으로 정렬되어야 한다.
- Gap은 주로 "전표번호", "어음번호", "지급번호" 검증에 사용된다.

03 Matching / Nonmatching(값 일치 및 불일치 탐색)

- Matching by Value : 두 테이블 간 값이 동일한 경우 매칭
- Nonmatching by Value : 값이 일치하지 않는 경우(여집합) 표시

- 결과 테이블은 Sub Table 0과 1로 구분되어 생성되며, Sub Table 0은 기준 테이블, Sub Table 1은 비교 대상 테이블을 의미한다.
- Matching by Expression에서는 record1.입찰자번호 == record2.입찰자번호 형태로 조건식을 직접 작성한다.
- record1 / record2 표기 오류 시 인식되지 않으며, 이 부분이 기출에 자주 등장한다.

04 Matching by Value (값 기준 매칭)

- Matching by Valu는 두 테이블 간 값이 정확히 일치하는 행을 찾아주는 기능이다.
- 예를 들어, 블랙리스트 명단의 거래처가 실제 계약 테이블에도 존재하는지 확인할 수 있다.

1) 사용 절차

① [Analyze] → [Find] → [Matching by Value]를 선택한다.
② First Table은 Bid, Second Table은 Blacklist로 지정한다.
③ Match Criteria에서 두 테이블의 입찰자번호 칼럼을 연결한다.
④ 결과 테이블명을 result로 입력한 뒤 OK를 누른다.

2) 결과 해석

첫 번째 서브테이블(Sub Table 0)에는 입찰자번호 8080이 실제 계약된 건이 나타나고, 두 번째 서브테이블(Sub Table 1)에는 같은 번호가 Blacklist에 포함된 사실이 표시된다.
→ 프로젝트번호 9061은 블랙리스트와 계약이 체결된 사례임을 알 수 있다.

05 Matching by Expression(표현식 기반 매칭)

Matching by Expression은 Matching by Value보다 한 단계 발전된 방식으로, 직접 Expression (표현식)을 입력해 매칭 조건을 설정할 수 있다.

1) 사용 절차

① [Analyze] → [Find] → [Matching by Expression]을 선택한다.
② Match Using The Following Expression 입력창에 다음 식을 작성한다.
③ record1.입찰자번호 == record2.입찰자번호
  → 첫 번째 테이블(Bid)의 입찰자번호와 두 번째 테이블(Blacklist)의 입찰자번호가 일치할 때 매칭한다.
④ 결과 테이블명을 result로 지정하고 OK를 누른다.

2) 결과 해석

Sub Table 0은 계약이 체결된 입찰자(8080), Sub Table 1은 동일 입찰자가 블랙리스트에 등재된 사실을 표시한다.

06 Nonmatching by Value(비일치 값 찾기)

Nonmatching by Value는 Matching by Value의 여집합을 보여준다. 즉, 두 테이블 중 값이 일치하지 않는 레코드를 찾아낸다.

1) 사용 절차

① [Analyze] → [Find] → [Nonmatching by Value]를 선택한다.
② First Table과 Second Table을 각각 Bid, Blacklist로 지정하고, Match Criteria에서 입찰자번호를 기준으로 설정한다.
③ 결과 테이블명을 result로 지정하고 OK를 클릭한다.

2) 결과 해석

Sub Table 0은 블랙리스트가 아닌 계약자 현황, Sub Table 1은 제외된 블랙리스트 목록을 보여준다. 즉, 계약체결된 데이터 중 블랙리스트에 없는 건을 확인할 수 있다.

Nonmatching by Expression은 Matching by Expression의 여집합이다. 직접 작성한 식을 기준으로, 두 테이블 간 일치하지 않는 레코드를 필터링한다.

1) 사용 절차

① [Analyze] → [Find] → [Nonmatching by Expression]을 선택한다.
② 아래 식을 입력한다.

> : record1.입찰자번호 ＝ record2.입찰자번호

③ Nonmatching 메뉴이므로, 자동으로 불일치하는 경우를 추출한다.
④ 결과 테이블명을 result로 지정하고 OK를 클릭한다.

2) 결과 해석

Sub Table 0은 블랙리스트에 포함되지 않은 계약 현황을, Sub Table 1은 블랙리스트 중 제외된 입찰자(예 8080 외)를 표시한다.

> ▶ **기적의** TIP

FIND 메뉴 정리

기능	주요 목적	실무 예시	시험 포인트
Duplicates	중복값 탐색	중복 전표번호, 송장번호 확인	중복 레코드 검출
Gaps	연속성 검증	번호 누락, 시퀀스 결함 확인	Integer + Ascending 조건
Matching by Value	일치값 매칭	블랙리스트와 계약 데이터 비교	JOIN 개념 유사
Matching by Expression	조건식 매칭	사용자 정의 비교식 작성	record1 / record2 구문
Nonmatching by Value	불일치값 탐색	미계약 고객 찾기	여집합 개념
Nonmatching by Expression	불일치 표현식 필터링	불일치 데이터 검증	Expression 응용

- Duplicates : 중복값 탐색(Analyze → Find → Duplicates)
- Gaps : Integer + Ascending 필수, 미정렬 시 오류 발생
- Matching / Nonmatching : Sub Table 0(기준) / Sub Table 1(대상) 구조로 결과 표시
- record1.record2 문법은 정확히 입력해야 인식됨

GROUPBY와 SUMMARIZE 분석

빈출 태그 ▶ GROUPBY, SUM, AVG, COUNT, STD, DATE, Summarize Existing, Stratify

Fraudit의 Summarize 기능은 SQL의 GROUP BY 구문과 동일한 개념이다. 데이터를 특정 칼럼(또는 여러 칼럼) 기준으로 그룹화하고, 합계·평균·표준편차·개수 등 요약 통계값을 계산한다.

이 기능은 [Data] → [Summarize] 메뉴 아래에 있으며, 데이터 집계나 추세 분석 시 자주 사용된다.

01 Summarize By Value(값 기준 요약)

- Summarize By Value는 선택한 칼럼 값을 기준으로 그룹을 나눈 뒤, 각 그룹별로 합계(SUM), 평균(AVG), 개수(COUNT), 표준편차(STD) 등을 계산한다.
- 즉, SQL의 GROUP BY column 기능과 동일하다. 단일 또는 복수의 칼럼을 기준으로 데이터를 그룹화한다.

> - 합계(SUM)
> - 표준편차(STD)
> - 평균(AVG)
> - 개수(COUNT)
> 예 VendorID별 거래금액 합계

▼ Summarize By Value 메뉴 화면

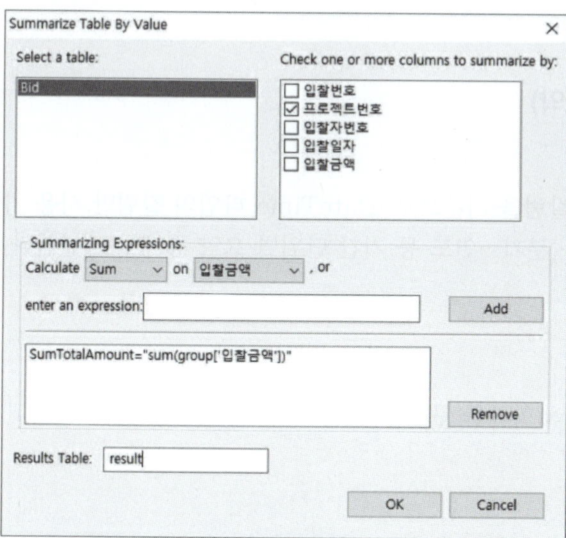

1) 단일 칼럼 요약

① 예시 : 파일에서 프로젝트번호(ProjectID)별로 총 거래금액(TotalAmount)의 합계를 구하는 경우

② 사용 절차

    ㉠ 메뉴에서 [Data] → [Summarize] → [By Value]를 선택한다.

    ㉡ Select a Table에서 Bid를 선택한다.

    ㉢ Check one or more columns to summarize by에서 프로젝트번호 체크한다.

    ㉣ Summarizing Expressions 설정

        • Calculate 항목에서 Sum을 선택한다.

        • on 항목에서 TotalAmount을 선택한다.

    ㉤ Add 버튼을 누르고, 새로운 칼럼명(예 SumTotalAmount)을 입력한다.

    ㉥ 결과 테이블명(Results Table)을 result로 지정하고 OK를 누른다.

③ 결과 해석 : 각 프로젝트번호별로 거래금액의 합계가 계산된 테이블이 생성된다. 64개의 프로젝트가 있다면, 64개의 요약행이 표시된다.

2) 복수 칼럼 요약

① 복수의 기준 칼럼을 지정하면, 예를 들어 지역(Region)과 부서(Department)별로 거래금액의 평균을 동시에 구할 수 있다.

② 예시

• 기준 칼럼: Region, Department

• 요약식: AVG(TotalAmount)

• 결과: 지역 · 부서별 평균 거래금액

③ 이 방식은 다단계 그룹핑(multi-level grouping)에 유용하며, QL의 GROUP BY Region, Department 문과 동일한 결과를 얻는다.

02 Summarize By Date Column (날짜 기준 요약)

1) 성격

Summarize By Date Column은 DateTime 타입 칼럼을 기준으로 (DateTime 타입의 칼럼만 사용 가능하며, 다른 타입을 선택하면 Type Error 발생) 월 · 분기 · 연도 등 기간 단위별 요약 통계를 계산한다. 즉, 시간 흐름에 따른 합계나 평균을 쉽게 구할 수 있다.

2) 예시

파일에서 입찰일자(BidDate)를 기준으로 월별 입찰금액 합계를 구하는 경우

3) 사용 절차

① 메뉴에서 [Data] → [Summarize] → [By Date Column]을 선택한다.
② Select a Table에서 Bid를 선택한다.
③ Check one or more columns to summarize by에서 입찰일자(BidDate)에 체크한다.
　단, 이 칼럼은 DateTime 타입이어야 한다.
④ Stratify when column changes by에 by 1 months를 입력한다.
　→ 한 달 단위로 그룹화한다.
⑤ Add 버튼을 누르고, 새 칼럼명을 입찰금액합계로 입력한다.
⑥ 결과 테이블명을 result로 지정하고 OK를 클릭한다.

4) 결과 해석

각 월별로 입찰금액의 합계가 계산되어 새로운 요약 테이블이 생성된다. 이 기능은 매출 추이, 월별 거래량 분석 등 시계열 분석에 특히 유용하다.

▼ Summarize By Date Column 메뉴 화면

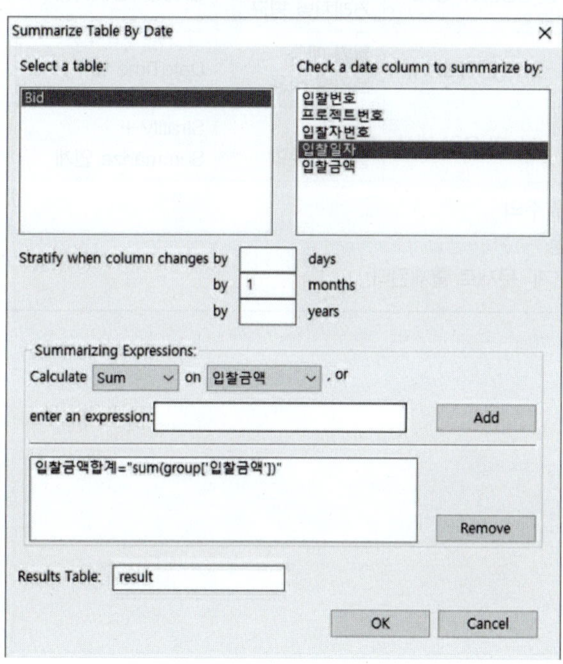

⓪③ Summarize Existing Table List(기존 서브테이블 요약)

① Summarize Existing Table List는 이미 Stratify(계층화) 기능으로 생성된 여러 개의 sub table에 대해 Summarize를 한 번에 수행하는 기능이다. Stratify 결과(sub table)를 원본으로 돌아가지 않고 바로 Summarize할 수 있는 기능이다. 즉, Stratify 후 바로 요약 가능하다는 점이 핵심이다.

② 예시 : 이미 Stratify By Value로 직원별 거래내역이 분리된 상태라면, 각 직원(sub table)별 총 거래 금액 합계를 일괄 계산할 수 있다.

③ 장점

- Stratify 결과를 바로 Summarize할 수 있어 효율적이다.
- 데이터 계층화와 요약을 반복 수행해야 하는 경우 매우 편리하다.

> **기적의 TIP**
>
> **SUMMARIZE 메뉴 정리**
>
> | 기능 | 주요 목적 | 대표 계산 | 실무 예시 | 시험 포인트 |
> | --- | --- | --- | --- | --- |
> | Summarize By Value | 값 기준 그룹 요약 | SUM, AVG, COUNT, STD | 부서별 합계, 거래처별 평균 | GROUP BY 이해 |
> | Summarize By Date Column | 날짜 기준 요약 | 월·분기·연도 단위 SUM | 월별 매출, 분기별 비용 | DateTime 필수 |
> | Summarize Existing Table List | 서브테이블 일괄 요약 | 여러 sub table의 요약 계산 | Stratify 결과 재요약 | Stratify + Summarize 연계 |
>
> - Summarize By Date Column은 DateTime 타입만 허용, 오류 주의
> - Summarize Existing Table List는 Stratify 결과 재요약에 활용
> - 시험에서는 "DateTime 오류 발생", "Stratify + Summarize 연계" 문제로 출제된다.

데이터 테이블의 JOIN 분석

빈출 태그 ▶ JOIN, INNER JOIN, LEFT JOIN, RIGHT JOIN, OUTER JOIN, Fuzzy Match Percent, Expression, record1.record2

Fraudit의 Join 메뉴는 SQL의 JOIN 명령과 동일한 기능으로, 두 개 이상의 테이블을 공통 키(Key)를 기준으로 결합한다.

이 기능은 [Data] → [Join] 메뉴에 있으며, 테이블 간 데이터 연결과 교차 검증에 자주 활용된다.

01 Join by Value(값 일치로 조인)

Join by Value는 두 테이블의 키 값이 정확히 일치할 때만 데이터를 결합하는 방식이다. SQL의 INNER JOIN과 동일하며, Excel의 VLOOKUP 기능과도 유사하다.

1) 사용 절차

① 메뉴에서 [Data] → [Join] → [By Value]를 선택한다.
② Match Criteria에서 첫 번째 테이블의 A column, 두 번째 테이블의 A column을 선택한다.
③ Join Type에서 Join 형태를 지정한다.
　ㄱ 일치하는 행만 포함 → INNER JOIN
　ㄴ 첫 번째 테이블 전체 + 일치하는 값만 결합 → LEFT JOIN(VLOOKUP과 유사)
　ㄷ 두 번째 테이블 전체 + 일치하는 값만 결합 → RIGHT JOIN
　　→ 여기서는 첫 번째 옵션(일치하는 행만)을 선택한다.
④ 결과 테이블명을 res로 입력하고 OK를 클릭한다.

2) 유의사항

- 지정한 두 칼럼에 일치하는 값이 없으면 결과 테이블은 공백이 된다.
- 두 개 이상의 칼럼을 동시에 조건으로 설정할 수 있다(복합 키 조인).
- 조인 결과 테이블명은 "TableA_TableB_Join"처럼 의미가 명확하도록 설정하는 것이 좋다.

3) 예시 해석

고객정보 테이블(Customer)과 거래내역 테이블(Transaction)을 고객ID를 기준으로 Join하면, 각 고객별 거래 내역을 하나의 테이블에서 동시에 확인할 수 있다. 이 기능은 고객ID별 거래 현황, 공급처별 입찰 내역 등 관계형 데이터 분석의 기본 도구다.

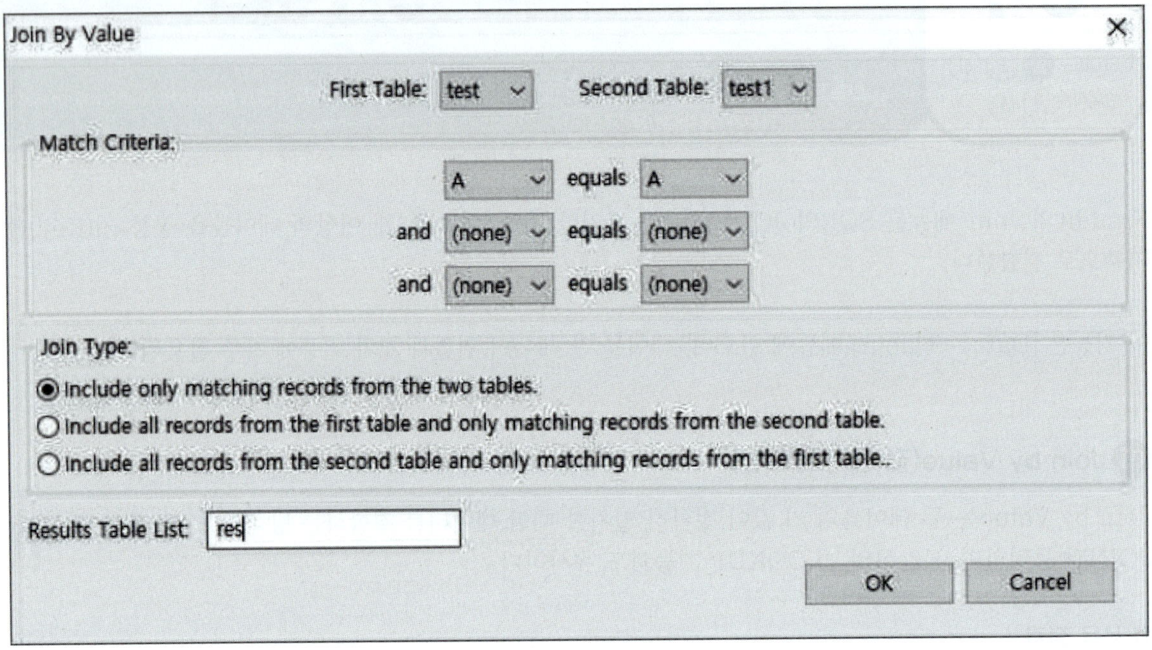

Join By Value ✕

First Table: test ∨   Second Table: test1 ∨

Match Criteria:

A ∨ equals A ∨

and (none) ∨ equals (none) ∨

and (none) ∨ equals (none) ∨

Join Type:
◉ Include only matching records from the two tables.
○ Include all records from the first table and only matching records from the second table.
○ Include all records from the second table and only matching records from the first table..

Results Table List: res

OK   Cancel

⓿❷ Join by Fuzzy Match(유사도 기반 조인)

데이터가 오타나 공백 등으로 인해 정확히 일치하지 않을 때, Fraudit은 Fuzzy Match(유사도 기반 조인) 기능을 제공한다. 문자열 간 유사도 비율(%)을 계산하여, 비슷한 텍스트끼리 자동 매칭한다.

1) 사용 예시
- "매도가능증권" ↔ "매도가능주식"
- "Samsung Electronics" ↔ "Samsung Elec."

2) 사용 절차
① [Data] → [Join] → [By Fuzzy Match]를 선택한다.
② Match Criteria에서 첫 번째 테이블의 D column과 두 번째 테이블의 D column을 선택한다.
③ Join Type은 By Value와 동일하게 세 가지 중 선택할 수 있다.
    ㉠ 일치하는 행만 결합(INNER JOIN)
    ㉡ 첫 번째 테이블 전체 유지(LEFT JOIN)
    ㉢ 두 번째 테이블 전체 유지(RIGHT JOIN)
      → 여기서는 ㉠의 옵션을 선택한다.

④ Fuzzy Match Percent 값을 설정한다.
- 값이 높을수록 일치 기준이 엄격해진다.
- 값이 낮을수록 비슷한 문자열까지 허용된다.
- **예** 30 입력 시 70% 이상 일치하는 문자열을 매칭한다.
⑤ 결과 테이블명을 입력하고 OK를 클릭한다.

3) 결과 해석

조인된 결과 테이블에서 첫 번째 테이블의 D열(매도가능증권)과 두 번째 테이블의 D_1열(매도가능주식)이 완전히 같지 않아도 Fuzzy 알고리즘을 통해 매칭된 것을 확인할 수 있다.

4) 참고

Fuzzy Match는 레코드 수가 많을수록 연산량이 기하급수적으로 증가한다. 예를 들어, 각 테이블에 10,000개의 행이 있으면, 1억 번(10,000×10,000)의 비교가 수행된다.

▼ Join by Fuzzy Match 메뉴 화면

Join by Expression은 같은 값만 연결하는 것을 넘어, 사용자가 직접 조건식을 입력해 조인할 수 있는 고급 기능이다. 숫자 비교, 조건식 조합, 논리 연산 등을 자유롭게 설정할 수 있다.

1) 사용 규칙

① 첫 번째 테이블의 레코드는 record1
② 두 번째 테이블의 레코드는 record2
③ 각 칼럼명은 record1.칼럼명, record2.칼럼명 형태로 지정

2) 예시 식

```
record1.ID = record2.ID
→ 두 테이블의 ID 칼럼이 동일한 경우에만 결합
또는,
record1.Amount > record2.Amount and record1.Country = record2.Country
→ 금액이 더 크고, 동시에 국가 코드가 같은 경우만 조인
```

3) 사용 절차

① [Data] → [Join] → [By Expression]를 선택한다.
② Expression Box에 조건식을 직접 입력한다.
③ 결과 테이블명을 지정하고 OK를 클릭한다.

4) 활용 예시

- "매출액이 상대 테이블보다 큰 거래만 결합"
- "국가코드가 같고, 거래일이 동일한 경우만 연결"

기적의 TIP

JOIN 메뉴 정리

기능	주요 목적	SQL 대응 개념	실무 예시	시험 포인트
Join by Value	정확히 일치하는 값 기준 조인	INNER / LEFT / RIGHT JOIN	고객ID별 거래 결합	JOIN 구조 이해
Join by Fuzzy Match	유사 문자열 매칭	Fuzzy JOIN (비표준)	오타 · 공백 포함 텍스트 결합	Fuzzy Match Percent 설정
Join by Expression	조건식 기반 조인	Conditional JOIN	조건 조합 조인 (AND/OR)	record1 · record2 구문

- Join by Fuzzy Match : Percent 낮을수록 허용 폭 ↑
- Join Type : INNER / LEFT / RIGHT / OUTER 구분 필수
- record1.record2 문법 오류 시 식 인식 안 됨
- 시험에서는 JOIN 유형 매칭, Fuzzy Percent 해석 문제가 주로 출제된다.

04 Join Type(조인 유형)

유형	포함 데이터	SQL 대응
INNER JOIN	일치하는 행만 표시	INNER
LEFT JOIN	첫 번째 테이블 전체 + 일치 데이터	LEFT
RIGHT JOIN	두 번째 테이블 전체 + 일치 데이터	RIGHT
OUTER JOIN	양쪽 전체 포함	FULL OUTER

데이터 OUTLIER 분석

빈출 태그 ▶ ZScore, 이상치, 정상치, 표준편차, Outlier 임곗값, Analyze → Outliers, 임계치 설정

이상치(Outlier)는 데이터의 정상 범위를 벗어난 비정상적인 값을 말한다. Z-Score(표준점수)를 기준으로 각 데이터가 평균에서 얼마나 떨어져 있는지를 계산해 이상치 여부를 정량적으로 판단한다. ZScore = (X−평균)/표준편차 공식을 사용한다.

Fraudit에서는 [Analyze] → [Outliers] 메뉴를 통해 탐지할 수 있다.

01 Add ZScore Column(Z-점수 칼럼 추가)

- Z-Score는 한 값이 평균으로부터 몇 표준편차만큼 떨어져 있는지를 나타내는 수치로, 표준편차상 위치를 수치화한 값이다. 정규분포에서 |Z| 값이 클수록 발생 가능성이 낮으며, 이상치일 확률이 높다. |Z| > 3이면 통계적으로 극단치(0.3%)로 간주한다. New Column Name은 수동으로 입력해야 하며, 미입력 시 오류가 발생한다.

Z값	양측 확률(이상치 확률)	해설
1.96	약 5%	통상 95% 신뢰구간 밖
2.57	약 1%	극단적 이상치 가능

- 예를 들어, Z = 2.57이면 해당 값이 전체 데이터 중 상위 1%에 해당함을 의미한다.

1) 수식

$$Z = \frac{X - 평균}{표준편차}$$

2) 사용 절차

① 파일을 연다.

② 먼저 프로젝트 단위로 데이터를 분리하기 위해 [Data] → [Stratify] → [By Value] 메뉴에서 아래와 같이 설정한 후 OK를 클릭한다.

- Select a table : Bid
- Check one or more columns : ProjectID
- Results Table List : S_ProjectID

→ 프로젝트별로 서브테이블이 생성된다.

③ [Analyze] → [Outliers] → [Add ZScore Column]을 선택한다.
  • First Table : S_ProjectID를 선택한다.
  • Column : TotalAmount를 선택한다.
  • New Column Name : TotalZ를 입력한다.
→ 각 프로젝트별 테이블에 Z-Score 칼럼이 추가된다.
④ 이후 [Data] → [Stratify] → [Combine Table List]로 돌아가 아래와 같이 설정하여 서브테이블을
  다시 합친다.
  • Table List : S_ProjectID
  • New Table Name : C_ProjectID

3) 결과 해석

새로 생성된 C_ProjectID 테이블에는 TotalZ 칼럼이 추가되어 있으며, Z값이 클수록 이상치일 가능성이
높다. 예를 들어, Z가 1.5 이상이면 평균보다 높은 값이지만 극단적이지는 않고, Z가 3 이상이면 명백한 이
상치로 간주할 수 있다.

▼ ZScore 칼럼 추가 화면

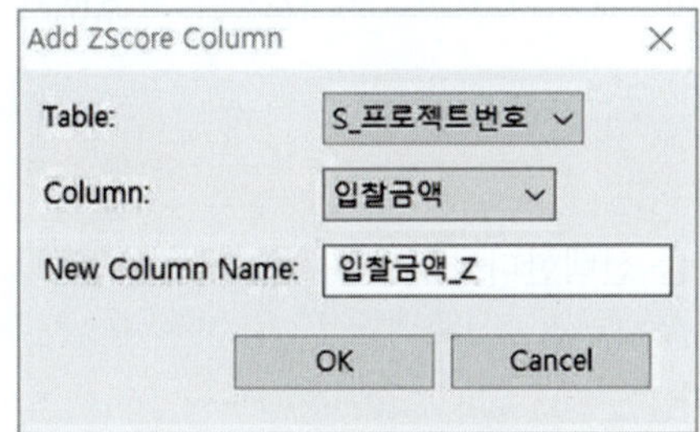

② Select NonOutliers / Outliers(정상치 · 이상치 선택)

Select NonOutliers 기능은 사용자가 설정한 임계 범위 내의 정상값만 필터링하는 기능이다. 즉, 이상치
를 제외하고 정상 범위의 데이터만 남긴다.

1) 사용 절차

① [Analyze] → [Outliers] → [Select NonOutliers]를 선택한다.
② 분석할 테이블과 칼럼을 지정한다.
③ 최솟값(Min)과 최댓값(Max)을 직접 입력해 임계 범위를 설정한다.
④ OK 클릭 시 해당 범위 내의 데이터만 새로운 테이블로 생성된다.

2) 활용 예시

• 거래금액이 10만 원 이상 500만 원 이하인 건만 선택
• 급격한 지출 변동이 없는 표준 거래만 분석

▼ Outlier 선택 화면

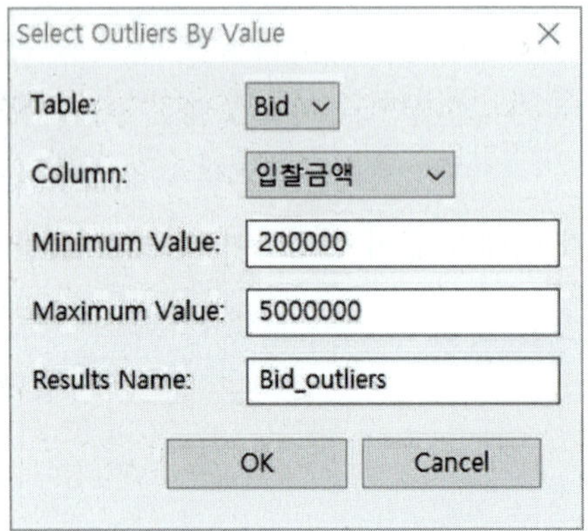

⑬ Select by ZScore(Z-점수 기준 선택)

Select NonOutliers by ZScore는 Z-Score 값이 임계치 안에 포함된 데이터만 남긴다[|Z| ≤ 임계치 (예 3.0)인 값만 남긴다]. 데이터 타입은 Integer 또는 Decimal Number여야 한다. 즉, |Z| ≤ 설정값인 레코드만 선택한다.

1) 사용 절차

① [Analyze] → [Outliers] → [Select NonOutliers by ZScore]를 선택한다.
② Table : Bid를 선택한다.
③ Column : ZScore 분석 대상 칼럼(예 TotalAmount)을 선택한다.
  • 데이터 타입은 Integer 또는 Decimal Number여야 한다.
④ Z-Score Value : 3.0을 입력한다.
⑤ Results Name: 입찰금액_NOZ를 입력 후 OK를 클릭한다.
→ Z값이 ±3 범위 안에 있는 정상 레코드만 남는다.

▼ Outliers by ZScore 선택 화면

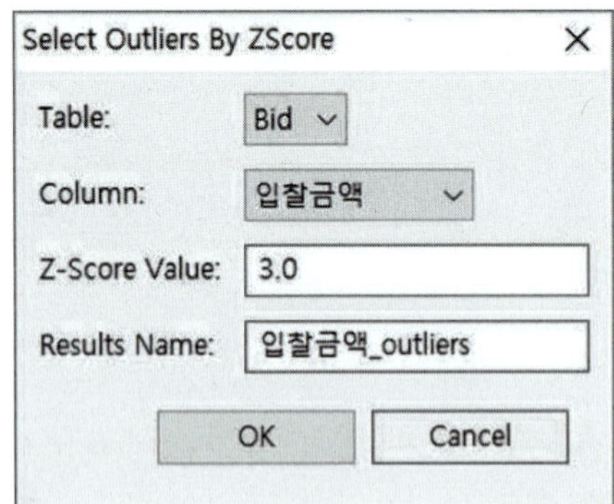

04 Select Outliers(임곗값 기준 이상치 선택)

Select Outliers는 사용자가 지정한 최솟값 · 최댓값 범위를 벗어나는 이상치 레코드만 필터링하는 기능이다. $|Z| > 3.0$인 레코드만 추출하여 이상 거래, 입력 오류, 사기 거래 탐지에 활용된다.

1) 사용 절차

① [Analyze] → [Outliers] → [Select Outliers]를 선택한다.
② Table : Bid를 선택한다.
③ Column : 분석 대상 칼럼(정수형 또는 실수형)을 선택한다.
④ Minimum Value : 200000, Maximum Value : 5000000을 입력한다.
⑤ Results Name : Bid_Outliers를 입력 후 OK를 클릭한다.

2) 결과 해석

설정 범위를 벗어나는 모든 거래금액이 Bid_Outliers 테이블에 저장된다. 이는 수기 오류, 사기성 거래, 입력 실수 등의 가능성이 있는 관측치다.

05 Select Outliers by ZScore(Z-점수 기준 이상치 선택)

Select Outliers by ZScore는 Z-Score 기준으로 이상치를 자동 탐지한다. $|Z|$ 값이 설정값보다 큰 레코드만 필터링된다.

1) 사용 절차

① [Analyze] → [Outliers] → [Select Outliers by ZScore]를 선택한다.
② Table : Bid를 선택한다.
③ Column : TotalAmount를 선택한다.
 • 데이터 타입은 Integer 또는 Decimal Number여야 한다.
④ Z-Score Value : 3.0을 입력한다.
⑤ Results Name : Bid_OZ를 입력하고 OK를 클릭한다.

2) 결과 해석

Z값이 3 이상인 레코드만 별도 테이블로 추출된다. 이는 통계적으로 전체의 0.3% 수준의 극단치에 해당한다.

기적의 TIP

OUTLIER 메뉴 정리

기능	주요 목적	기준	실무 예시	시험 포인트
Add ZScore Column	표준점수 계산	$Z = (X-평균)/표준편차$	거래금액의 이상치 탐색	ZScore 정의와 해석
Select NonOutliers	정상 범위 선택	값 범위 지정	10만~500만 원 거래만 남기기	범위 필터링
Select NonOutliers by ZScore	Z값 기준 정상값 선택	–	Z	≤ 임계치
Select Outliers	값 기준 이상치 선택	범위 밖의 값	500만 초과 거래 탐색	Min/Max 설정
Select Outliers by ZScore	통계적 이상치 탐색	–	Z	〉임계치

- ZScore = $(X-평균)/표준편차$, $|Z|$ 〉3이면 이상치로 간주
- New Column Name은 반드시 직접 입력해야 함
- Analyze → Outliers 메뉴 경로 숙지 필수
- 시험에서는 ZScore 계산식, 임계값($|Z|$ 〉3), 칼럼명 입력 항목 관련 문항이 주로 출제된다.

기적의 TIP

Faudit 기능 총정리

기능	주요 명령	실무 예시	시험 포인트
SELECT	조건 필터링	거래액 10만 초과 거래 추출	WHERE, LIKE, Expression 문법
FIND	중복 · 누락 탐색	전표번호 연속성 검사	Duplicates, Gap, Integer+Ascending
SUMMARIZE	그룹 요약	부서별 평균 비용 계산	GROUP BY, DateTime 칼럼 주의
JOIN	테이블 결합	거래처명 기준 매칭	INNER · LEFT · RIGHT · OUTER / Fuzzy % 해석
OUTLIER	이상치 탐지	거래금액 이상 패턴 탐색	$Z=(X-평균)/표준편차$

01 다음 중 Fraudit의 SELECT 기능에 대한 설명으로 옳지 <u>않은</u> 것은?

① 특정 조건에 맞는 레코드만 별도의 테이블로 추출할 수 있다.

② SQL의 WHERE 절과 동일한 필터링 기능을 수행한다.

③ Select By Record Index는 인덱스 번호가 1부터 시작한다.

④ Select By Wildcard Pattern은 LIKE 구문과 동일하게 동작한다.

⑤ Select By Fraudit Expression에서는 and, or, not 논리연산자를 사용할 수 있다.

Fraudit의 인덱스는 Python 문법을 따르므로 0부터 시작한다. 예를 들어, 0-49는 처음 50개의 레코드를 의미한다.

02 Select By Wildcard Pattern 기능에 대한 설명으로 옳은 것은?

① '%A'는 A로 시작하는 값을 찾는다.

② 'A%'는 A를 포함하는 값을 찾는다.

③ '%A%'는 A로 시작하고 A로 끝나는 값을 찾는다.

④ 'A%'는 A로 시작하는 값을 찾는다.

⑤ '%A'는 A를 포함하는 모든 값을 찾는다.

Wildcard Pattern에서 'A%'는 A로 시작하는 값을, '%A'는 A로 끝나는 값을 의미한다.

03 다음 중 Select By Fraudit Expression의 조건식으로 옳은 것은?

① WHERE Amount 〉 100000

② Country = "KOR" or Amount 〈 50000

③ Amount 〉 100000 and not Country == "KOR"

④ LIKE "A%"

⑤ Amount =〉 50000

Fraudit Expression은 Python 논리 · 비교연산자를 그대로 사용한다. '==', '!=', '〉', '〈', 'and', 'or', 'not' 형태가 올바른 문법이다.

04 Fraudit의 Find → Duplicates 기능에 대한 설명으로 옳은 것은?

① 연속된 번호의 결측 구간을 탐지한다.

② 지정한 칼럼에서 동일한 값이 존재하는 레코드를 찾는다.

③ 중복값이 없을 경우 오류 메시지를 출력한다.

④ 오름차순 정렬이 되어야만 사용할 수 있다.

⑤ 텍스트 값은 분석할 수 없다.

Duplicates는 선택한 칼럼의 중복값을 탐색한다. 예를 들어, 거래처코드나 송장번호 중복 검출에 활용된다.

05 Gap 분석 기능을 수행하기 위한 필수 조건으로 옳지 <u>않은</u> 것은?

① 분석 칼럼은 Integer 타입이어야 한다.
② 데이터는 Ascending(오름차순)으로 정렬되어야 한다.
③ 연속 번호 사이의 누락값을 탐지할 수 있다.
④ 텍스트 형식으로 되어 있어도 자동으로 변환된다.
⑤ 전표번호나 지급번호 검증에 주로 사용된다.

Gap 분석은 숫자형(Integer) 칼럼에서만 가능하며, 텍스트 형식은 자동 변환되지 않는다.

06 다음 중 Find 메뉴에 포함되지 <u>않는</u> 기능은?

① Duplicates
② Gap
③ Matching By Expression
④ Add ZScore Column
⑤ NonMatching By Value

Add ZScore Column은 Outliers 메뉴의 기능이다. Find 메뉴는 중복·누락·매칭 관련 탐색 기능을 포함한다.

07 Summarize 기능의 주요 목적에 대한 설명으로 옳은 것은?

① 데이터의 구조를 변환하여 새로운 열을 추가한다.
② 데이터를 그룹별로 묶어 합계, 평균, 개수 등을 계산한다.
③ 특정 조건의 레코드를 선택하여 필터링한다.
④ 중복된 데이터를 제거한다.
⑤ 표본을 무작위로 추출한다.

Summarize는 SQL의 GROUP BY와 동일한 기능으로, 집계함수(SUM, AVG, COUNT, STD 등)를 활용하여 그룹별 요약값을 산출한다.

08 다음 중 Summarize By Date Column 기능에 대한 설명으로 옳은 것은?

① 날짜를 문자형(String)으로 변환해 요약한다.
② 월, 분기, 연도 단위로 자동 그룹화할 수 있다.
③ 오직 월 단위만 지원한다.
④ SUM 함수만 적용할 수 있다.
⑤ 날짜 형식이 일치하지 않아도 계산된다.

Summarize By Date Column은 DateTime 타입을 기준으로 월·분기·연도 단위로 데이터를 집계할 수 있다.

09 Summarize 기능에서 사용할 수 <u>없는</u> 집계함수는?

① SUM
② AVG
③ STD
④ COUNT
⑤ LIKE

LIKE는 문자열 패턴 검색 연산자이며, Summarize에서는 사용되지 않는다.

10 다음 중 INNER JOIN에 대한 설명으로 옳은 것은?

① 공통된 키 값이 일치하는 행만 결합한다.
② 두 테이블의 모든 행을 포함한다.
③ 첫 번째 테이블의 모든 행을 유지한다.
④ 일치하지 않는 행만 표시한다.
⑤ 유사도가 일정 기준 이상이면 결합된다.

INNER JOIN은 교집합 개념으로, 두 테이블의 키 값이 일치하는 행만 결과에 포함된다.

11 다음 중 Fuzzy Match 기능의 설명으로 옳은 것은?

① 오타나 공백이 있으면 결합되지 않는다.
② 일정 유사도(%) 기준으로 문자열이 비슷하면 결합된다.
③ 숫자형 데이터에서만 사용 가능하다.
④ 완전 일치 조건에서만 작동한다.
⑤ OUTER JOIN과 동일하다.

Fuzzy Match는 오타, 띄어쓰기 차이 등 비정확한 문자열을 일정 유사도 기준으로 결합한다.

12 다음 중 JOIN 유형 설명으로 옳지 <u>않은</u> 것은?

① LEFT JOIN은 첫 번째 테이블의 모든 행을 유지한다.
② RIGHT JOIN은 두 번째 테이블의 모든 행을 유지한다.
③ OUTER JOIN은 양쪽 모든 행을 포함한다.
④ INNER JOIN은 일치하지 않는 행을 포함한다.
⑤ Fraudit에서는 Join by Expression으로 조건식을 직접 작성할 수 있다.

INNER JOIN은 공통된 행만 결합하며, 일치하지 않는 행은 제외된다.

13 ZScore의 정의로 옳은 것은?

① 평균에서의 거리 비율로, 표준편차 단위로 측정된다.
② 값의 절대 크기를 기준으로 순위를 매긴다.
③ 표본의 개수를 세는 지표이다.
④ 항상 양수만 나온다.
⑤ 평균값이 0인 데이터에서만 사용된다.

ZScore는 Z = (X − 평균)/표준편차로 계산되며, 평균으로부터 떨어진 정도를 나타낸다.

14 Fraudit의 Outliers 메뉴 기능에 해당하지 <u>않는</u> 것은?

① Add ZScore Column
② Select Outliers by ZScore
③ Select NonOutliers
④ Add Cumsum Column
⑤ Select NonOutliers by ZScore

Add Cumsum Column은 Digital Analysis 메뉴 기능이다. Outliers 메뉴는 이상치 탐지 및 필터링에 특화되어 있다.

15 다음 중 이상치 판단 기준으로 일반적으로 사용되는 임곗값은?

① $|Z| > 1$
② $|Z| > 2$
③ $|Z| > 2.5$
④ $|Z| > 3$
⑤ $|Z| > 5$

일반적으로 |Z|가 3을 초과하는 데이터는 평균으로부터 3표준편차 이상 벗어난 이상치로 본다.

MEMO

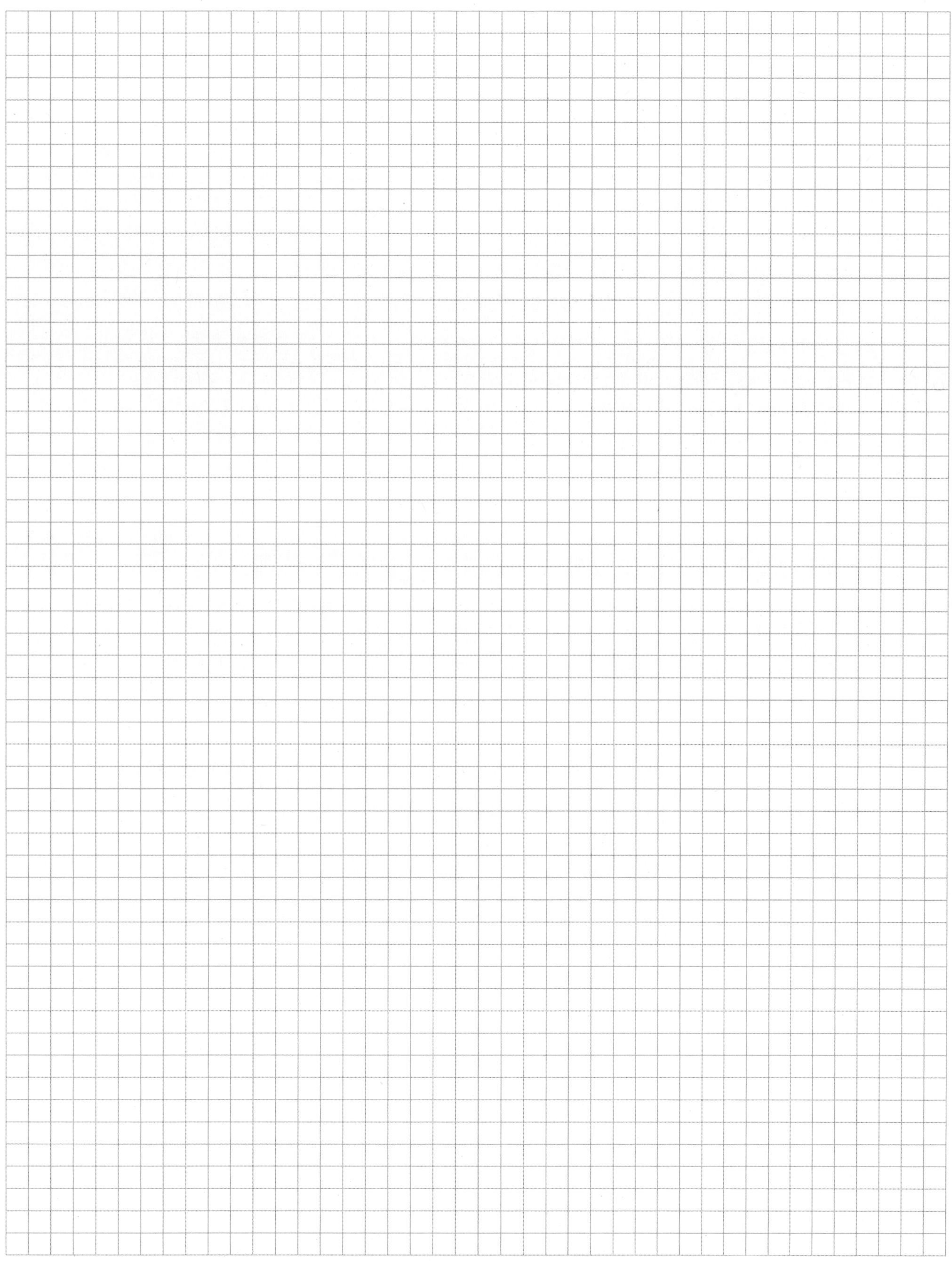

MEMO

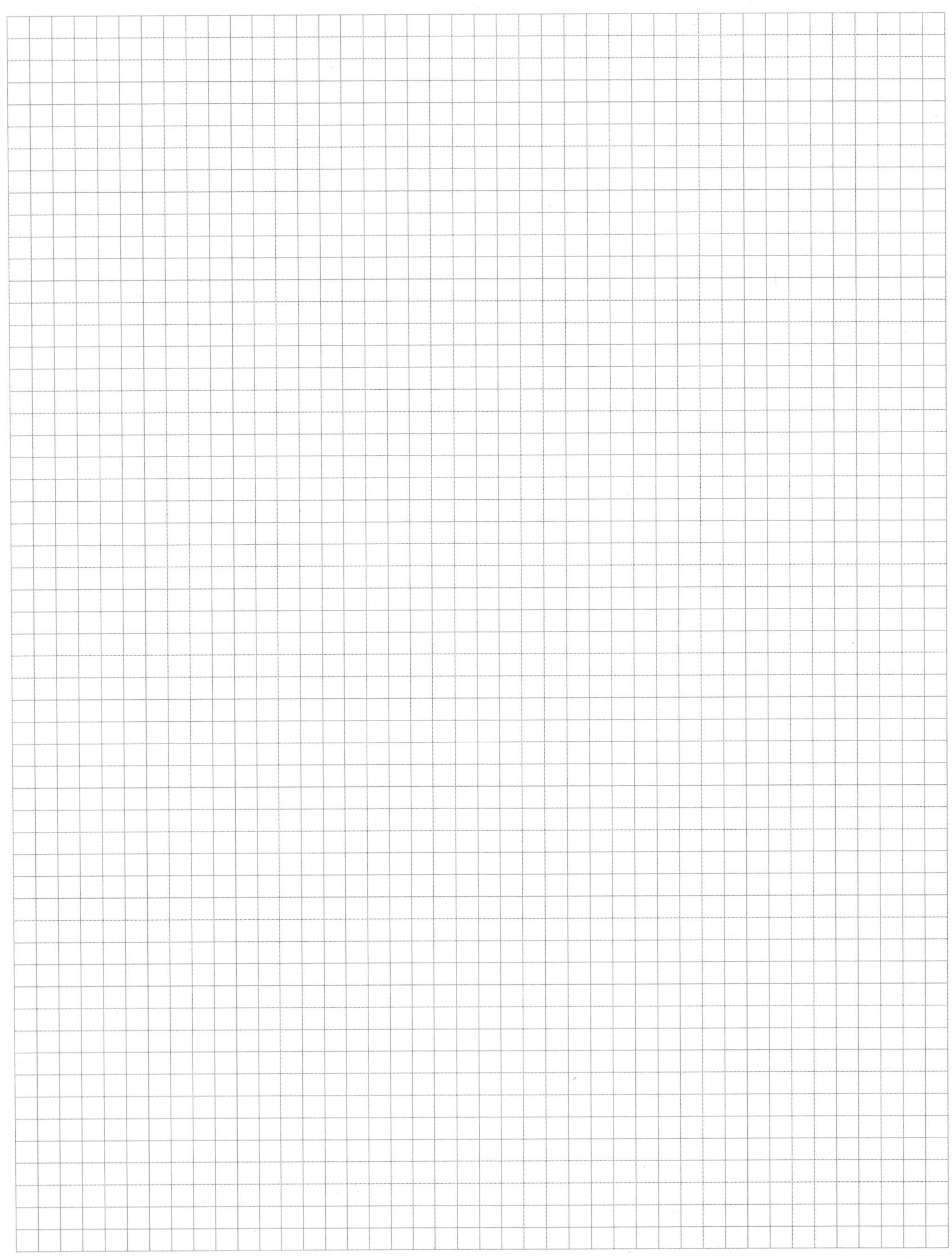

P A R T

09

최신 기출유형문제

파트 소개

핵심 이론들을 모두 학습하셨다면, 9일차와 10일차는 실전처럼 문제를 풀어볼 시간입니다. 계산기와 Fraudit 프로그램을 활용하면서 시간을 재어 문제를 풀어 보세요. 합격에 한 걸음 더 가까워질 거예요.

급수	소요시간	문항 수
2급	150분	총 42문항

수험번호 : ______________________

성　　명 : ______________________

이론 객관식

1과목　데이터베이스

01 다음 SQL문을 통해 조회할 수 있는 내용으로 옳은 것은? (2점)

```
SELECT *
FROM MOVIES
WHERE GENRE = 'SCI-FI' AND DIRECTOR = 'STEVEN SPIELBERG';
```

① 테이블의 모든 열을 조건 없이 출력한다.

② 조건을 만족하는 행의 모든 열을 출력한다.

③ 조건을 만족하는 행의 특정 열만 출력한다.

④ 중복된 행을 제거하여 출력한다.

⑤ 새로운 열을 생성하여 출력한다.

- SELECT * 구문은 테이블의 모든 열(column)을 조회한다는 의미이다.
- WHERE 절은 조건을 걸어 특정 행(row)만 출력하도록 제한한다.
- 따라서 SELECT * FROM MOVIES WHERE GENRE = 'SCI-FI' AND DIRECTOR = 'STEVEN SPIELBERG'; 구문은 SCI-FI 장르이면서 감독이 스티븐 스필버그인 영화의 모든 열 정보를 가져오는 것이다.

오답 피하기

① WHERE 조건이 있으므로 틀린 내용이다.

③ SELECT TITLE, YEAR처럼 특정 열을 지정할 때 해당한다.

④ SELECT DISTINCT 구문에서 적용한다.

⑤ AS나 연산을 통해 새로운 열을 생성할 때 해당한다.

02 다음 중 데이터 조작어(DML)에 해당하지 않는 것은 무엇인가? (2점)

① SELECT
② INSERT
③ UPDATE
④ DELETE
⑤ CREATE

데이터 조작어(DML)는 데이터베이스에 저장된 데이터를 조회(SELECT), 삽입(INSERT), 수정(UPDATE), 삭제(DELETE)하는 데 사용된다.

[오답 피하기]

CREATE, ALTER, DROP, RENAME 등은 데이터베이스의 구조(테이블, 뷰, 스키마 등)를 정의 · 변경 · 삭제하는 데이터 정의어(DDL)에 해당한다.

03 다음 SQL 문장에서 빈칸에 들어갈 키워드로 알맞은 것은? (2점)

```
INSERT __________ EMPLOYEE (EMP_ID, NAME, SALARY) VALUES (12321, 'JACKSON', 4000);
```

① TO
② IN
③ COLUMN
④ INTO
⑤ VALUE

• INSERT INTO 구문은 테이블에 새로운 데이터를 추가할 때 사용된다.
• 형식

INSERT INTO 테이블명 (열1, 열2, …) VALUES (값1, 값2, …);

• 따라서 INSERT 다음에 오는 올바른 키워드는 INTO이다.

04 데이터베이스에서 슈퍼키(Super Key)와 후보키(Candidate Key)에 대한 설명으로 옳은 것은? (2점)

① 슈퍼키는 튜플을 유일하게 식별할 수 있는 속성의 집합이며, 후보키는 그중 최소성을 만족하는 키이다.
② 후보키는 모든 속성 조합을 포함하며, 슈퍼키보다 항상 더 많은 속성을 가진다.
③ 후보키는 반드시 기본키(Primary Key)로 선택된다.
④ 슈퍼키는 유일성과 최소성을 모두 만족해야 한다.
⑤ 후보키는 튜플을 구분하지 못하지만 기본키의 후보가 될 수 있다.

슈퍼키(Super Key) : 한 릴레이션에서 각 튜플을 유일하게 구분할 수 있는 속성들의 집합(최소성 불필요)

[오답 피하기]

• 후보키(Candidate Key) : 슈퍼키 중에서 최소성을 만족하는 키. 즉, 불필요한 속성이 없는 키
• 후보키 중에서 하나를 선택하면 기본키(Primary Key)가 된다.

05 다음 학생 테이블에서 성별 속성의 도메인(Domain)으로 알맞은 것은? (2점)

학번	이름	성별	학과	학년
202301	김철수	남	경영학과	1
202302	이영희	여	법학과	2
202303	박민수	남	수학과	3

① {김철수, 이영희, 박민수}
② {경영학과, 법학과, 수학과}
③ {남, 여}
④ {1, 2, 3}
⑤ {학번, 이름, 성별, 학과, 학년}

• 도메인(Domain)은 하나의 속성이 가질 수 있는 모든 값들의 집합이다.
• 이 문제에서 속성은 성별이고, 표에 나타난 값은 '남', '여'이다.

06 릴레이션에 대한 설명으로 거리가 먼 것은? (2점)

① 릴레이션의 차수(Degree)는 속성(Attribute)의 수를 의미한다.
② 릴레이션의 카디널리티(Cardinality)는 튜플(Tuple)의 개수를 의미한다.
③ 릴레이션에서 속성 값은 반드시 원자값(Atomic value)이어야 한다.
④ 릴레이션의 속성(Attribute) 사이에는 순서가 없다.
⑤ 한 릴레이션에 포함된 튜플은 중복될 수 있다.

튜플은 중복될 수 없다.

07 차변 · 대변 형식 계정에 대한 설명으로 옳지 않은 것은? (2점)

① 차변과 대변을 나란히 구분하여 기록한다.
② T형식 계정과 동일하게 복식부기 원리에 따라 작성된다.
③ 계정의 잔액은 차변 합계와 대변 합계의 차이로 계산된다.
④ 차변에는 자산의 감소, 대변에는 자산의 증가가 기록된다.
⑤ 실제 회계 프로그램이나 전표 작성에서 흔히 사용된다.

자산은 차변 증가 · 대변 감소가 원칙이다.

08 다음 중 수정 발생주의 회계기준의 특징으로 옳지 않은 것은? (2점)

① 정부회계 등 공공부문에서 주로 사용된다.
② 수익은 측정 가능하고 실현 가능한 경우에만 인식한다.
③ 비용은 발생 시점이 아니라 현금 지출 시점에 인식한다.
④ 현금주의와 발생주의의 장점을 절충한 방식이다.
⑤ 발생주의보다 단순하면서도 재무상태를 일정 부분 반영한다.

수정 발생주의에서는 비용도 발생 시점에 인식하므로 '현금 지출 시점에 인식'한다는 내용은 잘못된 설명이다.

09 (주)영진닷컴의 2025년 손익계산서는 다음과 같다.

구분	금액(억 원)
매출액	1,000
매출원가	600
판매비와 관리비	200
감가상각비	50

이 경우 영업이익률(Operating Margin)은 얼마인가? (2점)

① 10%
② 12.5%
③ 15%
④ 20%
⑤ 25%

• 매출총이익 = 1,000 − 600 = 400억 원
• 영업이익 = 400 − (200 + 50) = 150억 원
• 영업이익률 = 150 ÷ 1,000 × 100 = 15%

10 다음 중 선급비용에 대한 설명으로 옳은 것을 고르시오. (2점)

① 이미 발생한 비용을 아직 지급하지 않은 부채

② 현금을 미리 지급했으나 아직 비용으로 인식하지 않은 자산

③ 이미 발생한 수익을 아직 수취하지 못한 자산

④ 현금을 미리 수취했으나 아직 수익으로 인식하지 않은 부채

⑤ 비용과 동일한 부채로 기록

현금을 미리 지급했으나 아직 비용으로 인식하지 않은 자산은 선급비용에 해당한다.

11 (주)영진닷컴의 회계기간은 1월 1일부터 12월 31일이다. 다음 자료를 토대로 기말 재고자산의 원가를 개별법으로 구하라. (2점)

> • 1월 1일 기초재고 : 20개 (단가 20원)
> • 3월 1일 매입 : 30개 (단가 30원)
> • 6월 1일 매입 : 10개 (단가 40원)
> • 7월 1일 매출 : 20개 → 기초재고 10개, 3월 매입 10개에서 출고
> • 10월 1일 매출 : 15개 → 3월 매입 10개, 6월 매입 5개에서 출고

① 680원

② 720원

③ 750원

④ 700원

⑤ 690원

1) 재고 흐름
• 기초 : 20개 × 20 = 400원
• 3월 매입 : 30개 × 30 = 900원
• 6월 매입 : 10개 × 40 = 400원
→ 총 60개, 총액 1,700원
2) 매출 출고
• 7월 매출 20개 = 기초 10개(10×20=200) + 3월분 10개(10×30=300) = 500원
• 10월 매출 15개 = 3월분 10개(10×30=300) + 6월분 5개(5×40=200) = 500원
→ 총 매출원가 = 1,000원
3) 기말재고
• 기초: 20 − 10 = 10개 (10×20=200)
• 3월: 30 − (10+10) = 10개 (10×30=300)
• 6월: 10 − 5 = 5개 (5×40=200)
→ 기말재고 = 200 + 300 + 200 = 700원

12 다음은 (주)영진닷컴의 지출결의서 일부이다. 회계처리 계정과목으로 옳은 것은? (2점)

지출결의서

결 재	담당자	팀장	이사
	김인사	오**	이**

임직원 복지를 위한 체육대회 개최 관련 비용을
청구합니다.

1. 경기장 대관료   200,000원
2. 다과 구입비   50,000원

일　자 : 2025년 9월 2일
담당자 : 김인사

① 여비교통비
② 접대비
③ 복리후생비
④ 지급수수료
⑤ 세금과공과

경기장 대관료와 다과 구입비는 복리후생비에 해당한다.

13 다음 중 '표본'이라는 용어의 정의로 옳은 것은? (2점)

① 자료 수집을 통해 얻은 자료를 단순히 요약 및 기술하는 것
② 조사 대상을 측정하기 위해 부여한 숫자간의 관계
③ 모집단에서 선택된 일부의 개체
④ 일상생활에서 접하는 사실과 현상을 의미를 가지는 것으로 변환한 것
⑤ 연구대상이 되는 모든 개체의 집합

모집단이란 통계적 연구에서 관심 대상이 되는 모든 개체의 전체 집합을 의미하며, 표본은 이 모집단에서 일부를 추출한 것이다.

14 다음 중 귀무가설이 참인데 이를 잘못 기각하는 오류(False Positive)에 해당하는 것은? (2점)

① 1종 오류(Type I Error)
② 2종 오류(Type II Error)
③ 검정력(Power)
④ 거짓발견율(FDR, False Discovery Rate)
⑤ 표본오차(Sampling Error)

1종 오류(α) : 귀무가설이 참인데 잘못 기각하는 오류, False Positive

오답 피하기

② 2종 오류(β) : 대립가설이 참인데 귀무가설을 기각하지 않는 오류, False Negative
③ 검정력(Power) : 1−β, 대립가설이 참일 때 귀무가설을 올바르게 기각할 확률
④ 거짓발견율(FDR) : 기각된 결과 중 실제로는 귀무가설이 참인 비율
⑤ 표본오차(Sampling Error) : 모집단과 표본의 차이로 인해 발생하는 오차

15 한 학급 학생들의 수학 공부 시간(시간 단위)과 수학 시험 점수(100점 만점)를 조사한 결과, 두 변수 간에 상관계수 r = 0.82로 나타났다. 이에 대한 해석으로 가장 적절한 것은 무엇인가? (2점)

① 수학 공부 시간과 시험 점수는 강한 양(+)의 상관관계를 가진다.
② 수학 공부 시간과 시험 점수는 강한 음(−)의 상관관계를 가진다.
③ 수학 공부 시간과 시험 점수는 서로 아무런 상관이 없다.
④ 수학 공부 시간이 늘어나면 반드시 시험 점수도 증가한다.
⑤ 상관계수 r = 0.82는 시험 점수가 공부 시간의 82%에 의해 결정된다는 의미이다.

상관계수 r = 0.82는 +1에 가까운 양수이므로 강한 양(+)의 상관관계를 의미한다. 하지만 상관관계는 인과관계를 보장하지 않으므로, "반드시 증가한다(④)."라고 할 수는 없다. 또한 상관계수는 설명력(결정계수 R^2)을 직접 의미하지 않으므로, "82%에 의해 결정된다(⑤)."라는 해석은 잘못되었다.

16 다음 해당 정의를 나타내는 용어로 가장 적절한 것은? (2점)

> 조사 대상이 지니고 있는 특성을 수량이나 속성으로 나타낸 것

① 표본
② 변수
③ 척도
④ 자료
⑤ 정보

오답 피하기
① 표본 : 모집단에서 선택된 일부의 개체
③ 척도 : 조사 대상을 측정하기 위해 부여한 숫자 간의 관계
④ 자료 : 관찰이나 측정을 통해 얻은 사실
⑤ 정보 : 자료를 가공하여 의미를 가지게 한 것

17 다음 상황에서 가능한 확률을 나타내는 것으로 옳지 않은 것은? (2점)

> 한 스마트폰 가게에서 공급 물량 조절을 위해 인당 구매할 수 있는 스마트폰의 개수를 최대 3대로 지정하였다. 고객 한 명이 구매할 수 있는 스마트폰의 개수를 X라고 한다.
>
> (가) $P(X=0) = 0.15$
> (나) $P(X=1) = 0.25$
> (다) $P(X=2) = 0.30$
> (라) $P(X=3) = 0.20$
> (마) $P(X=4) = 0.10$

① (가)
② (나)
③ (다)
④ (라)
⑤ (마)

• 고객이 구매할 수 있는 스마트폰 개수는 0, 1, 2, 3까지로 제한되어 있으므로 의 값은 {0,1,2,3}에 한정된다.
• 따라서 $P(X=4) = 0.10$은 불가능한 확률이다.

18 다음에 해당하는 정의 및 특성을 나타내는 용어로 가장 적절한 것은? (2점)

> • 정의 : 모집단에서 선택된 일부의 개체로, 모집단을 대표하여 조사와 분석에 활용되는 것
> • 특성 : 비교적 적은 수의 개체를 대상으로 조사하여 모집단의 특성을 추정하거나 검정하는 데 사용된다.

① 변수
② 척도
③ 표본
④ 자료
⑤ 정보

오답 피하기

① 변수 : 조사 대상이 가진 속성이나 특성
② 척도 : 측정을 위해 부여된 숫자의 관계
④ 자료 : 관찰이나 측정을 통해 얻은 사실
⑤ 정보 : 자료를 가공하여 의미를 부여한 것

19 다음 상황에서 나이와 전공 분야의 자료 형태를 바르게 묶은 것으로 옳은 것은? (2점)

> 한 대학에서 신입생 오리엔테이션을 준비하면서 학생들의 기본 정보를 조사하였다. 설문지에는 학생들의 만 나이와 전공 분야를 기재하도록 하였다. 학교 측은 설문을 통해 연령대별 프로그램과 전공 분야별 모임을 나누어 운영하고자 한다.
>
> • 자료의 형태 : 나이 / 전공 분야

① 양적자료-이산형 / 질적자료-범주형
② 질적자료-순서형 / 질적자료-범주형
③ 양적자료-연속형 / 질적자료-범주형
④ 질적자료-범주형 / 양적자료-연속형
⑤ 양적자료-연속형 / 질적자료-순서형

• 나이 : 수치로 측정되고 값이 연속적으로 존재할 수 있으므로 양적자료-연속형에 해당한다.
• 전공 분야 : 문과, 이과, 예체능 등 범주로 분류되는 자료이므로 질적자료-범주형이다.

20 한 회사의 고객센터에서 하루 동안 접수되는 불만 건수 X의 확률분포가 다음과 같이 주어졌다.

X (건수)	0	1	2	3
P(X)	0.2	0.3	0.4	0.1

이때 X의 기댓값(평균)과 분산으로 옳은 것은? (2점)

① 평균 = 1.4, 분산 = 0.64
② 평균 = 1.5, 분산 = 0.65
③ 평균 = 1.6, 분산 = 0.64
④ 평균 = 1.4, 분산 = 0.84
⑤ 평균 = 1.5, 분산 = 0.75

- 평균 $E[X] = (0 \times 0.2) + (1 \times 0.3) + (2 \times 0.4) + (3 \times 0.1)$
  $= 0 + 0.3 + 0.8 + 0.3 = 1.4$
- $E[X^2] = (0^2 \times 0.2) + (1^2 \times 0.3) + (2^2 \times 0.4) + (3^2 \times 0.1)$
  $= 0 + 0.3 + 1.6 + 0.9 = 2.8$
- 분산 $Var(X) = E[X^2] - (E[X])^2 = 2.8 - (1.4)^2 = 2.8 - 1.96 = 0.84$

21 다음 중 변수를 설정하는 방법으로 옳지 않은 것은? (2점)

① score_1 = 90

② _temp = −5

③ userName = "kim"

④ 7level = 3

⑤ data_count2 = 0

변수는 문자나 언더바(_)로만 시작해야 한다.

22 다음 중 결괏값이 나머지와 다른 하나를 고르시오. (2점)

① 5 〈 10

② 7 != 7

③ 4 〉= 2 and 6 〈 9

④ 3 〉 1 or 1 〈 3

⑤ "cat" == "cat"

나머지는 True이며, ②만 False이다.

23 리스트 a = [2, 3, 7, 9, 11, 12]가 있다. 다음 인덱스 값으로 옳지 않은 것은? (2점)

① a[0] = 2

② a[2] = 7

③ a[−1] = 12

④ a[4] = 9

⑤ a[5] = 12

인덱스가 4인 것은 11이다.

24 다음 파이썬의 계산식 결과가 다른 것은? (2점)

```
(가) print(9/3)
(나) print(9.0/3)
(다) print(float(18/6))
(라) print(9//3)
(마) print(12/4)
```

① (가)
② (나)
③ (다)
④ (라)
⑤ (마)

- (가) 9/3 = 3.0 (float)
- (나) 9.0/3 = 3.0 (float)
- (다) float(18/6) = float(3.0) = 3.0 (float)
- (라) 9//3 = 3 (정수, int) ← 결과값의 형태가 다름
- (마) 12/4 = 3.0 (float)

25 다음 아래 코드의 출력값 ㉠으로 옳은 것은? (2점)

```python
a = ['open', 'source', 'python', 'future', 'data', 'science']
result = ''
for i in range(len(a)):
    for  j in range(len(a[i])):
        if j % 2 == 0:    # 짝수 번째 인덱스 글자만 추출
            ch = a[i][j]
            result += ch
print(result)
```

[실행결과]

㉠

① oeucptftrdtsc
② openpythonfuture
③ oesucptoftrdtsine
④ osutpfdtsc
⑤ oesuoptfdtnc

리스트 a = ['open', 'source', 'python', 'future', 'data', 'science']
open → o p e n → o e
source → s o u r c e → s u c
python → p y t h o n → p t o
future → f u t u r e → f t r
data → d a t a → d t
science → s c i e n c e → s i n e
oe suc pto ftr dt sine
→ "oesucptoftrdtsine"
따라서 정답은 ③이다.

26 다음 코드 실행 결과가 ['급여', '상여금', '토지', '건물']을 출력하도록 ㉠에 들어갈 코드로 알맞은 것을 고르시오. (2점)

```python
keys = ['비용', '자산', '부채']
data = {
    '비용': ['급여', '상여금'],
    '자산': ['토지', '건물']
}
result = []
for i in keys:
    unique_values = ㉠
    if unique_values:
        result.extend(unique_values)
print(result)
```

① data.get(i)
② data[i]
③ data.pop(i)
④ data.remove(i)
⑤ data.find(i)

- dict.get(key)는 해당 key가 존재하면 값을 반환, 없으면 None 반환한다.
- dict[key]는 key가 없으면 KeyError 발생한다.
- pop, remove, find는 딕셔너리에는 없는 메서드이므로 부적절하다.
- 따라서 data.get(i)를 사용해야 비용과 자산의 리스트만 정상적으로 꺼내어 result에 누적된다.

27 (주)영진닷컴에서 정률법을 사용하여 취득시점으로부터 2년이 지난 기계를 감가상각하고자 한다. 아래의 감가상각_정률법() 함수가 주어지고, 최종 결과가 다음과 같이 나왔을 때 ㉠의 값으로 옳은 것은? (2점)

```python
def 감가상각_정률법(취득원가, 감가상각률, 경과연수):
    장부가액 = 취득원가
    for i in range(경과연수):
        장부가액 = 장부가액 * (1 - 감가상각률)
    print('%d년 후의 장부가액은' %경과연수 + ' ' + '%0.1f원 이다.' %장부가액)

경과연수 = 2
감가상각_정률법(500000, ㉠, 경과연수)
```

[실행결과]

2년 후의 장부가액은 320000.0원 이다.

① 0.20

② 0.25

③ 0.30

④ 0.35

⑤ 0.40

정률법 공식 : 경과연수 후 장부가액 = 취득원가 × (1 − 감가상각률)^(경과연수)
- 주어진 값: 320,000 = 500,000 × (1 − ㉠)^2
- 양변 나누기: (1 − ㉠)^2 = 320,000 ÷ 500,000 = 0.64
- 양변 제곱근: 1 − ㉠ = 0.8
- 따라서, ㉠은 0.20(20%)이다.

1과목 · **파이썬**

[28~31] 다음 파이썬 코드의 결과가 아래와 같다.

```python
# 초기 투자금
capital = 1000000
# 연간 손실률 (15%)
㉮ = 0.15

def investment_after(years):
    global ㉯
    for i in range(㉰):
        capital = capital * (1 - loss_rate)
    return capital

# 연수별 투자금 계산
investment_after(1)
print(f"1년 후 남은 투자금: {capital:,.0f}원")
㉱(3)
print(f"4년 후 남은 투자금: {capital:,.0f}원")
```

[실행결과]

1년 후 남은 투자금: 850,000원
4년 후 남은 투자금: 522,006원

28 상기에서 ㉮에 들어갈 내용을 입력하라. (1점)

29 상기에서 ㉯에 들어갈 내용을 입력하라. (1점)

30 상기에서 ㉰에 들어갈 내용을 입력하라. (1점)

31 상기에서 ㉱에 들어갈 내용을 입력하라. (1점)

32 다음 파이썬 코드는 후입선출법(LIFO)에 따른 기말재고자산의 금액을 구하는 코드이다. 코드의 결과는 아래와 같다. ㉮에 들어갈 내용을 입력하라. (3점)

> • inventory_data 리스트 내의 튜플 원소는 (유형, 수량, 단가)를 의미한다.
> • ("출고", 6, 0)은 유형이 출고이고, 수량이 6개, 출고단가는 출고 시점에서는 모른다는 가정이다.

```python
# 재고 데이터: (유형, 수량, 단가)
inventory_data = [
    ("입고", 12, 2000),
    ("입고", 6, 2500),
    ("출고", 6, 0),
    ("입고", 4, 3000)
]

# 재고 리스트 (스택 구조 사용)
inventory = []

# 재고 데이터 처리 (LIFO)
for transaction in inventory_data:
    if transaction[0] == "입고":
        inventory.append([transaction[1], transaction[2]])  # [수량, 단가]
    elif transaction[0] == "출고":
        quantity_to_ship = transaction[1]
        while quantity_to_ship > 0 and inventory:
            qty, price = inventory.pop()    # 최근 입고부터 출고
            if qty <= quantity_to_ship:
                quantity_to_ship -= qty
            else:
                inventory.append([qty - quantity_to_ship, price])
                quantity_to_ship = 0

# 기말 재고자산 금액 계산
ending_inventory_value = sum(quantity * unit_price for quantity, unit_price in ㉮)
print("기말 재고자산 금액:", ending_inventory_value)
```

[실행결과]

기말 재고자산 금액: 36000

• 거래 내역
  – 입고 12개@2,000 → [12@2,000]
  – 입고 6개@2,500 → [12@2,000, 6@2,500]
  – 출고 6개 (LIFO → 최근 입고 6개@2,500 전부 소진) → [12@2,000]
  – 입고 4개@3000 → [12@2,000, 4@3,000]
• 기말재고 금액 = 12×2,000 + 4×3,000 = 24,000 + 12,000 = 36,000

2과목　Fraudit

※ Fraudit 교육용 버전에 기본으로 포함되어 있는 데이터베이스를 활용한다.

[33~37] 당신은 (주)영진닷컴의 인사팀 회계담당자이다. 33번부터 37번까지의 물음에 답하시오.

[테이블 데이터] Bid.tbl

	입찰번호	프로젝트번호	입찰자번호	입찰일자	입찰금액
0	5001	9001	8048	2009-03-07 00:00:00	188163.44
1	5002	9001	8063	2009-02-03 00:00:00	383786.19
2	5003	9001	8036	2009-02-03 00:00:00	593798.81
3	5004	9001	8059	2009-02-22 00:00:00	796503.19
4	5005	9002	8019	2009-02-11 00:00:00	772554.69
5	5006	9002	8057	2009-02-19 00:00:00	1559287.68
6	5007	9002	8097	2009-02-26 00:00:00	2410526.50
7	5008	9003	8087	2009-05-23 00:00:00	913968.59
8	5009	9003	8042	2009-05-13 00:00:00	1805452.11
9	5010	9003	8082	2009-06-14 00:00:00	2612140.31
10	5011	9003	8047	2009-05-19 00:00:00	3363111.86

33 2010년 1월 2일의 입찰금액 합계를 구하시오(단, 소숫점은 절사하시오). (4점)

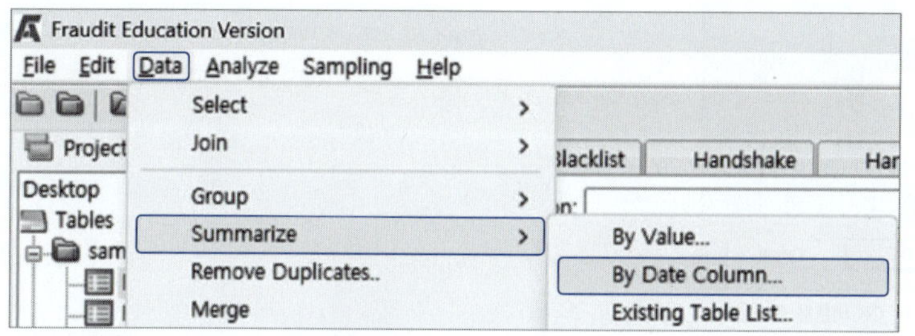

[Data] → [Summarize] → [By Date Column] 메뉴 선택

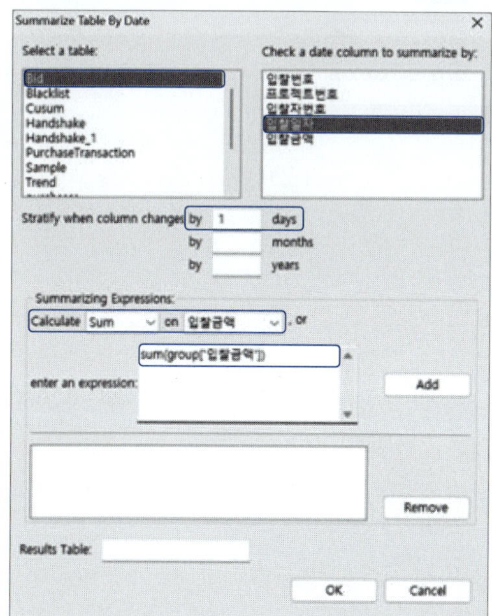

• Select a table은 'Bid', Check a date column to summarize to는 '입찰일자', Stratify when column changes by의 day에는 '1'을 입력한다.
• 그리고 Calculate에는 'Sum', on에는 '입찰금액'으로 선택하고, enter an expression에는 sum(group['입찰금액'])'을 입력한다.

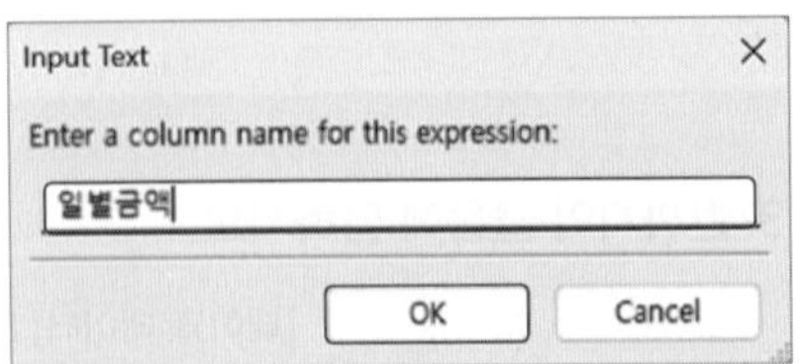

Add 버튼을 눌러 '일별금액'이라고 입력 후, OK 버튼을 클릭한다.

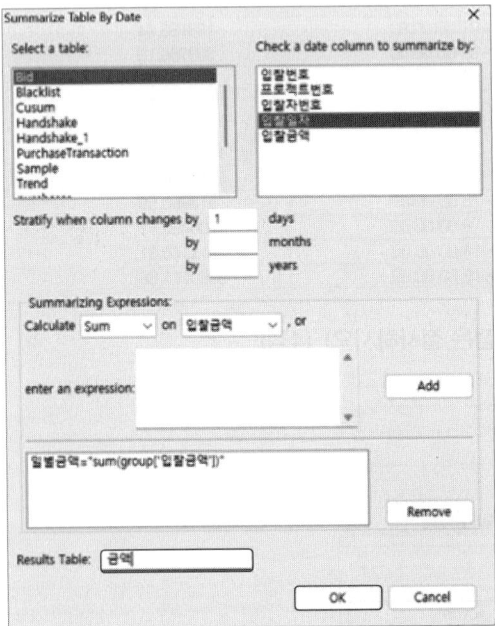

마지막으로 Results Table에는 '금액'이라고 입력 후, OK 버튼을 클릭한다.

	StartValue	EndValue	일별금액
354	2009-12-29 00:00:00	2009-12-30 00:00:00	0.0
355	2009-12-30 00:00:00	2009-12-31 00:00:00	0.0
356	2009-12-31 00:00:00	2010-01-01 00:00:00	227720.94000000006
357	2010-01-01 00:00:00	2010-01-02 00:00:00	0.0
358	2010-01-02 00:00:00	2010-01-03 00:00:00	579292.31

스크롤을 내려보면 위와 같이 일별 프로젝트 금액의 합계는 579292가 나온다.

34 프로젝트번호 '9027'의 입찰금액 합이 얼마인지 쓰시오(단, 소숫점은 절사하시오). (4점)

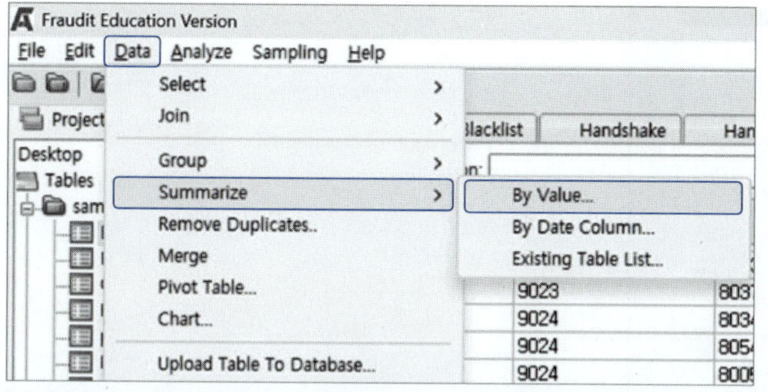

[Data] → [Summarize] → [By Value] 메뉴 선택

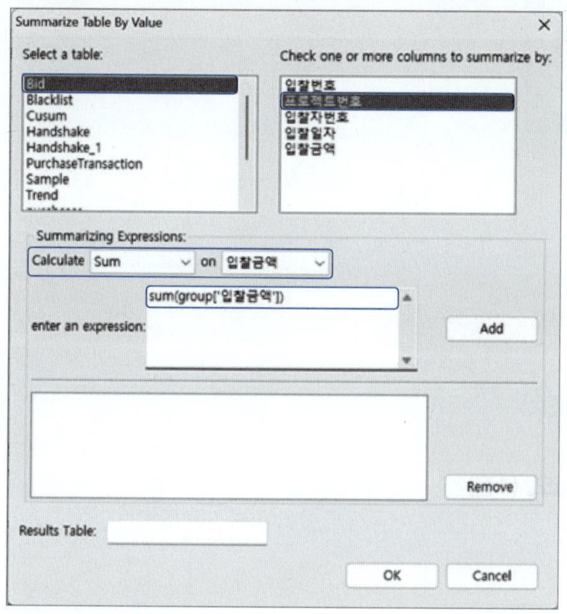

Select a table은 'Bid', Check a date column to summarize to는 '프로젝트번호', Calculate에는 'Sum', on에는 '입찰금액'으로 선택하고, enter an expression에는 'sum(group['입찰금액'])'을 입력한다.

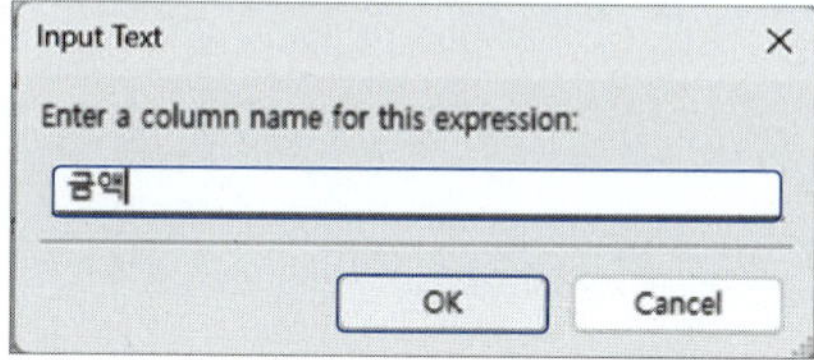

Add 버튼을 눌러 '금액'이라고 입력 후, OK 버튼을 클릭한다.

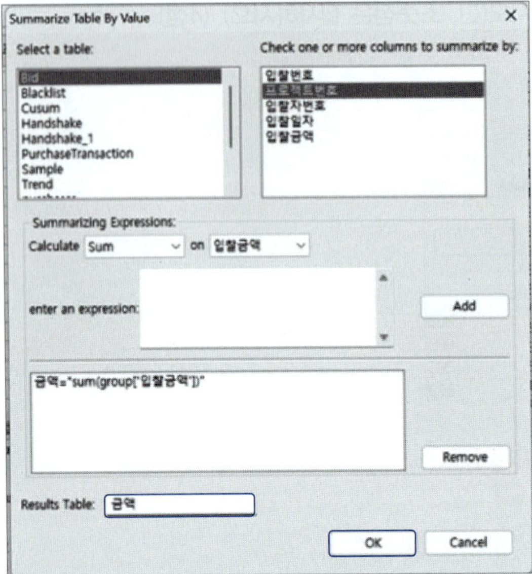

마지막으로 Results Table에는 '금액'이라고 입력 후, OK 버튼을 클릭한다.

	프로젝트번호	금액
24	9025	8208570.3900000006
25	9026	2587632.7200000005
26	9027	7791805.5100000005

스크롤을 내려보면 위와 같이 일별 프로젝트 금액의 합계는 7791805가 나온다.

35 입찰횟수가 가장 많은 입찰자번호와 횟수를 쓰시오. (4점)

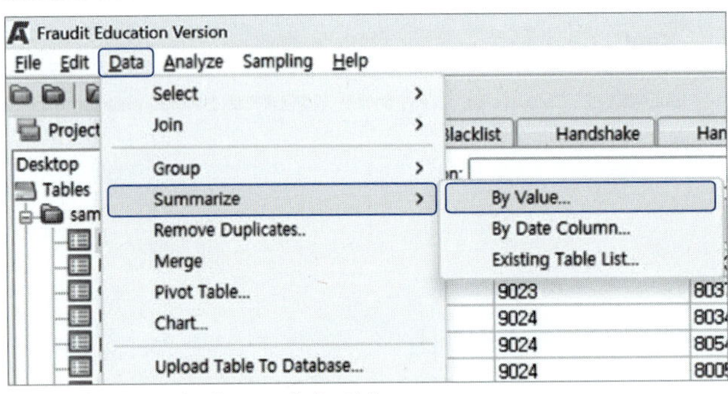

[Data] → [Summarize] → [By Value] 메뉴 선택

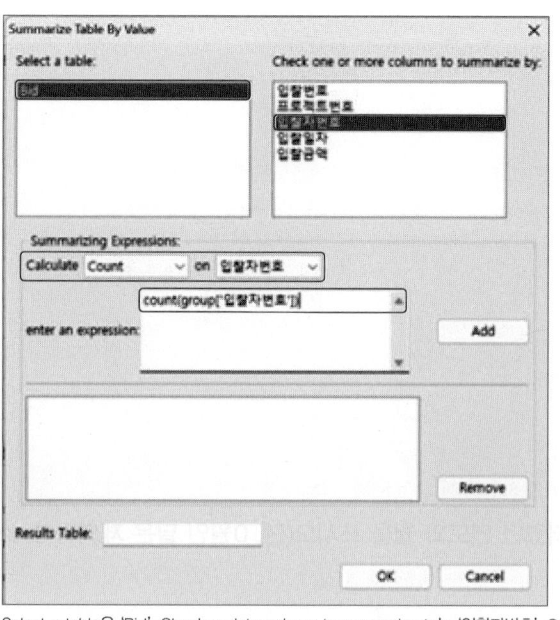

Select a table은 'Bid', Check a date column to summarize to는 '입찰자번호', Calculate에는 'Count', on에는 '입찰자번호'로 선택하고, enter an expression에는 'count(group['입찰자번호'])'를 입력한다.

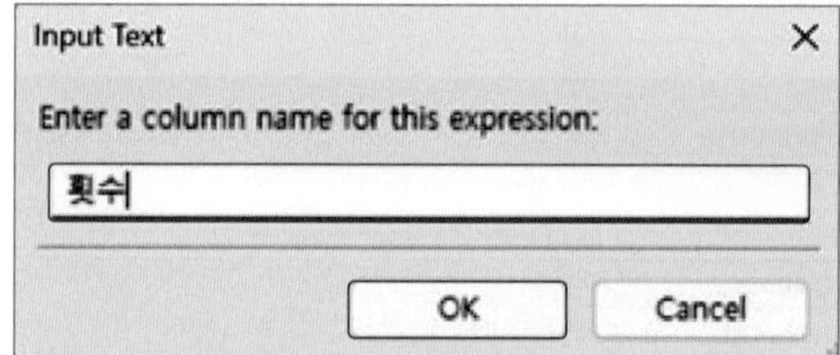

Add 버튼을 눌러 '횟수'라고 입력 후, OK 버튼을 클릭한다.

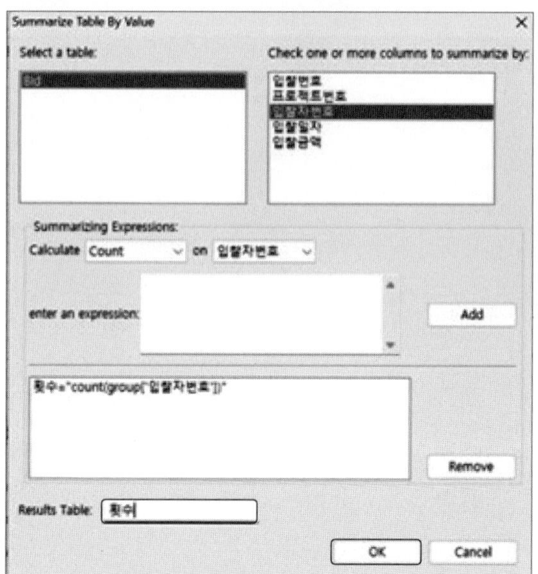

마지막으로 Results Table에는 '횟수'라고 입력 후, OK 버튼을 클릭한다.

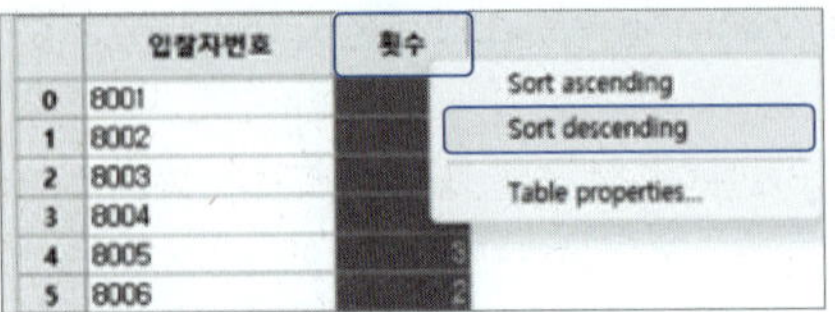

결과화면에서 횟수 칼럼 위에서 우클릭을 한 후, 내림차순 정렬을 한다.

	입찰자번호	횟수
0	8053	9
1	8063	8
2	8088	8
3	8061	7

결과는 입찰자번호 8053, 횟수는 9회이다.

36 월별 입찰금액의 합을 산출하여 입찰금액이 최저였던 연도와 월을 쓰시오(단, 0원인 달은 제외하며, 소숫점은 절사하시오). (4점)

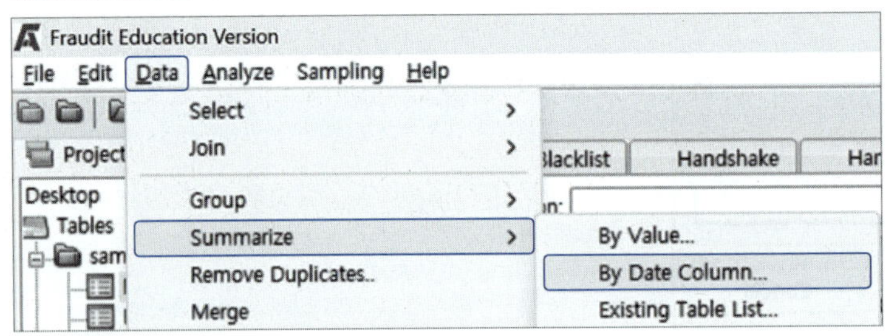

[Data] → [Summarize] → [By Date Column] 메뉴 선택

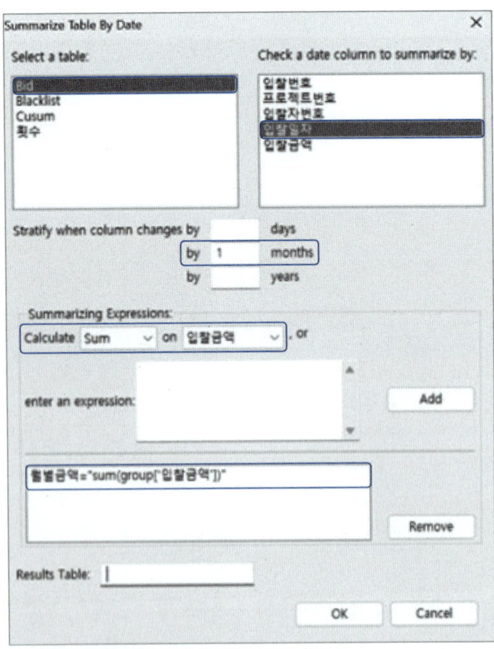

- Select a table은 'Bid', Check a date column to summarize to는 '입찰일자'를 선택하고, Stratify when column changes by의 months에는 '1'을 입력한다.
- 그리고 Calculate에는 'Sum', on에는 '입찰금액'으로 선택하고, enter an expression에는 'sum(group['입찰금액'])'을 입력한다.

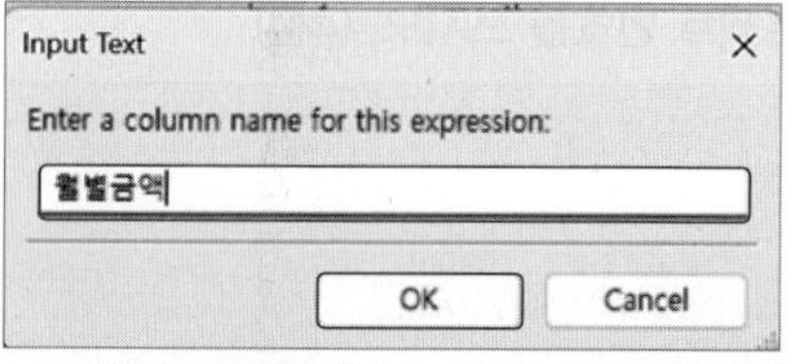

Add 버튼을 눌러 '월별금액'이라고 입력 후, OK 버튼을 클릭한다.

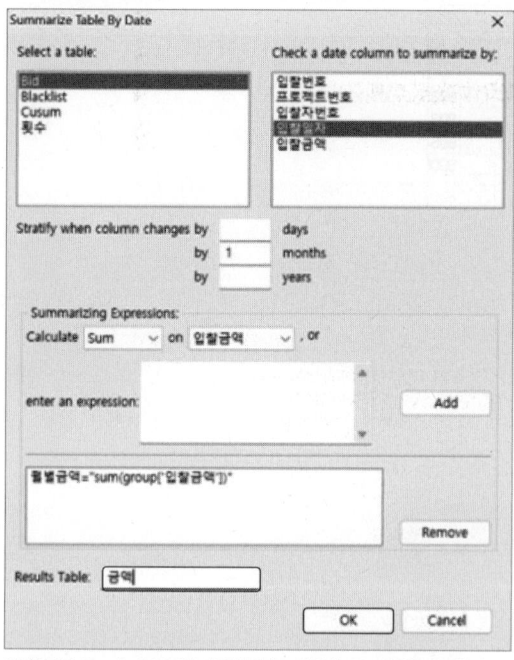

마지막으로 Results Table에는 '금액'이라고 입력 후, OK 버튼을 클릭한다.

	StartValue	EndValue	월별금액
0	2009-01-09 00:00:00	2009-01-31 23:59:59	Sort ascending
1	2009-02-01 00:00:00	2009-02-28 23:59:59	Sort descending
2	2009-03-01 00:00:00	2009-03-31 23:59:59	Table properties...
3	2009-04-01 00:00:00	2009-04-30 23:59:59	
4	2009-05-01 00:00:00	2009-05-31 23:59:59	24703569.6
5	2009-06-01 00:00:00	2009-06-30 23:59:59	24551937.279999997
6	2009-07-01 00:00:00	2009-07-31 23:59:59	14907687.629999999
7	2009-08-01 00:00:00	2009-08-31 23:59:59	25004551.08

결과화면에서 월별금액 위에서 우클릭을 한 후 오름차순 정렬을 한다.

	StartValue	EndValue	월별금액
0	2010-01-01 00:00:00	2010-01-31 23:59:59	9386145.200000001
1	2009-01-09 00:00:00	2009-01-31 23:59:59	12156779.24
2	2009-07-01 00:00:00	2009-07-31 23:59:59	14907687.629999999

결과는 2010년 1월, 93861450이다.

37 입찰금액의 합이 가장 높았던 프로젝트 번호와 가장 낮았던 프로젝트 번호를 쓰시오. (4점)

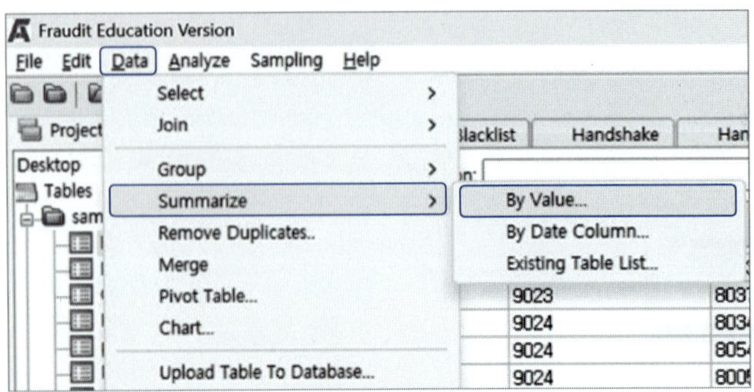

[Data] → [Summarize] → [By Value] 메뉴 선택

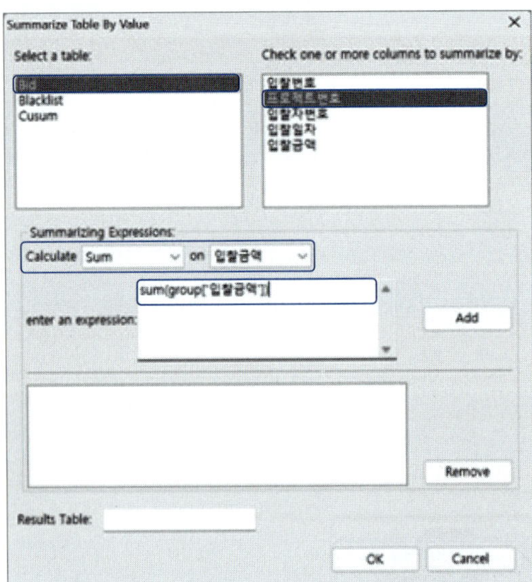

• Select a table은 'Bid', Check a date column to summarize to는 '프로젝트번호', Calculate에는 'Sum', on에는 '입찰금액'으로 선택하고,
• enter an expression에는 'sum(group['입찰금액'])'을 입력한다.

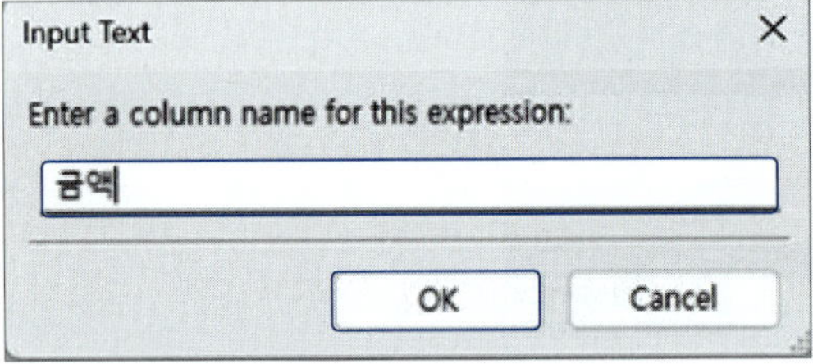

Add 버튼을 눌러 '금액'이라고 입력 후, OK 버튼을 클릭한다.

정답 **37** 9040, 9051

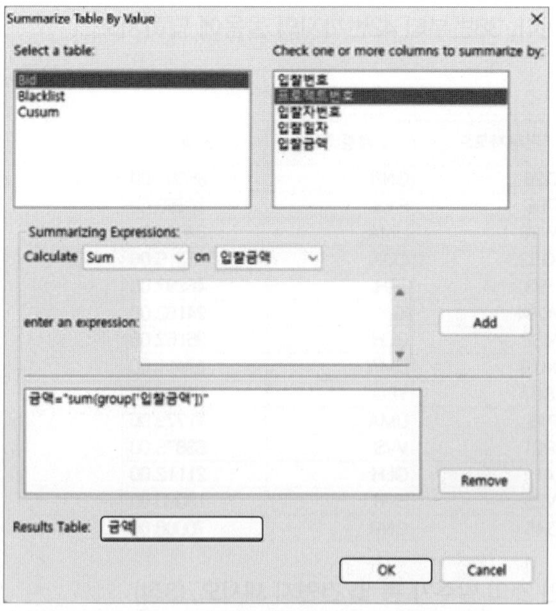

마지막으로 Results Table에는 '금액' 이라고 입력 후, OK 버튼을 클릭한다.

	프로젝트번호	금액
0	9001	Sort ascending
1	9002	Sort descending
2	9003	Table properties...
3	9004	
4	9005	5895059.4799999996

결과화면에서 금액칼럼 위에서 우클릭을 한 후, 내림차순 정렬을 한다.

	프로젝트번호	금액
0	9040	18549344.3699999972
1	9036	15446192.4299999994
2	9059	14835643.7900000013
3	9055	14745099.7499999980

결과는 프로젝트 번호 9040이다.

	프로젝트번호	금액	
0	9040	18549344.3	Sort ascending
1	9036	15446192.4	Sort descending
2	9059	14835643.7	Table properties...
3	9055	14745099.7	
4	9049	14101571.8999999993	

이번에는 결과화면에서 금액칼럼 위에서 우클릭을 한 후, 오름차순 정렬을 한다.

	프로젝트번호	금액
0	9051	880292.5299999994
1	9006	960997.43
2	9029	1149077.09999999983
3	9031	1165090.70000000025
4	9007	1172042.54999999999

결과는 프로젝트 번호 9051이다.

[38~42] 당신은 (주)영진닷컴의 영업팀 물류담당자이다. 38번부터 42번까지의 물음에 답하시오.

[테이블 데이터] purchases.tbl

	송장번호	일자	거래처	거래처코드	제품코드	금액
0	2	2009-01-01	Vijay	OJQ26	GNR	85351.00
1	2	2009-01-01	Vijay	HLP66	PYX	76560.00
2	2	2009-01-01	Vijay	JMW26	UMA	34024.00
3	3	2009-01-04	Vijay	QSG52	COK	1215.00
4	3	2009-01-04	Vijay	OTF93	JRH	46297.00
5	4	2009-01-18	Adam	CWO94	IGX	24162.00
6	5	2009-01-02	Adam	WWI36	GLH	35162.00
7	5	2009-01-02	Adam	TRM19	UMA	47411.00
8	5	2009-01-02	Adam	NRS07	YEQ	13025.00
9	5	2009-01-02	Adam	ZJP45	UMA	41779.00
10	5	2009-01-02	Adam	UCR01	VVS	53875.00
11	6	2009-01-14	Suzie	PIL41	GLH	21112.00
12	6	2009-01-14	Suzie	XBV23	EVR	13098.00
13	7	2009-01-04	Vijay	JRG45	GNR	70008.00

38 거래처코드가 'AAC09'이고, 제품코드가 'PYX' 인 것의 발주가 총 몇 건인지 세시오. (3점)

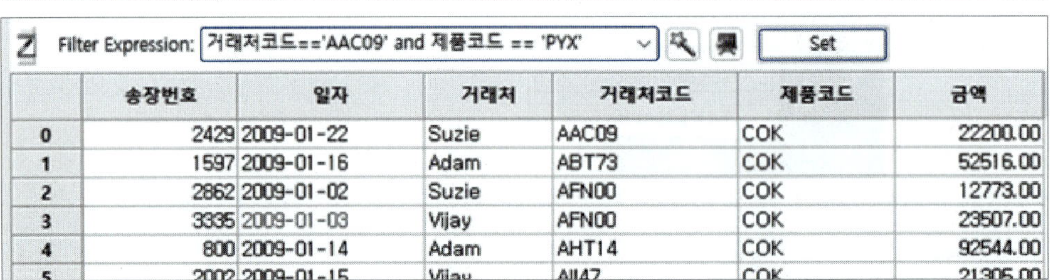

	송장번호	일자	거래처	거래처코드	제품코드	금액
0	2429	2009-01-22	Suzie	AAC09	COK	22200.00
1	1597	2009-01-16	Adam	ABT73	COK	52516.00
2	2862	2009-01-02	Suzie	AFN00	COK	12773.00
3	3335	2009-01-03	Vijay	AFN00	COK	23507.00
4	800	2009-01-14	Adam	AHT14	COK	92544.00
5	2002	2009-01-15	Vijay	AIJ47	COK	21305.00

Filter Expression에 아래와 같이 입력한 후, Set 버튼을 클릭한다.

거래처코드=='AAC09' and 제품코드 == 'PYX'

	송장번호	일자	거래처	거래처코드	제품코드	금액
0	1712	2009-01-01	Vijay	AAC09	PYX	73363.00
1	3252	2009-01-18	Suzie	AAC09	PYX	79236.00

그러면, 두 가지 조건을 만족시키는 결과는 총 2건임을 알 수 있다.

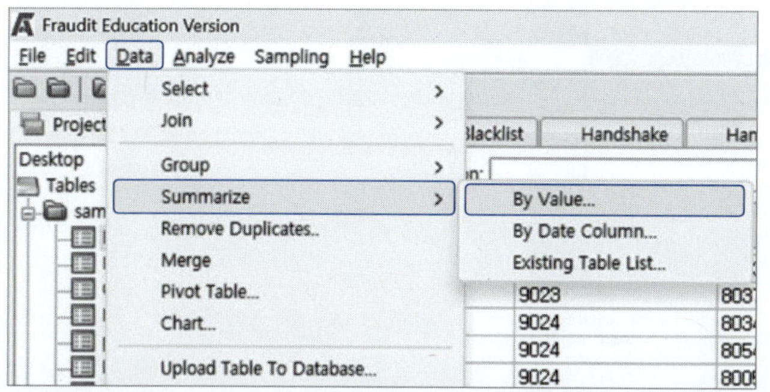

[Data] → [Summarize] → [By Value] 메뉴 선택

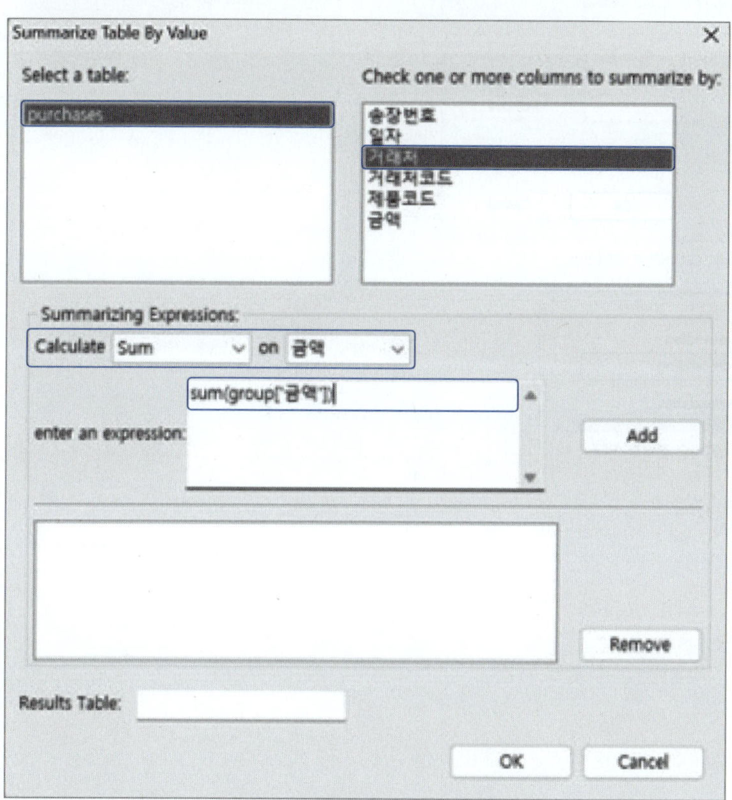

Select a table은 'purchases', Check a date column to summarize to는 '거래처', Calculate에는 'Sum', on에는 '금액'으로 선택하고,
enter an expression에는 'sum(group['금액'])'을 입력한다.

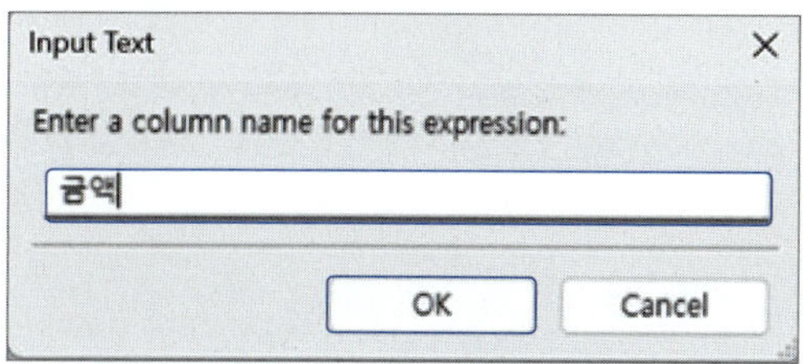

Add 버튼을 눌러 '금액'이라고 입력 후, OK 버튼을 클릭한다.

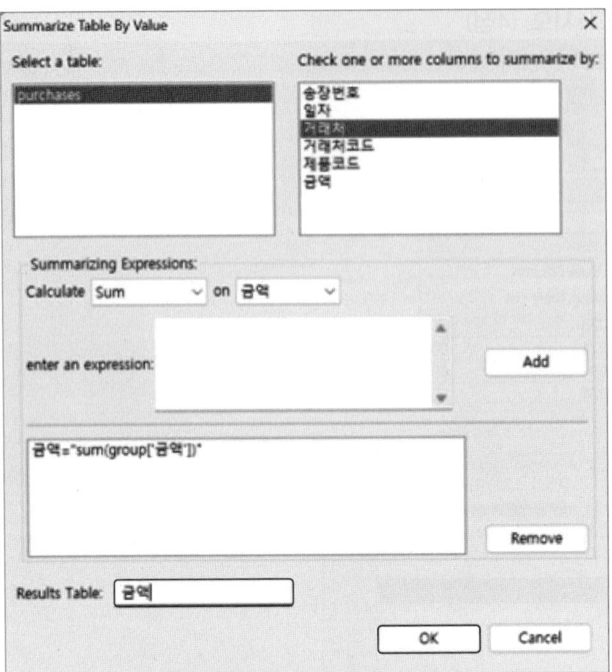

마지막으로 Results Table에는 '금액'이라고 입력 후, OK 버튼을 클릭한다.

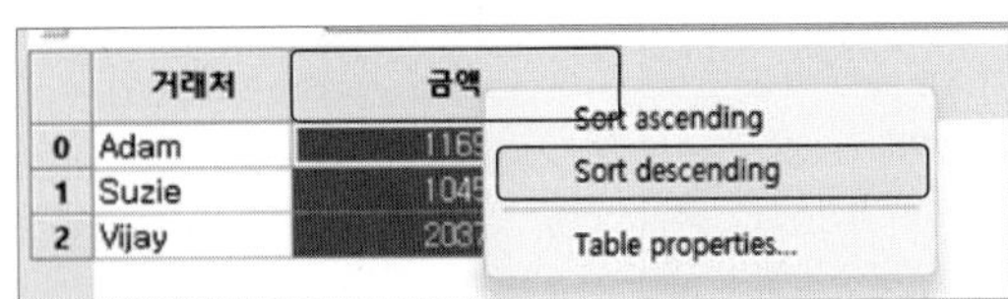

결과화면에서 금액 칼럼 위에서 우클릭을 한 후, 내림차순 정렬을 한다.

	거래처	금액
0	Vijay	203789118.00
1	Adam	116971024.00
2	Suzie	104528687.00

결과는 거래처 Vijay이다.

40 2009년 1월 6일의 금액 총합을 구하시오(단, 소숫점은 절사하시오). (4점)

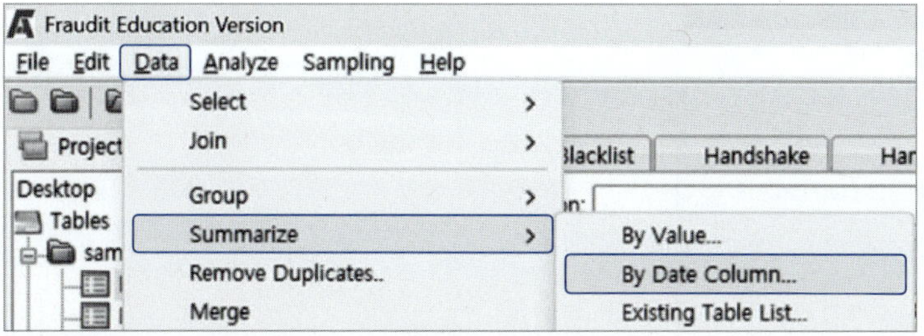

[Data] → [Summarize] → [By Date Column] 메뉴 선택

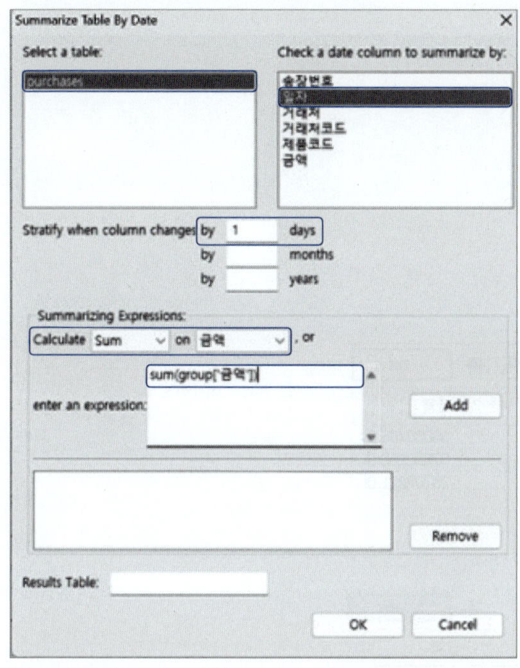

Select a table은 'purchases', Check a date column to summarize to는 '일자', Stratify when column changes by의 days에는 '1'을 입력한다.
그리고 Calculate에는 'Sum', on에는 '금액'으로 선택하고, enter an expression에는 'sum(group['금액'])'을 입력한다.

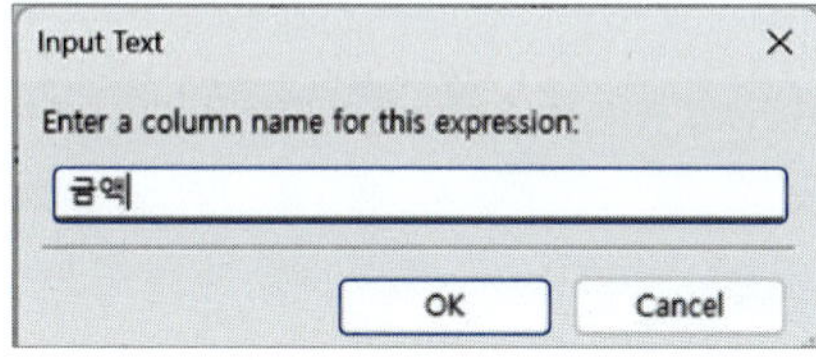

Add 버튼을 눌러 '금액'이라고 입력 후, OK 버튼을 클릭한다.

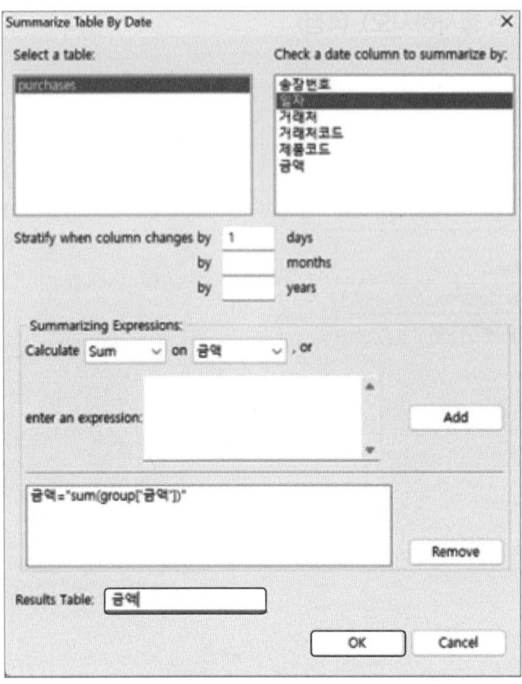

마지막으로 Results Table에는 '금액'이라고 입력 후, OK 버튼을 클릭한다.

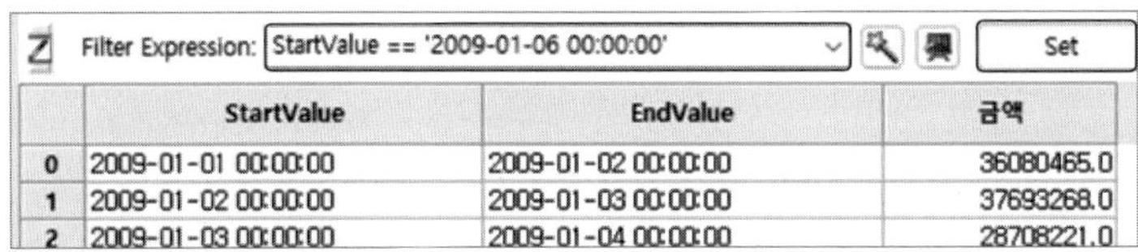

Filter Expression에 아래와 같은 구문을 입력 후, Set 버튼을 클릭한다.

StartValue == '2009-01-06 00:00:00'

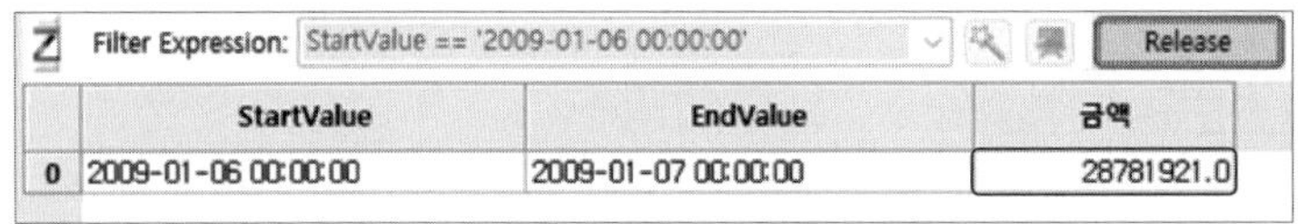

결과는 287819210이다.

41 거래처코드가 'OVJ22'이면서, 금액이 10,000 이상 것의 레코드 개수는? (4점)

	purchases ×				

Filter Expression: [   ] 🔍 🗑 [Set]

	송장번호	일자	거래처	거래처코드	제품코드	금액
0	2	2009-01-01	Vijay	OJQ26	GNR	85351.00
1	2	2009-01-01	Vijay	HLP66	PYX	76560.00
2	2	2009-01-01	Vijay	JMW26	UMA	34024.00
3	3	2009-01-04	Vijay	QSG52	COK	1215.00
4	3	2009-01-04	Vijay	OTF93	JRH	46297.00
5	4	2009-01-18	Adam	CWO94	IGX	24162.00
6	5	2009-01-02	Adam	WWI36	GLH	35162.00
7	5	2009-01-02	Adam	TRM19	UMA	47411.00
8	5	2009-01-02	Adam	NRS07	YEQ	13025.00

purchases.tbl을 열고,

Filter Expression: [거래처코드 == 'OVJ22' and 금액 > 10000] 🔍 🗑 [Set]

	송장번호	일자	거래처	거래처코드	제품코드	금액
0	2	2009-01-01	Vijay	OJQ26	GNR	85351.00
1	2	2009-01-01	Vijay	HLP66	PYX	76560.00
2	2	2009-01-01	Vijay	JMW26	UMA	34024.00
3	3	2009-01-04	Vijay	QSG52	COK	1215.00
4	3	2009-01-04	Vijay	OTF93	JRH	46297.00
5	4	2009-01-18	Adam	CWO94	IGX	24162.00
6	5	2009-01-02	Adam	WWI36	GLH	35162.00

Filter Expression에 이미지와 같이 입력 후, Set 버튼을 클릭한다.

Filter Expression: [거래처코드 == 'OVJ22' and 금액 > 10000] 🔍 🗑 [Release]

	송장번호	일자	거래처	거래처코드	제품코드	금액
0	56	2009-01-10	Vijay	OVJ22	DEG	98026.00
1	87	2009-01-09	Vijay	OVJ22	GLH	78402.00
2	1769	2009-01-03	Vijay	OVJ22	PYX	34505.00
3	2953	2009-01-13	Suzie	OVJ22	DEG	99945.00
4	3003	2009-01-13	Vijay	OVJ22	GLH	98333.00
5	3185	2009-01-02	Vijay	OVJ22	COK	98996.00
6	4218	2009-01-07	Adam	OVJ22	GNR	56685.00

위와 같이 해당 조건을 만족시키는 레코드는 0행부터 6행까지 총 7건임을 알 수 있다.

42 거래처코드가 'ARW08'인 것의 거래처를 나열하고, 각각의 금액 총합도 쓰시오(단, 소숫점은 절사하시오).
(4점)

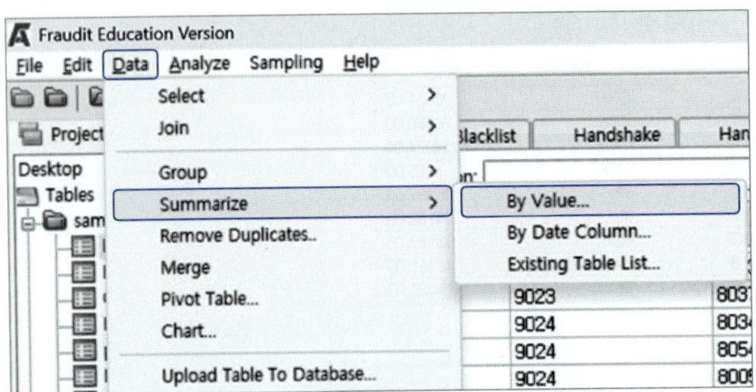

[Data] → [Summarize] → [By Value] 메뉴 선택

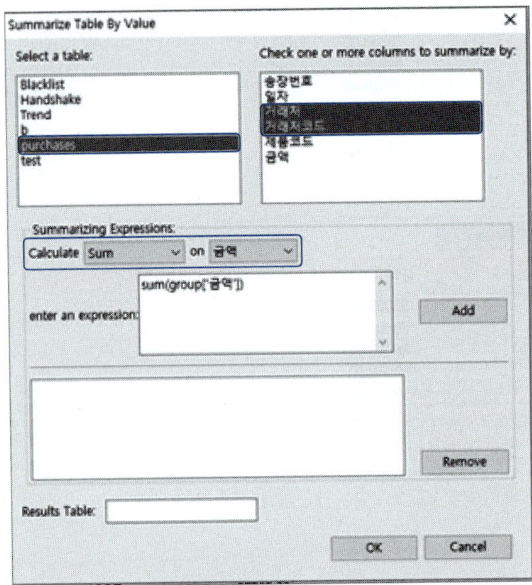

Select a table은 'purchases'를 선택하고 Click one or more columns to summarize by에는 '거래처'와 '거래처코드'를 선택한다.
Calculate는 'Sum'을 선택하고, on은 '금액'을 선택하며, enter an expression에는 아래와 같은 구문을 추가한다.

sum(group['금액'])

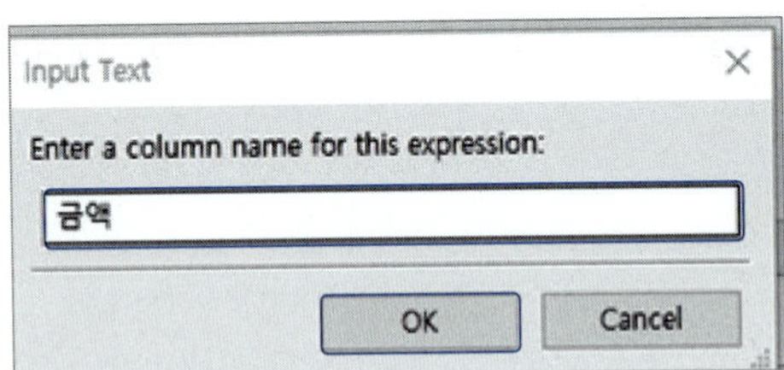

그리고 Add 버튼을 클릭하여 '금액'이라고 입력 후, OK 버튼을 클릭한다.

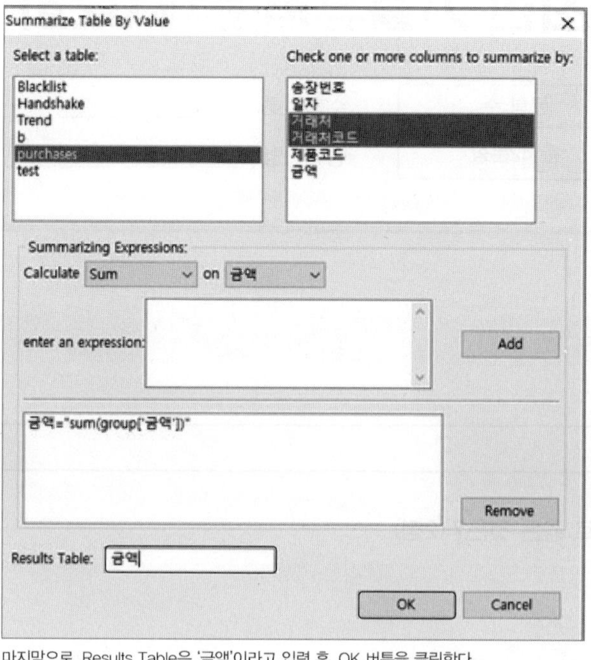

마지막으로, Results Table은 '금액'이라고 입력 후, OK 버튼을 클릭한다.

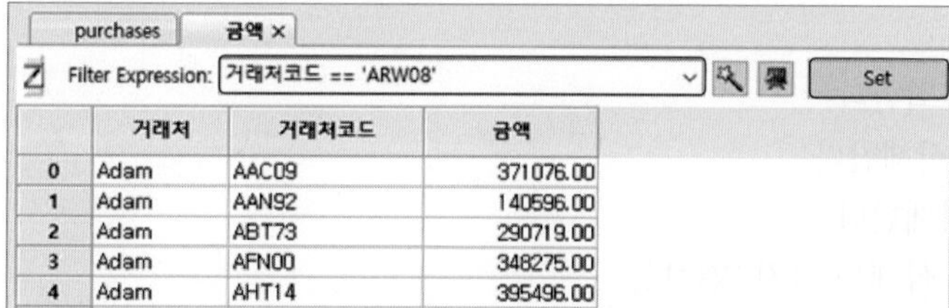

Filter Expression에는 아래와 같은 구문을 추가한 후, Set 버튼을 클릭한다.

거래처코드 == 'ARW08'

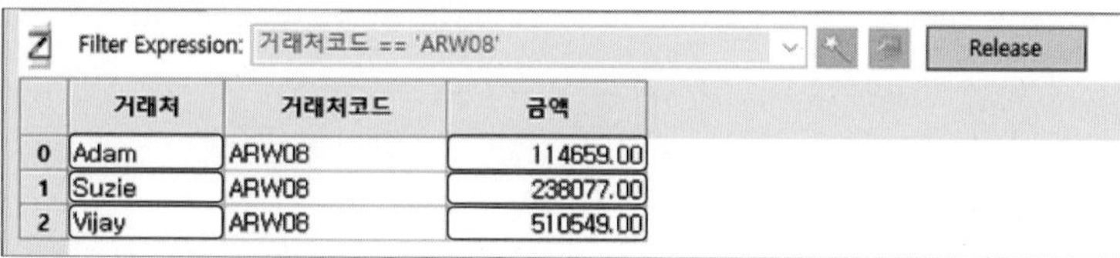

결과는 각각 아래와 같음을 알 수 있다.
Adam - 114659, Suzie - 238077, Vijay - 510549

급수	소요시간	문항 수
2급	150분	총 42문항

수험번호 : _______________

성   명 : _______________

이론 객관식

1과목 데이터베이스

01 다음 SQL문을 실행했을 때 나타나는 동작으로 옳은 것은? (2점)

```
DELETE
FROM MOVIES
WHERE GENRE = 'SCI-FI' AND DIRECTOR = 'STEVEN SPIELBERG';
```

① 조건을 만족하는 행의 모든 열을 조회한다.

② 조건을 만족하는 행을 테이블에서 삭제한다.

③ 조건을 만족하는 행의 특정 열만 삭제한다.

④ 조건을 만족하는 행을 숨기고 실제 삭제는 하지 않는다.

⑤ 새로운 열을 생성하여 출력한다.

- DELETE FROM 테이블명 WHERE 조건; 구문은 조건을 만족하는 행(row)을 실제 테이블에서 제거한다.
- SELECT와 달리 데이터가 조회되는 것이 아니라 삭제되므로, 삭제된 행은 되돌릴 수 없다(단, ROLLBACK을 사용하면 트랜잭션 내에서 취소 가능).

02 다음 중 트랜잭션 제어어(TCL)에 해당하는 것은 무엇인가? (2점)

① SELECT

② INSERT

③ UPDATE

④ COMMIT

⑤ CREATE

트랜잭션 제어어(TCL) : 트랜잭션의 완료/취소/중간저장을 제어하는 명령어로 COMMIT, ROLLBACK, SAVEPOINT 등이 있다.

오답 피하기

- DML : SELECT, INSERT, UPDATE, DELETE — 데이터 조회/조작
- DDL : CREATE, ALTER, DROP, RENAME — 스키마/객체 정의 · 변경 · 삭제

03 다음 SQL 문장에서 빈칸에 들어갈 키워드로 알맞은 것은? (2점)

```
SELECT __________ DEPARTMENT
FROM EMPLOYEE;
```

① *
② ALL
③ DISTINCT
④ UNIQUE
⑤ VALUE

이 문장은 특정 컬럼(DEPARTMENT)의 값을 조회하면서 중복을 제거하려는 형태이므로 SELECT DISTINCT DEPARTMENT FROM EMPLOYEE;가 올바르다.

오답 피하기

① *는 "모든 열"을 의미하며 SELECT * DEPARTMENT처럼 함께 쓸 수 없어 문법적으로 맞지 않다.
② ALL은 중복을 포함해 조회하는 기본 옵션이라 중복 제거 목적에 맞지 않다.
④⑤ UNIQUE, VALUE는 일반적인 SELECT 구문에서 사용하는 키워드가 아니므로 정답이 될 수 없다.

04 데이터베이스에서 외래키(Foreign Key)에 대한 설명으로 옳은 것은? (2점)

① 외래키는 반드시 기본키와 동일한 테이블에 존재해야 한다.
② 외래키는 다른 테이블의 기본키를 참조하여 두 테이블 간 관계를 정의한다.
③ 외래키는 NULL 값을 가질 수 없고 항상 유일해야 한다.
④ 외래키는 슈퍼키와 동일한 의미를 가진다.
⑤ 외래키는 후보키 중에서 선택된 대표 키이다.

• 외래키(Foreign Key) : 한 테이블의 속성이 다른 테이블의 기본키를 참조하는 제약조건
• 외래키는 두 테이블 간 참조 무결성(Referential Integrity)을 유지하는 역할을 한다.
• 외래키는 NULL 값을 가질 수 있으며, 반드시 유일할 필요는 없다.
• 외래키는 기본키와 동일 테이블에 존재하는 것이 아니라 관계(Relation)를 연결하기 위해 다른 테이블의 기본키를 참조한다.

05 다음 직원 테이블에서 한 행(예 E101, 박지민, 인사팀, 대리)을 의미하는 용어로 알맞은 것은? (2점)

사번	이름	부서	직급
E101	박지민	인사팀	대리
E102	김하늘	영업팀	과장
E103	이수현	개발팀	사원

① 속성(Attribute)
② 튜플(Tuple)
③ 도메인(Domain)
④ 스키마(Schema)
⑤ 인스턴스(Instance)

튜플(Tuple) : 릴레이션(테이블)을 구성하는 하나의 행(Row) → 예 (E101, 박지민, 인사팀, 대리)

오답 피하기

- 속성(Attribute) : 테이블의 열(Column) → 예 사번, 이름, 부서, 직급
- 도메인(Domain) : 속성이 가질 수 있는 값들의 집합 → 예 직급 속성의 도메인 = {사원, 대리, 과장, 부장}
- 스키마(Schema) : 테이블 구조 정의(테이블명, 속성명, 제약조건 등)
- 스턴스(Instance) : 특정 시점에 저장된 전체 데이터 집합

06 데이터베이스의 스키마(Schema)에 대한 설명으로 옳지 않은 것은? (2점)

① 스키마는 데이터베이스의 구조와 제약조건을 정의한 것이다.
② 스키마는 시간이 지나면서 계속 바뀔 수 있는 데이터의 집합이다.
③ 스키마에는 테이블 이름, 속성, 도메인, 제약조건 등이 포함된다.
④ 스키마는 데이터베이스의 설계도 역할을 한다.
⑤ 스키마는 논리적 구조를 정의하며, 물리적 저장 방식과는 구분된다.

인스턴스는 시간이 지나면서 계속 바뀔 수 있는 데이터의 집합이다.

오답 피하기

- 스키마(Schema) : 데이터베이스의 논리적 구조, 설계도. 테이블 이름, 속성, 도메인, 제약조건 등을 정의한다. 일반적으로 자주 바뀌지 않는다.
- 인스턴스(Instance) : 특정 시점에 실제로 저장된 데이터의 집합으로, 시간이 지남에 따라 계속 바뀔 수 있다.

07 차변 · 대변 형식 계정에 대한 설명으로 옳은 것은? (2점)

① 차변은 자산의 감소, 대변은 자산의 증가를 기록한다.

② 차변과 대변을 구분하지 않고 연속적으로 기록한다.

③ 계정의 잔액은 차변 합계와 대변 합계의 차이로 계산된다.

④ 보고식 계정과 동일하게 세로로 표시된다.

⑤ 복식부기 원리와 무관하게 단식부기에 따라 작성된다.

오답 피하기

① 자산은 차변 증가 · 대변 감소, 부채와 자본은 차변 감소 · 대변 증가로 기록한다.
② 차변 · 대변 형식 계정(T-계정)은 좌측에 차변, 우측에 대변을 기록하는 방식이다.

08 다음 중 현금주의 회계기준에 대한 설명으로 옳은 것은? (2점)

① 수익은 현금 유입 여부와 관계없이 발생 시점에 인식한다.

② 비용은 경제적 효익이 소비된 시점에 인식한다.

③ 현금의 수입과 지출이 있을 때만 수익과 비용을 인식한다.

④ 발생주의와 동일하게 거래의 실질 발생 시점을 기준으로 한다.

⑤ 기업회계기준(IFRS)에서 일반적으로 적용된다.

현금주의는 수익과 비용을 현금 유입 · 유출이 실제로 발생한 시점에 인식하므로 단순하고 명확하지만, 현금이 오가지 않으면 경제적 사건이 발생해도 반영하지 못한다는 한계가 있다.

오답 피하기

①②④⑤ 모두 발생주의와 관련된 내용이다.

09 (주)영진닷컴의 2025년 손익계산서는 다음과 같다.

구분	금액(억 원)
매출액	1,000
매출원가	?
판매비와 관리비	200
감가상각비	50

이 경우 영업이익률(Operating Margin)이 10%가 되려면 매출원가는 얼마가 되어야 하는가? (2점)

① 600억 원

② 650억 원

③ 700억 원

④ 750억 원

⑤ 800억 원

- 영업이익률 = 영업이익 ÷ 매출액 × 100
- 매출액 1,000, 목표 영업이익률 10%이므로 영업이익 = 1,000 × 0.10 = 100억 원
- 영업이익 = 매출액 − 매출원가 − 판매비와 관리비 − 감가상각비
  → 100 = 1,000 − 매출원가 − 200 − 50
  → 매출원가 = 650억 원

10 다음 중 선수수익에 대한 설명으로 옳은 것을 고르시오. (2점)

① 이미 발생한 비용을 아직 지급하지 않은 부채

② 현금을 미리 지급했으나 아직 비용으로 인식하지 않은 자산

③ 이미 발생한 수익을 아직 수취하지 못한 자산

④ 현금을 미리 수취했으나 아직 수익으로 인식하지 않은 부채

⑤ 비용과 동일한 자산으로 기록

- 선수수익은 현금을 먼저 받았지만, 아직 수익을 실현하지 않은 상태이므로 부채로 기록한다.
- 잡지 구독료, 렌탈 서비스료 등 선지급받은 금액이 대표적 사례이다.

11 (주)영진닷컴의 회계기간은 1월 1일부터 12월 31일이다. 다음 자료를 토대로 기말 재고자산의 원가를 평균법 (총액평균법)으로 구하라. (2점)

- 1월 1일 기초재고: 20개 (단가 20원)
- 3월 1일 매입: 30개 (단가 30원)
- 6월 1일 매입: 10개 (단가 40원)
- 7월 1일 매출: 20개
- 10월 1일 매출: 15개

① 680원
② 690원
③ 700원
④ 708원
⑤ 720원

---

1) 총원가 및 총수량
- 기초 : 20×20 = 400원
- 3월 매입 : 30×30 = 900원
- 6월 매입 : 10×40 = 400원
- 총계 : 60개, 1,700원
2) 평균단가
- 1,700 ÷ 60 = 28.33원
3) 기말재고 수량
- 매출 : 20 + 15 = 35개 출고
- 기말: 60 − 35 = 25개
4) 기말재고 원가
- 25 × 28.33 ≈ 708원

12 다음은 (주)영진닷컴의 지출결의서 일부이다. 회계처리 계정과목으로 옳은 것은? (2점)

지출결의서

결 재	담당자	팀장	이사
	김인사	오**	이**

법인세 및 지방세 납부 관련 비용을 청구합니다.

1. 재산세 납부액   300,000원
2. 자동차세 납부액   150,000원

일　자 : 2025년 9월 2일
담당자 : 김인사

① 접대비
② 세금과공과
③ 수수료비용
④ 보험료
⑤ 복리후생비

세금과공과는 기업이 납부하는 각종 조세(재산세, 자동차세, 등록세 등) 및 공과금(협회비, 조합비 등)을 회계처리할 때 사용하는 계정과목이다.

오답 피하기

접대비, 보험료, 복리후생비 등은 성격이 다르므로 적절하지 않다.

13 다음 중 변수의 정의로 옳지 않은 것은? (2점)

① 변수는 개체가 가지는 특성을 수치나 범주로 나타낸 것이다.

② 키, 몸무게, 성별, 소득 등은 변수의 예시가 될 수 있다.

③ 변수는 항상 숫자로만 표현되어야 한다.

④ 질적 변수는 범주형으로, 양적 변수는 수치형으로 구분할 수 있다.

⑤ 변수는 연구 대상의 속성을 측정하거나 관찰하여 얻을 수 있다.

변수는 숫자뿐만 아니라 범주(예 성별, 지역, 혈액형) 등으로도 표현할 수 있다.

14 다음 중 표본오차(Sampling Error)에 대한 설명으로 옳지 않은 것은? (2점)

① 표본오차는 표본이 모집단을 완벽하게 대표하지 못해 발생하는 자연스러운 차이다.

② 표본오차는 조사 과정에서 발생하는 부주의나 오류 때문에 생긴다.

③ 표본오차는 확률표집(확률추출)에서 발생할 수 있다.

④ 표본오차는 표본의 크기를 증가시키면 일반적으로 감소한다.

⑤ 표본오차는 모집단의 일부만을 조사할 때 필연적으로 발생할 수 있다.

부주의 · 응답 오류 · 측정 실수 등은 비표본오차(Non-sampling Error)이며, 표본오차가 아니다.

15 한 회사 직원들의 주당 운동 시간(시간 단위)과 체질량지수(BMI)를 조사한 결과, 두 변수 간의 상관계수 r = −0.76으로 나타났다. 이에 대한 해석으로 가장 적절한 것은 무엇인가? (2점)

① 운동 시간이 많을수록 BMI가 낮아지는 경향이 강하다.

② 운동 시간이 많을수록 BMI가 높아지는 경향이 강하다.

③ 운동 시간과 BMI 사이에는 거의 상관관계가 없다.

④ 운동 시간과 BMI는 완벽한 양의 상관관계를 가진다.

⑤ 운동 시간과 BMI는 인과관계를 반드시 가진다.

상관계수 r = −0.76은 강한 음(−)의 상관관계를 의미한다. 즉, 운동 시간이 늘어날수록 BMI가 낮아지는 경향이 있다.

오답 피하기
⑤ 상관관계가 곧 인과관계를 의미하지는 않는다.

16 다음 해당 정의를 나타내는 용어로 가장 적절한 것은? (2점)

> 모집단에서 선택된 일부의 개체

① 변수
② 척도
③ 자료
④ 표본
⑤ 정보

표본(Sample) : 모집단에서 선택된 일부의 개체

오답 피하기

① 변수(Variable) : 조사 대상이 지닌 특성을 수량이나 속성으로 나타낸 것
② 척도(Scale) : 조사 대상을 측정하기 위해 부여한 숫자 간의 관계
③ 자료(Data) : 관찰이나 측정을 통해 얻은 사실
⑤ 정보(Information) : 자료를 가공하여 의미를 가지게 한 것

17 다음 상황에서 가능한 확률을 나타내는 것으로 옳지 않은 것은? (2점)

> 한 약국에서는 공급 물량 조절을 위해 1인당 구매할 수 있는 마스크의 개수를 최대 2개로 제한하였다. 고객 한 명이 구매할 수 있는 마스크의 개수를 X라고 한다.
>
> (가) $P(X=0) = 0.20$
> (나) $P(X=1) = 0.40$
> (다) $P(X=2) = 0.30$
> (라) $P(X=3) = 0.10$

① (가)
② (나)
③ (다)
④ (라)
⑤ 없음

• 고객이 구매할 수 있는 마스크 개수는 0, 1, 2까지만 가능하다.
• 따라서 X의 값은 {0, 1, 2}로 제한된다.
• $P(X=3) = 0.10$은 불가능한 확률이다.

18 다음에 해당하는 정의 및 특성을 나타내는 용어로 가장 적절한 것은? (2점)

> • 정의 : 관찰이나 측정을 통해 얻은 사실이나 값
> • 특성 : 연구나 분석을 위해 수집되며, 가공되기 전의 원천적 값으로 활용된다.

① 변수
② 척도
③ 표본
④ 자료
⑤ 정보

자료 : 관찰이나 측정을 통해 얻은 사실

오답 피하기

① 변수 : 조사 대상이 가진 속성이나 특성
② 척도 : 측정을 위해 부여된 숫자의 관계
③ 표본 : 모집단에서 뽑아낸 일부 개체
⑤ 정보 : 자료를 가공하여 의미를 부여한 것

19 다음 상황에서 키와 혈액형의 자료 형태를 바르게 묶은 것으로 옳은 것은? (2점)

> 한 보건소에서 청소년 건강검진을 실시하였다. 설문지에는 학생들의 키(cm)와 혈액형을 기재하도록 하였다. 연구진은 이를 바탕으로 성장 발달 상태와 혈액형 분포를 분석하고자 한다.
>
> • 자료의 형태 : 키 / 혈액형

① 양적자료—이산형 / 질적자료—범주형
② 질적자료—순서형 / 질적자료—범주형
③ 양적자료—연속형 / 질적자료—범주형
④ 질적자료—범주형 / 양적자료—연속형
⑤ 양적자료—연속형 / 질적자료—순서형

• 키 : 수치로 측정되며, 소수점 단위까지 연속적으로 존재할 수 있으므로 양적자료—연속형이다.
• 혈액형 : A, B, AB, O 등과 같이 구분 가능한 범주이므로 질적자료—범주형이다.

 한 회사의 고객센터에서 하루 동안 접수되는 불만 건수 X의 확률분포가 다음과 같이 주어졌다.

X(건수)	0	1	2	3
P(X)	0.1	0.2	0.5	0.2

이때 X의 기댓값(평균)과 분산으로 옳은 것은? (2점)

① 평균 = 1.7, 분산 = 0.70

② 평균 = 1.8, 분산 = 0.64

③ 평균 = 1.8, 분산 = 0.76

④ 평균 = 1.9, 분산 = 0.80

⑤ 평균 = 2.0, 분산 = 0.90

- 기댓값(평균) $E[X] = 0 \times 0.1 + 1 \times 0.2 + 2 \times 0.5 + 3 \times 0.2 = 1.8$
- 제곱의 기댓값 $E[X^2] = 0^2 \times 0.1 + 1^2 \times 0.2 + 2^2 \times 0.5 + 3^2 \times 0.2 = 4.0$
- 분산 $Var(X) = E[X^2] - (E[X])^2 = 4.0 - (1.8)^2 = 4.0 - 3.24 = 0.76$

21 다음 중 변수를 설정하는 방법으로 옳은 것은? (2점)

① 7level = 3

② @name = "lee"

③ #score = 100

④ user−Name = "kim"

⑤ data_count2 = 0

파이썬에서 변수명은 문자(A–Z, a–z) 또는 언더바(_)로 시작해야 하며, 숫자로 시작하거나 특수문자, 연산자, 주석 기호를 포함할 수 없다. 또한 하이픈(–)은 변수명으로 사용할 수 없다.

22 다음 중 결괏값이 나머지와 다른 하나를 고르시오. (2점)

① 10 〉 3

② 8 == 5

③ 7 〈= 7 and 2 != 4

④ 4 〈 6 or 9 〉 12

⑤ "dog" != "cat"

나머지는 True이며, ②만 False이다.

23 리스트 a = [2, 3, 7, 9, 11, 12]가 있다. 다음 중 인덱스 값으로 옳은 것은? (2점)

① a[1] = 7

② a[2] = 9

③ a[3] = 11

④ a[4] = 11

⑤ a[−2] = 12

오답 피하기

① a[1] = 3
② a[2] = 7
③ a[3] = 9
⑤ a[−2] = 11

24 다음 파이썬의 계산식 결과 자료형이 다른 것은? (2점)

(가) print(15/5)
(나) print(18.0/6)
(다) print(float(20/4))
(라) print(16//4)
(마) print(21/7)

① (가)

② (나)

③ (다)

④ (라)

⑤ (마)

- (가) 15/5 = 3.0 (float)
- (나) 18.0/6 = 3.0 (float)
- (다) float(20/4) = float(5.0) = 5.0 (float)
- (라) 16//4 = 4 (정수, int) ← 결과값의 형태가 다름
- (마) 21/7 = 3.0 (float)

25 다음 아래 코드의 출력값 ㉠으로 옳은 것은? (2점)

```python
a = ['cat', 'dog', 'bird']
result = ''
for word in a:
    result += word[0]    # 각 단어의 첫 글자만 추출
print(result)
```

[실행결과]

㉠

① cat

② cbb

③ cdbi

④ cdb

⑤ cdbird

- 리스트 a = ['cat', 'dog', 'bird']
- 'cat' → 첫 글자 = c
- 'dog' → 첫 글자 = d
- 'bird' → 첫 글자 = b
→ 합치면 "cdb"

26 다음 코드 실행 결과가 ['사과', '바나나', '자동차', '자전거']를 출력하도록 ㉠에 들어갈 코드로 알맞은 것을 고르시오. (2점)

```python
keys = ['과일', '탈것', '전자제품']
data = {
    '과일': ['사과', '바나나'],
    '탈것': ['자동차', '자전거']
}
result = []
for i in keys:
    unique_values = ㉠
    if unique_values:
        result.extend(unique_values)
print(result)
```

① data.remove(i)
② data[i]
③ data.find(i)
④ data.get(i)
⑤ data.pop(i)

- dict.get(key) : key가 있으면 값을 반환, 없으면 None 반환 → 안전하게 사용 가능하다.
- dict[key] : key가 없으면 KeyError가 발생한다.
- remove, find : 딕셔너리에 없는 메서드이다.
- pop : 값을 꺼내면서 원본 딕셔너리에서 해당 key 삭제 → 여기서는 적절하지 않다.

27 (주)영진닷컴에서 정액법을 사용하여 취득시점으로부터 2년이 지난 기계를 감가상각하고자 한다. 아래의 감가상각_정액법() 함수가 주어지고, 최종 결과가 다음과 같이 나왔을 때 ㉠의 값으로 옳은 것은? (3점)

```
def 감가상각_정액법(취득원가, 내용연수, 경과연수):
    연간상각액 = 취득원가 / 내용연수
    장부가액 = 취득원가 - (연간상각액 * 경과연수)
    print('%d년 후의 장부가액은' %경과연수 + ' ' + '%0.1f원 이다.' %장부가액)


경과연수 = 2
감가상각_정액법(500000, ㉠, 경과연수)
```

[실행결과]

2년 후의 장부가액은 300000.0원 이다.

① 2

② 3

③ 4

④ 5

⑤ 6

- 정액법 공식 : 장부가액 = 취득원가 − (취득원가 / 내용연수 × 경과연수)
- 주어진 값 : 300,000 = 500,000 − (500,000 / ㉠ × 2)
- 정리 : (500,000 / ㉠) × 2 = 200,000 → 500,000 / ㉠ = 100,000
- 따라서 ㉠ = 500,000 ÷ 100,000 = 5

　　　　정답 **27** ④

1과목 파이썬

[28~31] 다음 파이썬 코드의 결과가 아래와 같다.

```python
# 초기 투자금
capital = 2_000_000
# 연간 이익률 (10%)
㉮ = 0.10

def growth_after(years):
    global ㉯
    for i in range(㉰):
        capital = capital * (1 + growth_rate)
    return capital

# 연수별 투자금 계산
growth_after(2)
print(f"2년 후 남은 투자금: {capital:,.0f}원")
㉱(5)
print(f"7년 후 남은 투자금: {capital:,.0f}원")
```

[실행결과]

2년 후 남은 투자금: 2,420,000원
7년 후 남은 투자금: 3,897,456원

28 상기에서 ㉮에 들어갈 내용을 입력하라. (1점)

29 상기에서 ㉯에 들어갈 내용을 입력하라. (1점)

30 상기에서 ㉰에 들어갈 내용을 입력하라. (1점)

31 상기에서 ㉱에 들어갈 내용을 입력하라. (1점)

32 다음 파이썬 코드는 이동평균법(Weighted Moving Average Method) 에 따른 기말재고자산의 금액을 구하는 코드이다. 코드의 결과는 아래와 같다. ㉮에 들어갈 내용을 입력하라. (3점)

> • inventory_data 리스트 내의 튜플 원소는 (유형, 수량, 단가)를 의미한다.
> • ("출고", 5, 0)은 유형이 출고이고, 수량이 5개, 출고단가는 출고 시점에서는 모른다는 가정이다.

```python
# 재고 데이터: (유형, 수량, 단가)
inventory_data = [
    ("입고", 10, 1000),
    ("입고", 8, 1200),
    ("출고", 5, 0),
    ("입고", 6, 1500)
]

inventory_qty = 0
inventory_cost = 0

for transaction in inventory_data:
    if transaction[0] == "입고":
        qty, price = transaction[1], transaction[2]
        inventory_cost += qty * price
        inventory_qty += qty
        avg_price = inventory_cost / inventory_qty # 이동평균단가 갱신
    elif transaction[0] == "출고":
        qty = transaction[1]
        inventory_cost -= qty * avg_price
        inventory_qty -= qty

ending_inventory_value = round(inventory_qty * ㉮)
print("기말 재고자산 금액:", ending_inventory_value)
```

[실행결과]

기말 재고자산 금액: 23156

• 입고 10개×1,000원 → 평균단가 1,000원, 수량 10개
• 입고 8개×1,200원 → 총원가 19,600원, 평균단가 1,088.9원
• 출고 5개 → 출고원가 5,444.5원 차감, 원가 14,155.5원, 수량 13개
• 입고 6개×1,500원 → 총원가 23,155.5원, 평균단가 1,218.7원
• 기말재고 = 19개 × 1,218.7원 ≈ 23,156원

※ Fraudit 교육용 버전에 기본으로 포함되어 있는 데이터베이스를 활용한다.

[33~37] 당신은 (주)영진닷컴의 인사팀 회계담당자이다. 33번부터 37번까지의 물음에 답하시오.

[테이블 데이터] PurchaseTransaction.tbl

	거래번호	계정코드	거래일자	금액	지급거래처	업종코드
0	4001	2000	2009-08-14	9318	UQD Incorporated	211144
1	4001	2000	2009-08-14	9318	UQD Incorporated	211144
2	4002	2000	2009-08-16	2991	TSR Company	678888
3	4004	2000	2009-08-26	6329	XHA Consulting	439472
4	4005	2000	2009-08-28	6522	NDX Systems	504967
5	4006	2000	2009-09-02	4440	INM Incorporated	899538

33 지급거래처 'CFN Company'의 전체 금액 비중을 구하시오. (4점)

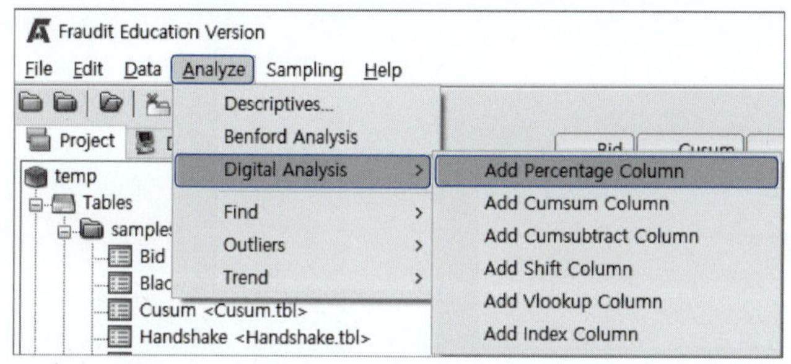

[Analyze] → [Digital Analysis] → [Add Percentage Column] 메뉴 선택

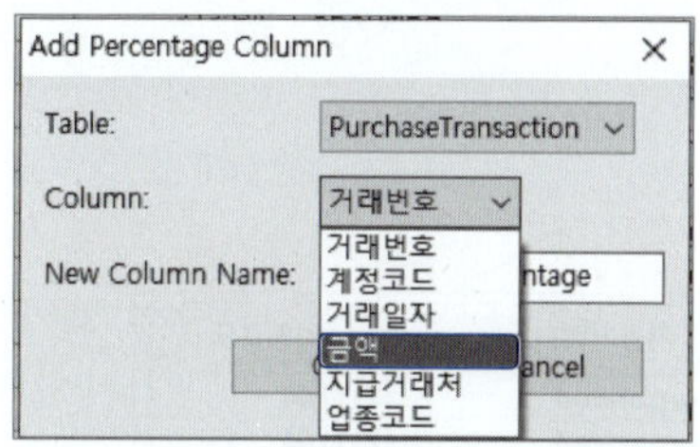

Column은 금액을 선택하고, OK 버튼을 클릭한다.

	거래번호	계정코드	거래일자	금액	금액_Percentage	지급거래처	업종코드
0	4160	2012	2009-07-23	6869	0.3500%	AAR Partnership	765294
1	4822	2070	2009-12-20	432	0.0171%	ABH Systems	504967
2	4835	2070	2010-01-07	285	0.0112%	ABI Systems	724645
3	4519	2043	2009-11-01	371	0.0146%	ACM Manufacturing	899538
4	4547	2045	2009-05-30	939	0.0371%	ACS Corporation	479964

Filter Expression에 아래와 같은 구문을 입력하고, 'Set'을 클릭한다.

지급거래처 == 'CFN Company'

	거래번호	계정코드	거래일자	금액	금액_Percentage	지급거래처	업종코드
0	4758	2065	2009-10-18	9334	0.3921%	CFN Company	792974

결과는 0.3921%임을 알 수 있다.

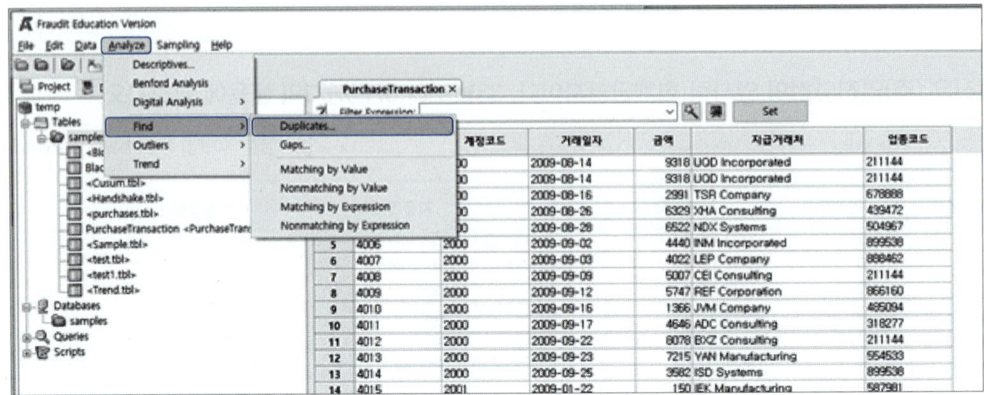

[Analyze] → [Find] → [Duplicates] 메뉴 선택

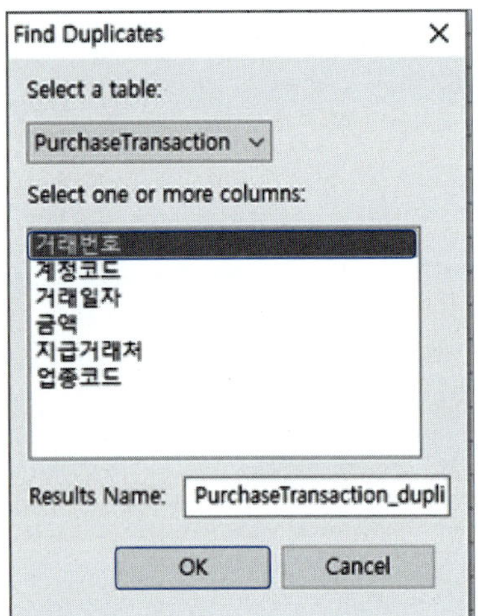

Select one or more columns에서 '거래번호'를 선택한 후, OK 버튼을 클릭한다.

	Row	거래번호	계정코드	거래일자	금액	지급거래처	업종코드
0	0	4001	2000	2009-08-14	9318	UQD Incorporated	211144
1	1	4001	2000	2009-08-14	9318	UQD Incorporated	211144

중복거래 건은 1건이며, 거래번호는 4001임을 알 수 있다.

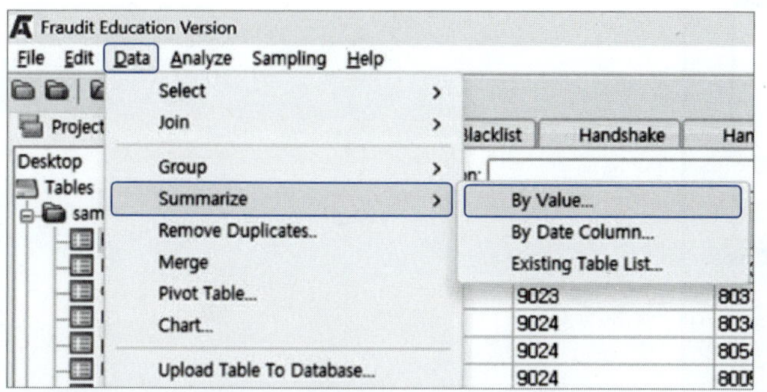

[Data] → [Summarize] → [By Value] 메뉴 선택

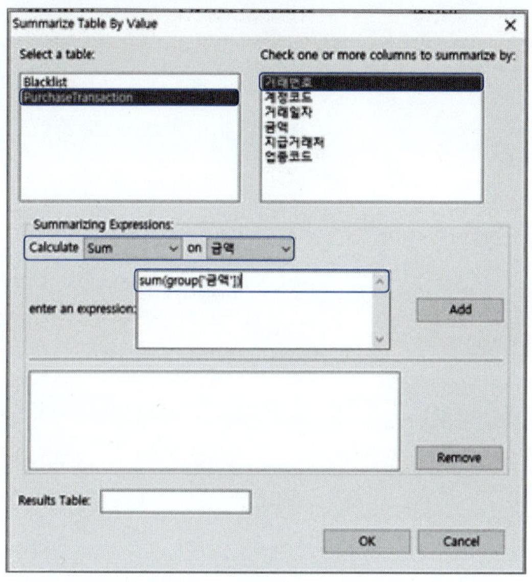

• Select a table은 'PurchaseTransaction', Check a date column to summarize to는 '거래번호', Calculate에는 'Sum', on에는 '금액'으로 선택하고, enter an expression에는 'sum(group['금액'])'을 입력한다.

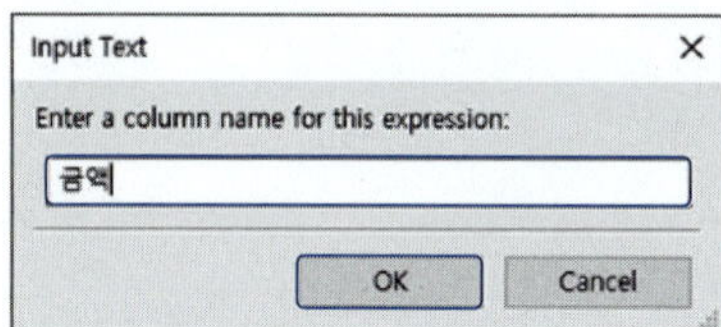

• Add 버튼을 클릭하고, '금액'이라고 입력 후, OK 버튼을 클릭한다.

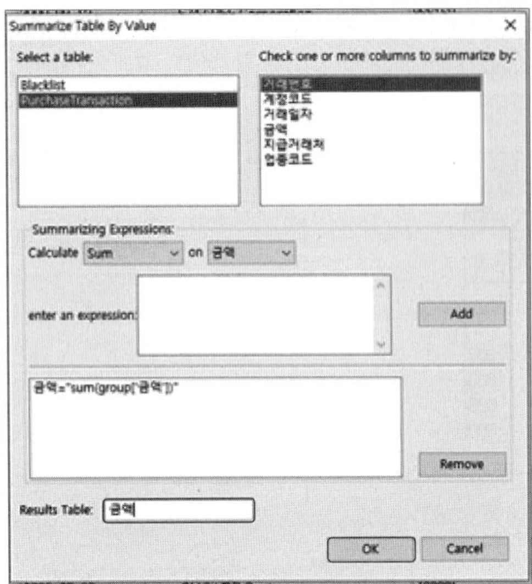

Results Table에는 '금액'이라고 입력 후, OK 버튼을 클릭한다.

	거래번호	금액	
0	4001		Sort ascending
1	4002		Sort descending
2	4004		
3	4005		Table properties...
4	4006	4440	
5	4007	4022	
6	4008	5007	
7	4009	5747	
8	4010	1366	
9	4011	4646	
10	4012	8078	

금액 칼럼 위에서 우클릭을 하고 '오름차순' 정렬을 선택한다.

	거래번호	금액
0	4446	71
1	4453	72
2	4459	72
3	4460	81
4	4447	82
5	4448	82
6	4451	94

금액이 다섯번째로 작은 것은 4447임을 알 수 있다.

36 거래일자별 거래 금액이 가장 큰 날짜를 쓰시오. (4점)

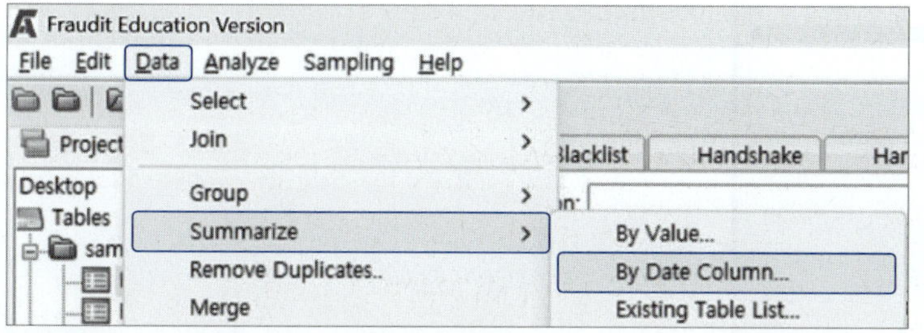

[Data] → [Summarize] → [By Date Column] 메뉴 선택

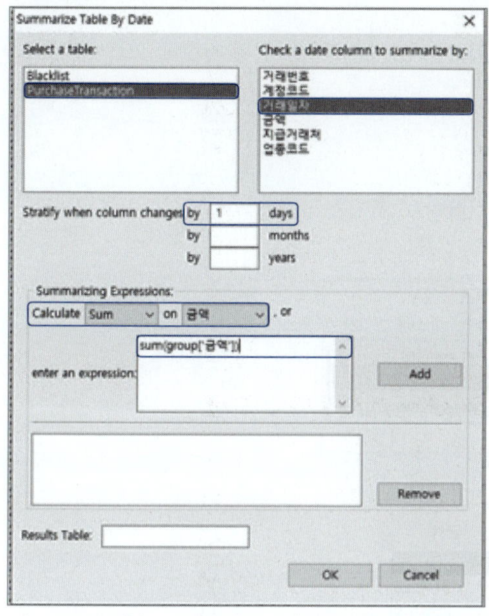

- Select a table은 'PurchaseTransaction', Check a date column to summarize by는 '거래일자', Stratify when column changes by의 'days'에는 '1'을 입력한다.
- 그리고 Calculate는 'Sum', on은 '금액'을 선택하고, enter an expression에는 아래와 같은 구문을 입력한다.

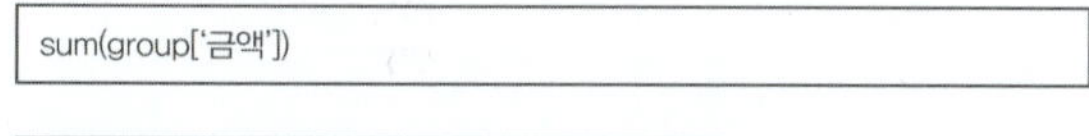

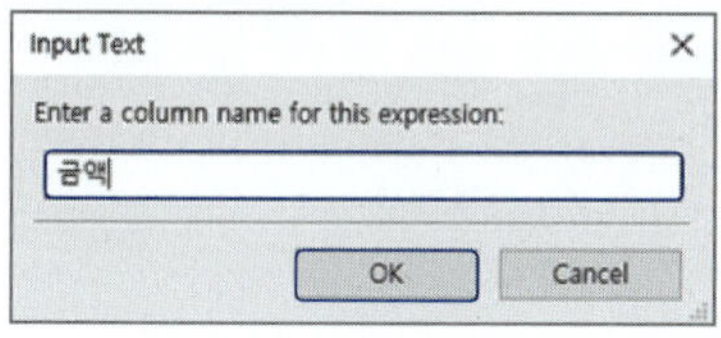

- Add 버튼을 클릭하고 '금액'이라고 입력 후, OK 버튼을 클릭한다.

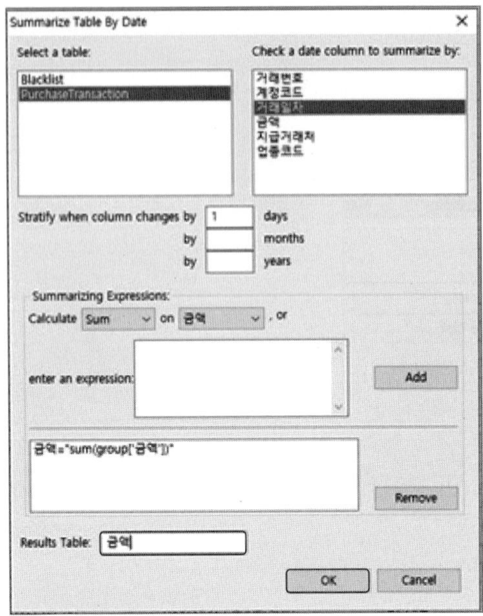

Results table에는 '금액'이라고 입력 후, OK 버튼을 클릭한다.

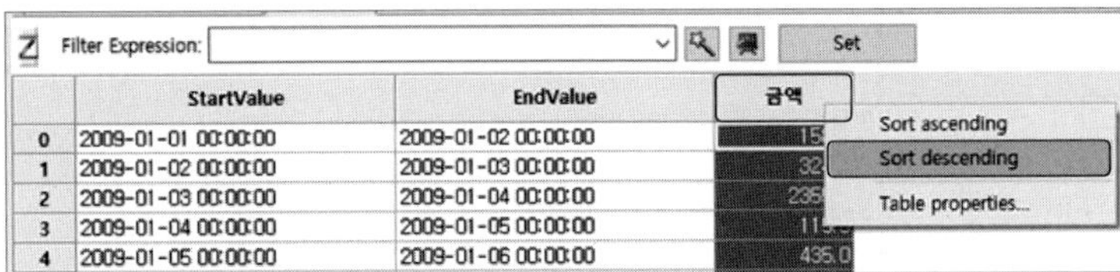

금액에서 우클릭 후, '내림차순' 정렬을 선택한다.

	StartValue	EndValue	금액
0	2009-06-17 00:00:00	2009-06-18 00:00:00	34185.0
1	2009-11-01 00:00:00	2009-11-02 00:00:00	31438.0
2	2009-10-06 00:00:00	2009-10-07 00:00:00	25501.0
3	2009-11-03 00:00:00	2009-11-04 00:00:00	25411.0

결과는 2009년 6월 17일임을 알 수 있다.

37 2009년 3월의 금액 총합을 구하시오. (4점)

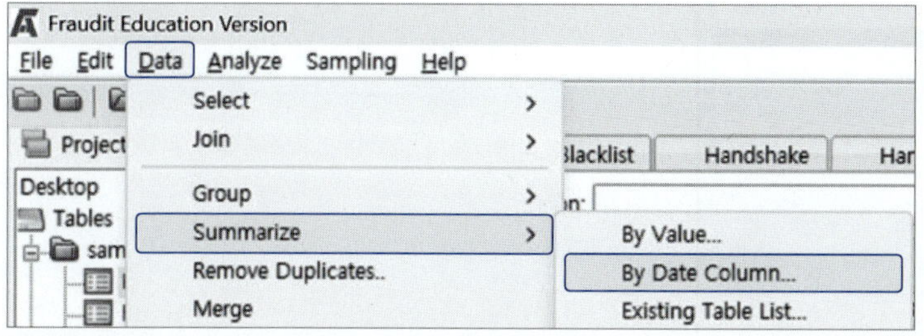

[Data] → [Summarize] → [By Date Column] 메뉴 선택

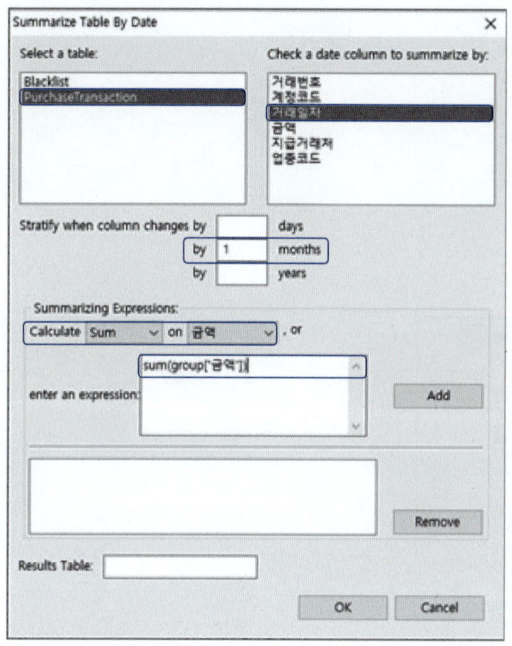

- Select a table은 'PurchaseTransaction', Check a date column to summarize by는 '거래일자', Stratify when column changes by의 'months'에는 '1'을 입력한다.
- 그리고 Calculate는 'Sum', on은 '금액'을 선택하고, enter an expression에는 아래와 같은 구문을 입력한다.

sum(group['금액'])

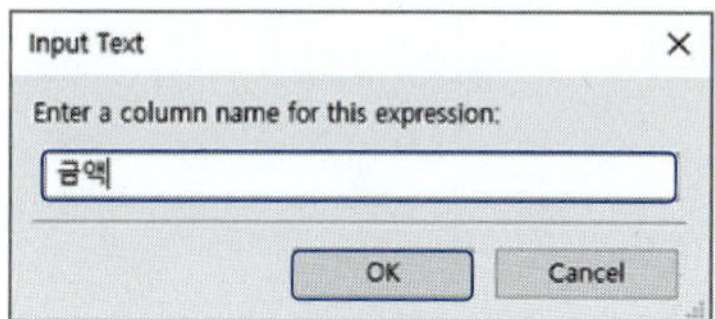

Add 버튼을 클릭한다. '금액'이라고 입력 후, OK 버튼을 클릭한다.

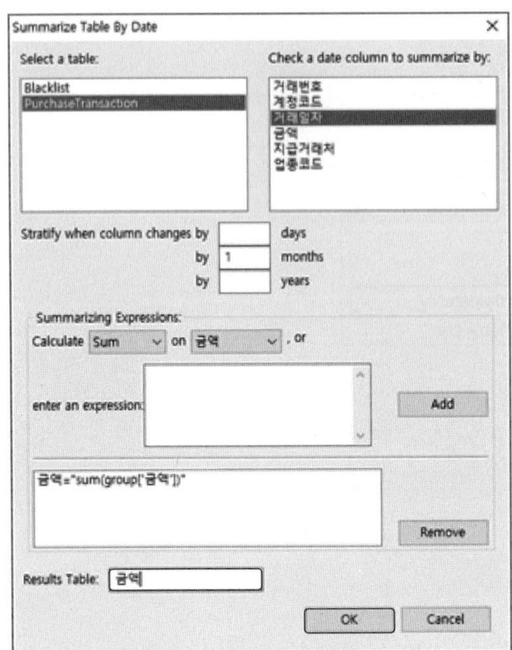

Results Table에 '금액'을 입력하고, OK 버튼을 클릭한다.

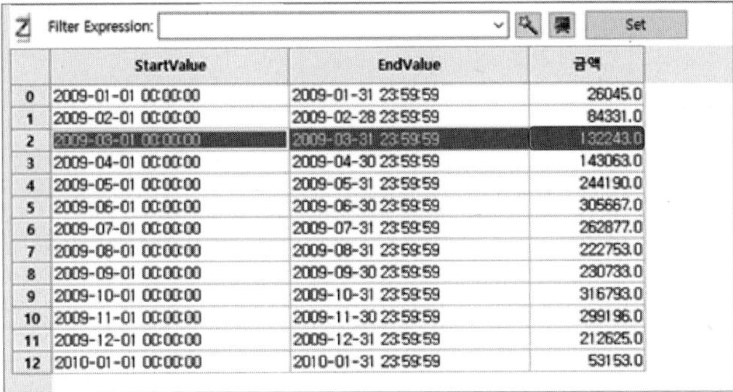

2009년 3월의 금액 총합은 132243임을 알 수 있다.

[테이블 데이터] Sample.tbl

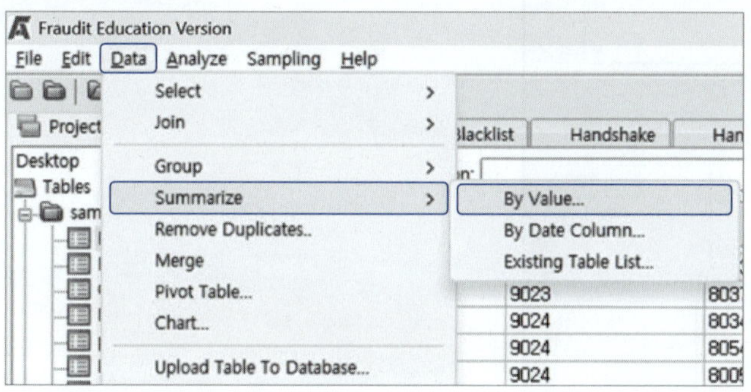

	송장번호	송장일자	영업사원번호	CUSTNO	제품코드	단가	수량	세전매출	매출세	세후매출
0	A900026	2014-07-19 00:00:00	118	21254	5	5.59	666	3,722.94	558.44	4281.38
1	A900027	2014-03-15 00:00:00	101	21256	3	34.99	1836	64,241.64	9636.25	73877.89
2	A900028	2014-06-08 00:00:00	101	21257	5	5.59	1217	6,803.03	1020.45	7823.48
3	A900029	2014-05-28 00:00:00	101	21274	5	5.59	469	2,621.71	393.26	3014.97
4	A900030	2014-03-16 00:00:00	102	21285	1	28.5	1116	31,806.0	4770.9	36576.9
5	A900031	2014-04-23 00:00:00	101	60104	2	23.15	1646	38,104.9	5715.74	43820.64
6	A900032	2014-03-02 00:00:00	101	21330	2	23.15	1248	28,891.2	4333.68	33224.88
7	A900033	2014-05-27 00:00:00	101	21339	3	34.99	452	15,815.48	2372.32	18187.8
8	A900034	2014-06-17 00:00:00	101	21340	5	5.59	1065	5,953.35	893.0	6846.35
9	A900035	2014-12-20 00:00:00	107	60301	5	5.59	1697	9,486.23	1422.93	10909.16

38 1등 영업사원의 세전매출을 구하시오(단, 정수형으로 쓰시오). (4점)

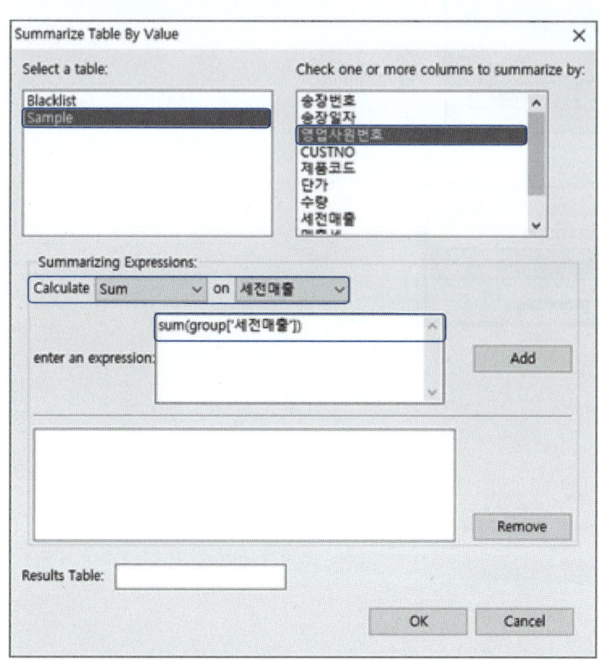

[Data] → [Summarize] → [By Value] 메뉴 선택

Select a table은 'Sample', Check a date column to summarize by는 '영업사원번호', Calculate는 'Sum', on은 '세전금액'을 선택하고, enter an expression에는 아래와 같은 구문을 입력한다.

sum(group['세전매출'])

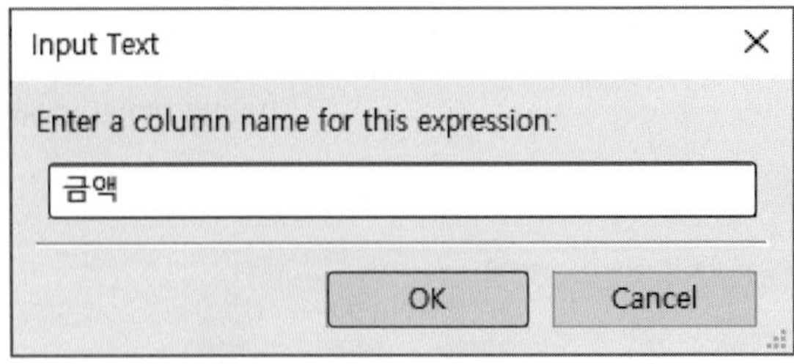

Add 버튼을 클릭한다. '금액'을 입력 후 OK 버튼을 클릭한다.

Results Table에 '금액'이라고 입력하고, OK 버튼을 클릭한다.

	영업사원번호	금액	
0	101	202405	Sort ascending
1	102	581778	Sort descending
2	103	171433	Table properties...
3	104	392695.07	
4	105	415529.99	
5	107	351859.22	
6	108	413008.03	
7	109	245859.14	
8	110	192783.55	
9	111	380368.78	
10	112	148044.75	
11	113	270574.40	
12	114	115645.92	
13	115	279998.43	
14	116	309625.37	
15	117	441570.03	
16	118	394191.57	

금액에서 우클릭 후, '내림차순' 정렬을 한다.

	영업사원번호	금액
0	102	581776.85
1	117	441570.03
2	105	415529.99
3	108	413008.03
4	118	394191.57
5	104	392695.07
6	111	380368.78
7	107	351859.22
8	116	309625.37
9	115	279998.43
10	113	270574.40
11	109	245859.14
12	101	202405.40
13	110	192783.55
14	103	171433.86
15	112	148044.75
16	114	115645.92

영업사원 102번의 세전금액이 581776임을 알 수 있다.

39 세전매출이 10%를 초과하는 영업사원 번호를 모두 쓰시오. (4점)

첫 과정은 38번과 동일하다.

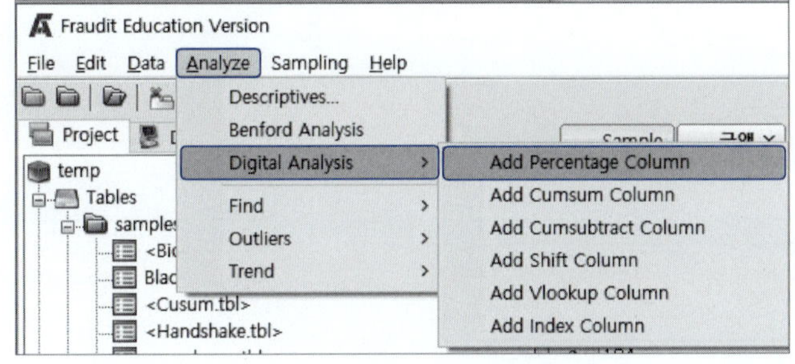

[Analyze] → [Digital Analysis] → [Add Percentage Columns]를 선택한다.

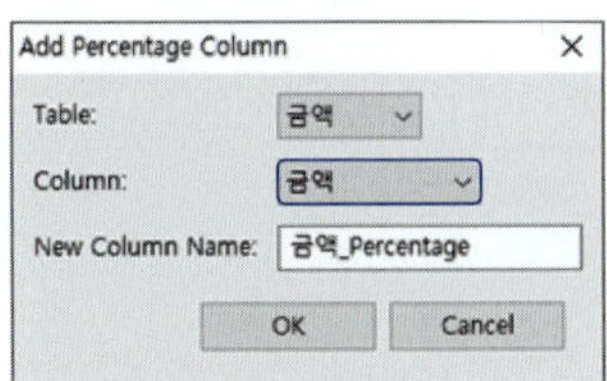

Column은 '금액'을 선택한다.

	영업사원번호	금액	금액_Percentage
0	101	202405.40	3.8137%
1	102	581776.85	10.9617%
2	103	171433.86	3.2301%
3	104	392695.07	7.3991%
4	105	415529.99	7.8293%
5	107	351859.22	6.6296%
6	108	413008.03	7.7818%
7	109	245859.14	4.6324%
8	110	192783.55	3.6324%
9	111	380368.78	7.1668%
10	112	148044.75	2.7894%
11	113	270574.40	5.0981%
12	114	115645.92	2.1790%
13	115	279998.43	5.2757%
14	116	309625.37	5.8339%
15	117	441570.03	8.3199%
16	118	394191.57	7.4272%

한 눈에 봐도, 비중이 10%를 초과하는 영업사원 번호는 102번밖에 없다.

40 영업사원 '117'번이 3번의 제품을 가장 최근에 발송한 날짜가 언제인지 송장일자를 쓰시오. (3점)

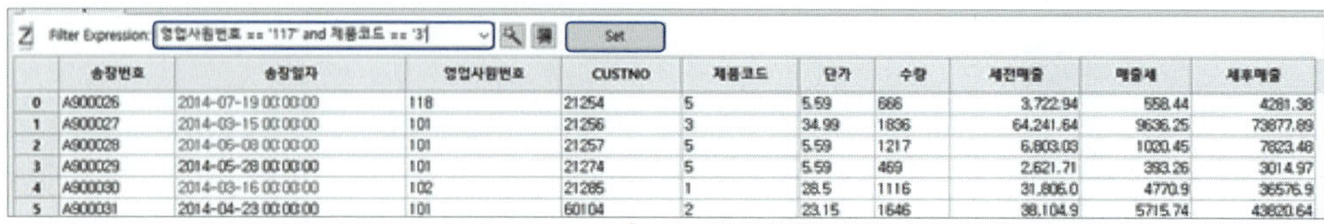

Filter Expression에 아래와 같이 입력 후, Set 버튼을 클릭한다.

영업사원번호 == '117' and 제품코드 == '3'

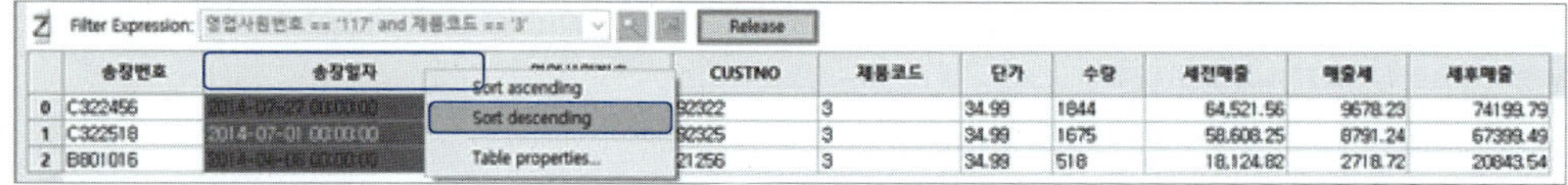

송장일자를 내림차순으로 정렬한다.

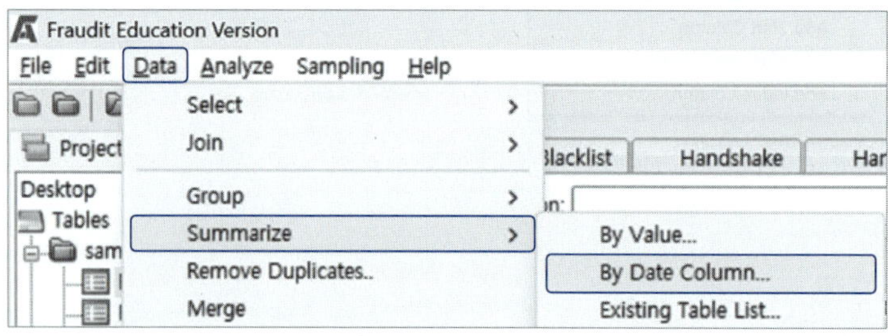

2014년 7월 27일임을 알 수 있다.

41 송장일자별로 정렬하여 수량이 제일 많은 날짜를 쓰시오. (4점)

[Data] → [Summarize] → [By Date Column] 메뉴 선택

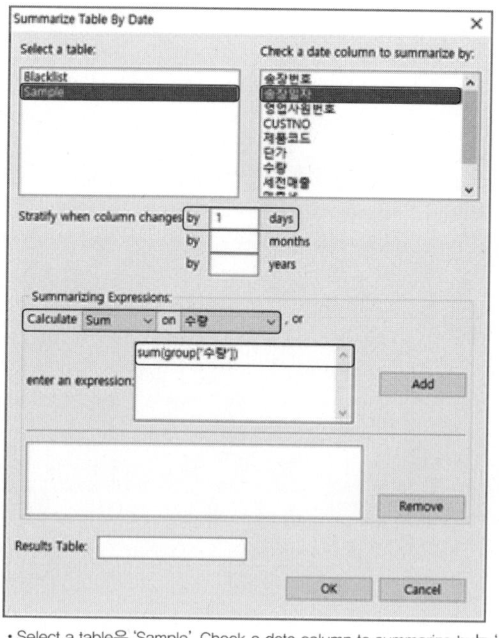

- Select a table은 'Sample', Check a date column to summarize by는 '송장일자', Stratify when column changes by의 'days'에는 '1'을 입력한다.
- 그리고 Calculate는 'Sum', on은 '수량'을 선택하고, enter an expression에는 아래와 같은 구문을 입력한다.

sum(group['수량'])

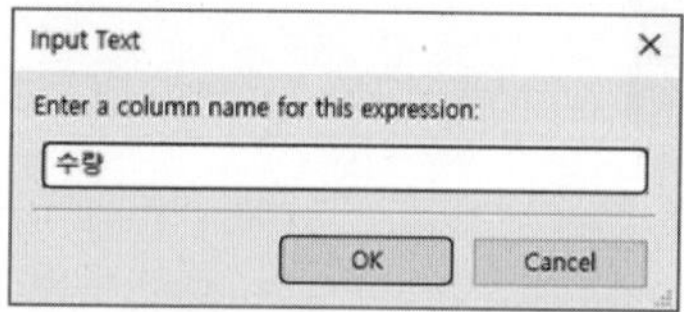

Add 버튼을 클릭한다. '수량' 이라고 입력 후, OK 버튼을 클릭한다.

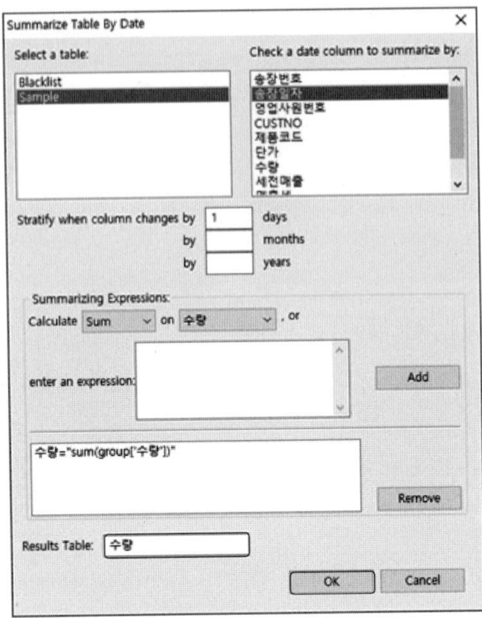

Results Table에 '수량'을 입력하고, OK 버튼을 클릭한다.

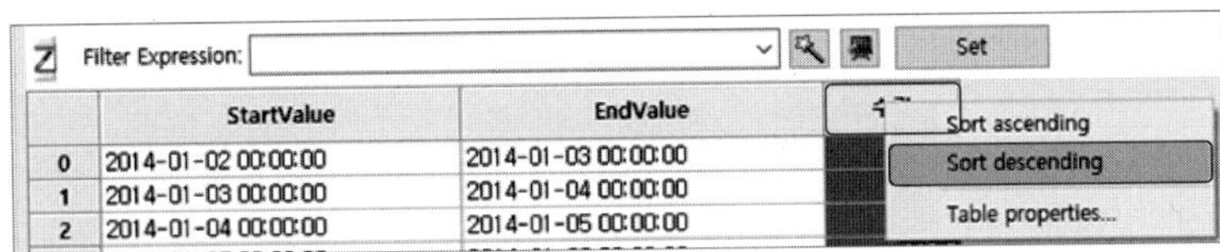

수량을 우클릭하여 내림차순 정렬을 한다.

	StartValue	EndValue	수량
0	2014-10-01 00:00:00	2014-10-02 00:00:00	12492.0
1	2014-07-26 00:00:00	2014-07-27 00:00:00	10081.0
2	2014-07-20 00:00:00	2014-07-21 00:00:00	9340.0
3	2014-07-19 00:00:00	2014-07-20 00:00:00	8517.0
4	2014-07-13 00:00:00	2014-07-14 00:00:00	8182.0

수량이 제일 많은 날은 2014년 10월 1일이다.

42 영업사원 107번이 단가가 10.0 이상이고 수량이 100개 이상 보낸 레코드의 수를 쓰시오. (4점)

Filter Expression: 영업사원번호 == '107' and 단가 >= 10.0 and 수량 〔Set〕

	송장번호	송장일자	영업사원번호	CUSTNO	제품코드	단가	수량	세전매출	매출세	세후매출
0	A900026	2014-07-19 00:00:00	118	21254	5	5.59	666	3,722.94	558.44	4281.38
1	A900027	2014-03-15 00:00:00	101	21256	3	34.99	1836	64,241.64	9636.25	73877.89
2	A900028	2014-06-08 00:00:00	101	21257	5	5.59	1217	6,803.03	1020.45	7823.48
3	A900029	2014-05-28 00:00:00	101	21274	5	5.59	469	2,621.71	393.26	3014.97
4	A900030	2014-03-16 00:00:00	102	21285	1	28.50	1116	31,806.0	4770.9	36576.9
5	A900031	2014-04-23 00:00:00	101	60104	2	23.15	1646	38,104.9	5715.74	43820.64
6	A900032	2014-03-02 00:00:00	101	21330	2	23.15	1248	28,891.2	4333.68	33224.88
7	A900033	2014-05-27 00:00:00	101	21339	3	34.99	452	15,815.48	2372.32	18187.8
8	A900034	2014-06-17 00:00:00	101	21340	5	5.59	1065	5,953.35	893.0	6846.35
9	A900035	2014-12-20 00:00:00	107	60301	5	5.59	1697	9,486.23	1422.93	10909.16
10	A900036	2014-08-30 00:00:00	101	21342	5	5.59	981	5,483.79	822.57	6306.36
11	A900037	2014-09-24 00:00:00	101	21395	5	5.59	499	2,789.41	418.41	3207.82
12	A900038	2014-12-13 00:00:00	107	20273	5	5.59	225	1,257.75	188.66	1446.41
13	A900039	2014-05-28 00:00:00	101	21402	5	5.59	1120	6,260.8	939.12	7199.92

Filter Expression에 화면과 같이 입력 후, Set 버튼을 클릭한다.

Filter Expression: 영업사원번호 == '107' and 단가 >= 10.0 and 수량 〔Release〕

	송장번호	송장일자	영업사원번호	CUSTNO	제품코드	단가	수량	세전매출	매출세	세후매출
0	A900182	2014-05-04 00:00:00	107	21256	3	34.99	455	15,920.45	2388.07	18308.52
1	A900187	2014-07-20 00:00:00	107	40211	4	99.99	577	57,694.23	8654.13	66348.36
2	A900202	2014-12-10 00:00:00	107	40211	4	99.99	511	51,094.89	7664.23	58759.12

위와 같이 총 3건임을 알 수 있다.

급수	소요시간	문항 수
2급	150분	총 42문항

수험번호 : ______________________

성   명 : ______________________

이론 객관식

1과목 데이터베이스

01 데이터베이스에서 트랜잭션의 처리 결과를 영구적으로 반영하거나 취소하는 데 사용하는 언어는 무엇인가? (2점)

① DCL
② DML
③ TCL
④ DLL
⑤ DDL

- 트랜잭션 제어어(Transaction Control Language: TCL)는 데이터베이스에서 트랜잭션 단위의 작업을 제어하는 데 사용된다.
- 대표적인 명령어로는 COMMIT(작업 확정), ROLLBACK(작업 취소), SAVEPOINT(임시 저장점 설정) 등이 있다.
- 따라서 트랜잭션의 처리 결과를 확정하거나 되돌리는 데 사용하는 언어는 TCL이다.

02 다음 SQL문을 통해 조회할 수 있는 내용으로 옳은 것은? (2점)

```
SELECT *
FROM MOVIES
WHERE GENRE = 'SCI-FI' AND DIRECTOR = 'STEVEN SPIELBERG';
```

① 테이블의 모든 행이 삭제된다.
② 조건을 만족하는 행이 삭제된다.
③ 조건을 만족하는 행의 특정 열만 삭제된다.
④ 테이블이 삭제된다.
⑤ 조건을 만족하는 행의 모든 열을 조회한다.

- DELETE ... WHERE ... 구문은 지정된 조건을 만족하는 행(Row)을 삭제한다.
- 조건을 주지 않으면 테이블의 모든 행이 삭제되지만, 위 SQL은 GENRE = 'SCI-FI' 이고 DIRECTOR = 'STEVEN SPIELBERG'인 행만 삭제된다.

03 다음 SQL 문장에서 a, b 빈칸에 들어갈 키워드로 알맞은 것은? (2점)

```
SELECT name, score ___a___ students ___b___ major = 'AI';
```

① INTO, FROM
② INTO, AND
③ FROM, WHERE
④ FROM, INTO
⑤ FROM, AND

- SELECT ~ FROM 구문은 테이블의 데이터를 조회할 때 사용된다.
- 형식 : SELECT ~ FROM ~ WHERE ~
- 따라서 SELECT 다음에 오는 a는 FROM이며, b는 WHERE이다.

04 데이터베이스에서 기본키(Primary Key)에 대한 설명으로 옳은 것은? (2점)

① 기본키는 중복 값을 허용하지만, NULL 값은 허용하지 않는다.
② 기본키는 여러 후보키 중 하나로 선택되며, 각 튜플을 유일하게 식별할 수 있다.
③ 기본키는 항상 단일 속성으로만 구성되어야 하며, 두 개 이상의 속성을 포함할 수 없다.
④ 기본키는 다른 릴레이션의 외래키로 사용될 수 없다.
⑤ 기본키는 삭제되더라도 릴레이션의 무결성에 영향을 주지 않는다.

오답 피하기
- 기본키는 후보키 중 대표로 선택된 키로, 유일성과 NOT NULL 조건을 모두 만족해야 한다.
- 기본키는 하나 이상의 속성(복합키)으로 구성될 수도 있으며, 다른 릴레이션에서 외래키로 참조될 수 있다.

05 다음 학생 테이블에서 튜플(Tuple)에 대한 설명으로 알맞은 것은? (2점)

학번	이름	전공	학년	연락처
202601	김지훈	컴퓨터공학과	2	010-1111-2222
202602	박서연	경영학과	3	010-2222-3333
202603	이민호	디자인학과	1	010-3333-4444

① 튜플은 하나의 속성이 가질 수 있는 값들의 집합이다.
② 튜플은 테이블 전체의 구조를 정의한 것이다.
③ 튜플은 테이블의 한 행(Row)에 해당하며, 한 명의 학생 정보를 나타낸다.
④ 튜플은 각 속성의 이름과 데이터 타입을 정의한다.
⑤ 튜플은 여러 테이블을 연결하는 역할을 한다.

- 튜플(Tuple)은 릴레이션(테이블)의 한 행(Row)에 해당하며, 하나의 데이터 레코드(개체에 대한 구체적 정보)를 의미한다.
- 위 예시에서 (202601, 김지훈, 컴퓨터공학과, 2, 010-1111-2222)이 하나의 튜플이다.

06 데이터베이스에서 스키마(Schema)에 대한 설명으로 거리가 먼 것은? (2점)

① 스키마는 데이터베이스의 구조를 정의한 것으로, 릴레이션 이름과 속성, 데이터 타입 등을 포함한다.
② 스키마는 데이터베이스의 논리적 설계를 의미하며, 시간이 지나도 자주 변하지 않는다.
③ 스키마는 테이블에 실제 저장된 데이터의 집합을 의미한다.
④ 스키마는 데이터베이스의 전체 구조를 기술하는 청사진 역할을 한다.
⑤ 스키마는 외부 스키마, 개념 스키마, 내부 스키마로 구분될 수 있다.

- 스키마(Schema)는 데이터의 구조(형태)를 정의한 것이며, 실제 데이터 그 자체는 아니다.
- 실제 데이터의 내용은 인스턴스(Instance) 라고 한다.
- 따라서 ③번은 스키마가 아니라 인스턴스에 대한 설명이다.

정답 **05** ③   **06** ③

07 재무제표(Financial Statements)에 대한 설명으로 옳지 않은 것은? (2점)

① 재무제표는 일정 기간 동안의 재무성과와 재무상태를 나타내는 보고서이다.

② 재무상태표는 일정 시점의 자산, 부채, 자본을 보여주는 표이다.

③ 손익계산서는 일정 기간 동안의 수익과 비용을 비교하여 이익을 계산한다.

④ 현금흐름표는 기업의 수익성과 손익 구조를 나타내며, 자산·부채를 포함하지 않는다.

⑤ 자본변동표는 일정 기간 동안 자본의 증감 내역을 보여준다.

현금흐름표는 기업의 현금 유입과 유출을 보여주는 재무제표로 수익성과 손익 구조를 직접 나타내는 것이 아니며, 자산·부채를 포함하지 않는다는 설명은 잘못되었다.

08 다음 중 발생주의 회계기준의 특징으로 옳지 않은 것은? (2점)

① 수익은 실현되었을 때가 아니라 발생한 시점에 인식한다.

② 비용은 현금이 실제로 지출된 시점에 인식한다.

③ 현금 수수와 관계없이 거래가 발생한 기간에 수익과 비용을 인식한다.

④ 기간손익의 정확한 계산을 위해 수익과 비용을 대응시킨다.

⑤ 기업회계에서 일반적으로 사용되는 회계기준이다.

발생주의에서는 수익과 비용을 현금의 유입·유출 시점이 아니라 경제적 사건이 발생한 시점에 인식하므로, "현금이 지출된 시점에 인식한다."라는 설명은 잘못되었다.

09 (주)영진닷컴의 2025년 손익계산서는 다음과 같다.

구분	금액(억 원)
매출액	800
매출원가	500
판매비와 관리비	180
감가상각비	40

이 경우 영업이익(Operating Income)은 얼마인가? (2점)

① 60억원

② 70억원

③ 80억원

④ 90억원

⑤ 100억원

- 매출총이익 = 800 − 500 = 300억 원
- 영업이익 = 300 − (180 + 40) = 80억 원

10 다음 중 미수수익(Accrued Revenue)에 대한 설명으로 옳은 것을 고르시오. (2점)

① 이미 수익이 발생하였으나 아직 현금을 받지 못한 자산이다.

② 현금을 미리 수취했으나 아직 수익으로 인식하지 않은 부채이다.

③ 이미 발생한 비용을 아직 지급하지 않은 부채이다.

④ 현금을 미리 지급했으나 아직 비용으로 인식하지 않은 자산이다.

⑤ 수익과 비용을 동일한 시점에 인식하기 위한 조정 계정이 아니다.

미수수익은 이미 수익이 발생했지만 아직 현금을 수취하지 않은 상태로, 발생주의 원칙에 따라 수익으로 인식되지만 현금은 나중에 받게 되는 자산 계정이다.

11 다음은 (주)영진닷컴의 2025년 재고 관련 자료이다. 다음 정보를 바탕으로 기말재고액을 선입선출법(FIFO)으로 계산하시오. (2점)

구분	수량(개)	단가(원)
기초재고	10	100
3월 매입	20	120
6월 매입	10	140
9월 판매	25	–

① 500원

② 1,000원

③ 2,000원

④ 3,000원

⑤ 4,000원

- 총 수량은 40개, 판매 25개이므로 기말재고는 15개이다.
- 선입선출법에 따라 가장 나중에 매입한 재고부터 남게 되므로, 6월 매입 10개(10×140=1,400원)와 3월 매입 중 남은 5개(5×120=600원)를 합산하면 기말재고액은 2,000원이다.

12 다음은 (주)영진닷컴의 지출결의서 일부이다. 회계처리 계정과목으로 옳은 것은? (2점)

구분	내역(금액)	
출장지	대전	
교통비	고속버스 요금	35,000원
숙박비	비즈니스 호텔	90,000원
식대		25,000원
합계		150,000원

① 복리후생비

② 여비교통비

③ 접대비

④ 지급수수료

⑤ 잡비

출장과 관련된 교통비, 숙박비, 식대 등은 업무 수행을 위한 비용으로, 회계처리 시 여비교통비 계정으로 분류하는 것이 적절하다.

13 다음 중 '통계량'의 정의로 올바른 것은? (2점)

① 모집단의 특성을 나타내는 수치로, 전체 개체를 모두 조사해 계산한다.

② 표본으로부터 계산된 수치로, 모집단의 특성을 추정하기 위해 사용된다.

③ 변수의 특성을 수학적으로 표현한 기호로, 측정 단위를 가진다.

④ 표본을 구성하는 각 개체의 속성을 구분하기 위한 고유값이다.

⑤ 조사대상 전체를 의미하며, 데이터 분석의 대상이 된다.

- 통계량(Statistic)은 표본(Sample)에서 얻은 자료로 계산된 수치이다.
- 예를 들어 표본평균($\bar{x}$), 표본분산(s^2), 표본표준편차(s) 등이 이에 해당한다.
- 모집단 전체로부터 계산된 수치는 모수(Parameter)라고 하며, 이는 통계량과 구분된다.

14 다음 중 표본오차(Sampling Error)에 대한 설명으로 옳은 것은? (2점)

① 표본이 모집단을 완벽하게 대표하지 못해 발생하는 오차이다.

② 측정도구의 부정확성이나 응답자의 실수로 발생하는 오차이다.

③ 귀무가설이 참인데 잘못 기각하는 오류이다.

④ 대립가설이 참인데 귀무가설을 기각하지 않는 오류이다.

⑤ 표본의 크기와 무관하게 항상 일정하게 존재하는 오차이다.

표본오차는 모집단 전체를 조사하지 않고 일부만 조사하는 과정에서 발생하는 자연스러운 차이로, 표본이 모집단을 완벽하게 대표하지 못할 때 생긴다. 표본 크기가 커질수록 표본오차는 줄어드는 경향이 있다.

15 대학생 50명을 대상으로 하루 평균 스마트폰 사용 시간(시간 단위)과 시험 성적(점수)을 조사한 결과, 두 변수 간의 상관계수 $r = -0.65$로 나타났다. 이에 대한 해석으로 가장 적절한 것은 무엇인가? (2점)

① 스마트폰 사용 시간과 시험 성적은 강한 양(+)의 상관관계를 가진다.
② 스마트폰 사용 시간과 시험 성적은 강한 음(−)의 상관관계를 가진다.
③ 스마트폰 사용 시간과 시험 성적은 서로 아무런 관계가 없다.
④ 스마트폰을 오래 사용할수록 반드시 성적이 낮아진다.
⑤ 상관계수 $r = -0.65$는 성적이 스마트폰 사용시간의 65%만큼 변한다는 의미이다.

- 상관계수 $r = -0.65$는 0과 −1 사이의 음(−)의 상관관계(negative correlation)를 의미한다.
- 즉, 스마트폰 사용 시간이 늘어날수록 시험 성적이 낮아지는 경향이 있다.
- 다만, 상관관계는 인과관계(causation) 를 의미하지 않으므로 "스마트폰을 오래 쓰면 반드시 성적이 떨어진다."로 단정할 수 없다.

16 다음의 정의를 나타내는 용어로 가장 적절한 것은? (2점)

> 조사나 관찰을 통해 얻은 자료를 가공하여 의미를 가지게 한 것

① 표본
② 변수
③ 척도
④ 자료
⑤ 정보

정보는 단순한 사실이나 수치인 자료를 분석 · 가공하여 의미와 가치를 가지게 한 것으로, 의사결정이나 문제 해결에 활용된다.

17 다음 상황에서 가능한 확률을 나타내는 것으로 옳지 않은 것은? (2점)

한 커피숍에서 1인당 하루 최대 주문 가능한 음료의 개수를 4잔으로 제한하였다. 고객 한 명이 구매할 수 있는 음료의 개수를 X라고 할 때 다음 중 가능한 확률 분포로 옳지 않은 것은?

(가) $P(X=0) = 0.10$
(나) $P(X=1) = 0.25$
(다) $P(X=2) = 0.35$
(라) $P(X=3) = 0.20$
(마) $P(X=5) = 0.10$

① (가)
② (나)
③ (다)
④ (라)
⑤ (마)

고객이 구매할 수 있는 음료의 개수는 0잔부터 4잔까지로 제한되어 있으므로 X의 값은 {0, 1, 2, 3, 4}에 한정된다. 따라서 $P(X=5) = 0.10$은 불가능한 확률이다.

18 다음 해당 정의 및 특성을 나타내는 용어로 가장 적절한 것은? (2점)

- 정의 : 모집단의 특성을 수치로 표현한 값으로, 일반적으로 알려져 있지 않아 표본을 통해 추정하는 대상이 된다.
- 특성 : 모집단 전체를 대표하는 평균, 분산, 비율 등의 값으로, 표본통계량을 이용하여 추정하거나 검정한다.

① 변수
② 척도
③ 표본
④ 모수
⑤ 자료

모수는 모집단의 특성을 나타내는 수치로, 예를 들어 모집단 평균(μ), 모집단 분산(σ^2), 모집단 비율(p) 등이 있다. 모수는 직접 알기 어려워 표본에서 구한 통계량으로 추정한다.

19 다음 상황에서 '키(cm)'와 '선호하는 운동 종목'의 자료 형태를 바르게 묶은 것으로 옳은 것은? (2점)

> 한 스포츠센터에서 회원들의 신체 정보와 운동 취향을 조사하였다. 설문 항목에는 회원의 키(cm)와 선호하는 운동 종목을 기재하도록 하였다. 센터는 이를 통해 체형별 운동 프로그램을 구성하고자 한다.
>
> • 자료의 형태 : 키(cm) / 선호하는 운동 종목

① (가) 양적자료–이산형 / 질적자료–범주형
② (나) 질적자료–순서형 / 질적자료–범주형
③ (다) 양적자료–연속형 / 질적자료–범주형
④ (라) 질적자료–범주형 / 양적자료–연속형
⑤ (마) 양적자료–연속형 / 질적자료–순서형

• 키(cm)는 수치로 측정되며 연속적인 값을 가질 수 있으므로 양적자료–연속형이다.
• 선호하는 운동 종목은 '수영', '요가', '헬스', '테니스' 등과 같은 분류형 정보로 질적자료–범주형에 해당한다.

20 한 영화관에서 하루 동안 예매 취소 건수 X의 확률분포가 다음과 같이 주어졌다.

X(건수)	0	1	2	3
P(X)	0.1	0.4	0.3	0.2

이때 X의 기댓값(평균)과 분산으로 옳은 것은? (2점)

① 평균 = 1.4, 분산 = 0.64
② 평균 = 1.5, 분산 = 0.65
③ 평균 = 1.6, 분산 = 0.84
④ 평균 = 1.7, 분산 = 0.61
⑤ 평균 = 1.6, 분산 = 0.74

• $E[X] = (0 \times 0.1) + (1 \times 0.4) + (2 \times 0.3) + (3 \times 0.2) = 0 + 0.4 + 0.6 + 0.6 = 1.6$
• $E[X^2] = (0^2 \times 0.1) + (1^2 \times 0.4) + (2^2 \times 0.3) + (3^2 \times 0.2) = 0 + 0.4 + 1.2 + 1.8 = 3.4$
• $Var(X) = E[X^2] - (E[X])^2 = 3.4 - (1.6)^2 = 3.4 - 2.56 = 0.84$

21 다음 중 변수 이름을 올바르게 선언하지 않은 것은? (2점)

① student1 = "Lee"

② _score = 85

③ total_sum = 120

④ 1stPlayer = "Kim"

⑤ user_age2 = 25

변수 이름은 반드시 영문자나 밑줄(_)로 시작해야 하며, 숫자로 시작할 수 없다. 따라서 1stPlayer는 잘못된 변수명이다.

22 다음 중 결괏값이 나머지와 다른 하나를 고르시오. (2점)

① 5 > 10

② 8 == 3

③ 6 <= 2

④ 4 != 4

⑤ 7 < 9

7<9 의 결괏값은 True이다.

오답 피하기

①②③④ 결괏값은 False이다.

23 다음 딕셔너리 d = {"apple": 3, "banana": 5, "cherry": 7}에 대한 설명으로 옳지 않은 것은? (2점)

① d["apple"] = 3

② d["banana"] = 5

③ d["cherry"] = 7

④ d["orange"] = 9

⑤ len(d) = 3

딕셔너리 d에는 'orange'라는 키(key)가 존재하지 않으므로 d["orange"]를 호출하면 오류가 발생한다.

24 다음 중 파이썬의 계산식 중 결과가 옳은 것은? (2점)

```
(가) print(8 // 3) → 2.0
(나) print(10 / 5) → 2
(다) print(7 % 3) → 1
(라) print(4 * 2 + 3) → 10
(마) print(5 ** 2) → 20
```

① (가)

② (나)

③ (다)

④ (라)

⑤ (마)

각 계산 결과는 다음과 같다.
- (가) 8 // 3 = 2 (정수), 결과값 2.0은 틀림
- (나) 10 / 5 = 2.0, 결과값 2는 자료형이 다름
- (다) 7 % 3 = 1, 결과값이 올바름
- (라) 4 * 2 + 3 = 11, 결과값 10은 틀림
- (마) 5 ** 2 = 25, 결과값 20은 틀림

```python
a = ['machine', 'learning', 'artificial', 'intelligence', 'data', 'model']
result = ''
for i in range(len(a)):
    for j in range(len(a[i])):
        if j % 3 == 0:    # 3의 배수 번째 인덱스 글자만 추출
            ch = a[i][j]
            result += ch
print(result)
```

[실행결과]

㉠

① mhelrnaiclieindame

② mlrniailelnadmae

③ mhrnaliileandme

④ mhlnaiilelndmae

⑤ mhlrnaeililndmae

리스트 a = ['machine', 'learning', 'artificial', 'intelligence', 'data', 'model']
machine → m a c h i n e → m h e
learning → l e a r n i n g → l r n
artificial → a r t i f i c i a l → a i c l
intelligence → i n t e l l i g e n c e → i e i n
data → d a t a → d a
model → m o d e l → m e
mhe lrn aicl iein da me
→ " mhelrnaiclieindame"
따라서 정답은 ①이다.

26 다음 코드 실행 결과가 ['apple', 'banana', 'grape']를 출력하도록 ㉠에 들어갈 코드로 알맞은 것을 고르시오. (2점)

```python
fruits = ['apple', 'banana', 'grape']
check_list = ['apple', 'kiwi', 'banana', 'melon', 'grape']
result = []

for item in check_list:
  if ㉠:
    result.append(item)
print(result)
```

① item in fruits
② fruits in item
③ fruits.append(item)
④ item.find(fruits)
⑤ fruits.remove(item)

- in 연산자는 리스트 내 포함 여부를 검사할 때 사용된다.
- item in fruits는 check_list의 각 항목이 fruits 리스트에 존재할 경우 True를 반환하므로, 해당 항목이 result에 추가된다.
- 따라서 결과는 ['apple', 'banana', 'grape']가 된다.

27 (주)영진닷컴에서 취득가액 500,000원의 기계를 정액법으로 감가상각하고 있다. 내용연수는 5년, 잔존가치는 0원이다. 2년이 지난 시점의 감가상각누계액을 계산하면 ㉠의 값으로 옳은 것은? (2점)

```
def 감가상각_정액법(취득원가, 내용연수, 경과연수):
    연간상각비 = 취득원가 / 내용연수
    감가상각누계액 = 연간상각비 * 경과연수
    print('%d년 후의 감가상각누계액은 %.1f원 입니다.' % (경과연수, 감가상각누계액))

경과연수 = 2
감가상각_정액법(500000, 5, 경과연수)
```

[실행결과]

2년 후의 감가상각누계액은 ㉠원 입니다.

① 100000.0

② 150000.0

③ 200000.0

④ 250000.0

⑤ 300000.0

정액법에서는 매년 동일한 금액을 감가상각하므로,
· 연간상각비 = 500,000 ÷ 5 = 100,000원,
· 2년 후 감가상각누계액 = 100,000 × 2 = 200,000원이다.

1과목 파이썬

[28~31] 다음 파이썬 코드의 결과가 아래와 같다.

```python
# 초기 자산
asset = 1_000_000
# 연간 물가상승률 (5%)
㉮ = 0.05

def adjust_for_inflation(years):
    global ㉯
    for i in range(㉰):
        asset = asset * (1 - inflation_rate)
    return asset

# 연도별 자산가치 계산
adjust_for_inflation(1)
print(f"1년 후 실질가치: {asset:,.0f}원")
㉱(3)
print(f"4년 후 실질가치: {asset:,.0f}원")
```

[실행결과]

1년 후 실질가치: 950,000원
4년 후 실질가치: 814,506원

28 상기에서 ㉮에 들어갈 내용을 입력하라. (1점)

29 상기에서 ㉯에 들어갈 내용을 입력하라. (1점)

30 상기에서 ㉰에 들어갈 내용을 입력하라. (1점)

31 상기에서 ㉱에 들어갈 내용을 입력하라. (1점)

물가상승률 5%를 적용하여 매년 실질가치가 감소한다.

- 1년 후 : 1,000,000 × (1−0.05) = 950,000원
- 4년 후: 1,000,000 × $(1-0.05)^4$ = 814,506원

따라서 코드의 출력 결과와 일치한다.

정답 **28** inflation_rate **29** asset **30** years **31** adjust_for_inflation

32 다음 파이썬 코드는 선입선출법(FIFO) 에 따른 기말재고자산의 금액을 구하는 코드이다. 코드의 결과는 아래와 같다. ㉮에 들어갈 내용을 입력하라. (3점)

> • inventory_data 리스트 내의 튜플 원소는 (유형, 수량, 단가)를 의미한다.
> • ("출고", 6, 0)은 유형이 출고이고, 수량이 6개, 출고단가는 출고 시점에서는 모른다는 가정이다.

```python
# 재고 데이터: (유형, 수량, 단가)
inventory_data = [
    ("입고", 12, 2000),
    ("입고", 6, 2500),
    ("출고", 6, 0),
    ("입고", 4, 3000)
]

# 재고 리스트 (큐 구조 사용)
inventory = []

# 재고 데이터 처리 (FIFO)
for transaction in inventory_data:
    if transaction[0] == "입고":
        inventory.append([transaction[1], transaction[2]])  # [수량, 단가]
    elif transaction[0] == "출고":
        quantity_to_ship = transaction[1]
        while quantity_to_ship > 0 and inventory:
            qty, price = inventory.pop(0)    # 가장 먼저 입고된 것부터 출고
            if qty <= quantity_to_ship:
                quantity_to_ship -= qty
            else:
                inventory.insert(0, [qty - quantity_to_ship, price])
                quantity_to_ship = 0

# 기말 재고자산 금액 계산
ending_inventory_value = sum(quantity * unit_price for quantity, unit_price in ㉮)
print("기말 재고자산 금액:", ending_inventory_value)
```

[실행 결과]

기말 재고자산 금액: 39000

FIFO 방식이므로 출고 6개는 가장 먼저 입고된 2,000원 재고에서 차감된다.
출고 후 남은 재고에 대해 기말 재고자산을 계산한다.
(6×2,000) + (6×2,500) + (4×3,000) = 12,000 + 15,000 + 12,000 = 39,000
따라서 기말 재고자산 금액은 39,000원이다.

※ Fraudit 교육용 버전에 기본으로 포함되어 있는 데이터베이스를 활용한다.

[33~37] 당신은 (주)영진닷컴의 인사팀 회계담당자이다. 33번부터 37번까지의 물음에 답하시오.

[테이블 데이터] Blacklist.tbl

	블랙리스트ID	입찰자번호	시작일자	종료일자	이유
0	11	8080	2009-11-05	2010-03-16	Fraudulent pracices
1	12	8025	2006-07-09	2013-07-09	Currently under investigation
2	13	8075	2009-03-12	2019-03-12	Conflicts of interest
3	14	8055	2009-10-10	2015-10-10	Terrorist connections
4	15	8018	2006-07-25	2012-07-25	Fraudulent pracices

33 시작일자를 기준으로 2006년의 블랙리스트ID의 개수를 구하시오. (4점)

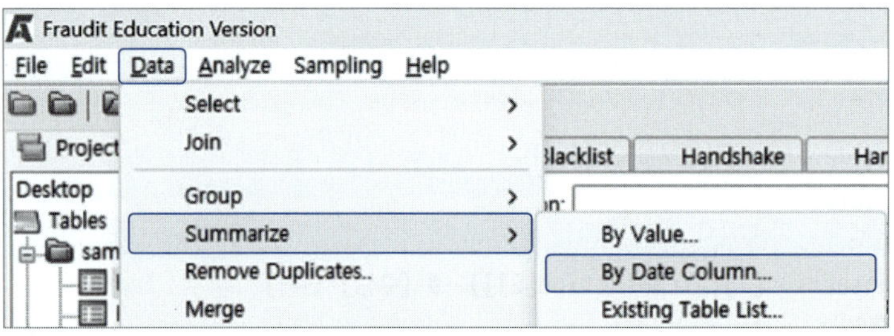

[Data] → [Summarize] → [By Date Column] 메뉴 선택

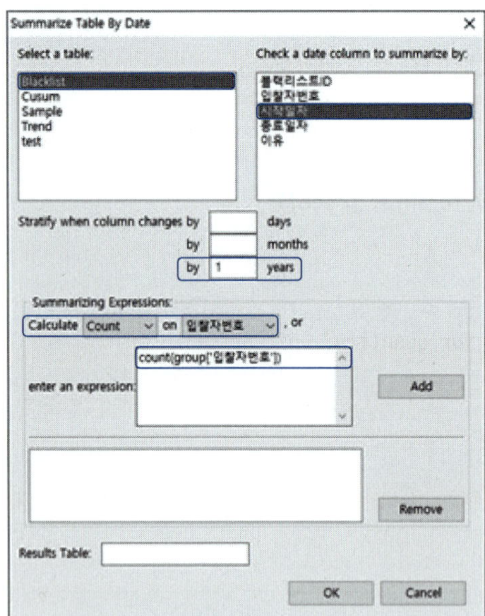

- Select a table은 'Blacklist', Check a date column to summarize by는 '시작일자', Stratify when column changes by의 years에는 '1'을 입력한다.
- 그리고 Calculate에는 'Count', on에는 '입찰자번호'로 선택하고, enter an expression에는 'count(group['입찰자번호'])'을 입력한다.

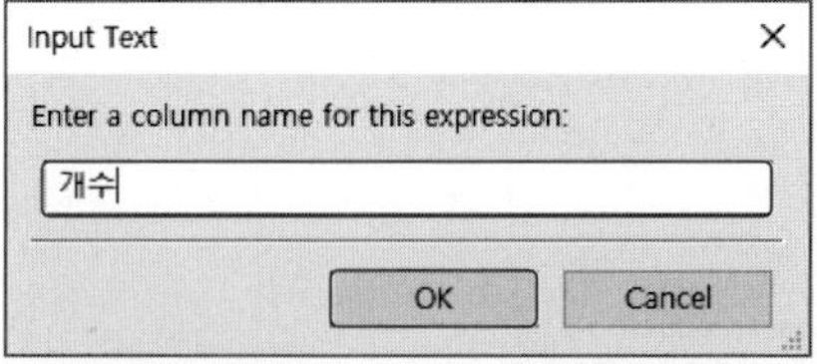

Add 버튼을 눌러 '개수'라고 입력 후, OK 버튼을 클릭한다.

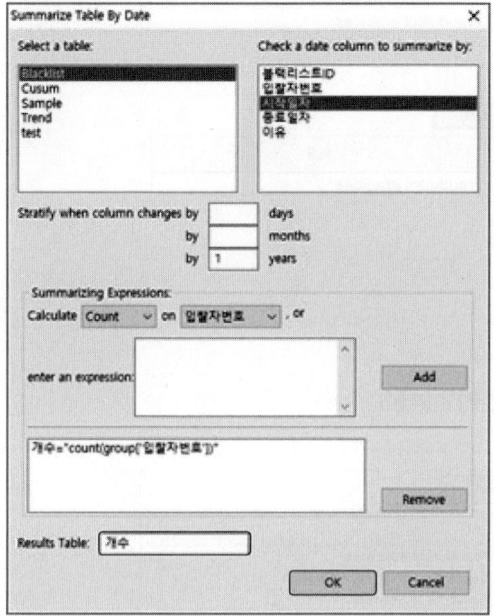

마지막으로 Results Table에는 '개수'라고 입력 후, OK 버튼을 클릭한다.

	StartValue	EndValue	개수
0	2006-07-09 00:00:00	2006-12-31 23:59:59	2.0
1	2007-01-01 00:00:00	2007-12-31 23:59:59	0.0
2	2008-01-01 00:00:00	2008-12-31 23:59:59	0.0
3	2009-01-01 00:00:00	2009-12-31 23:59:59	3.0

위와 같이 연도별 블랙리스트의 입찰자 번호 합계는 2가 나온다.

34 입찰자번호 8080의 블랙리스트 등재 사유를 쓰시오. (4점)

Filter Expression에 입찰자번호==8080을 입력하고 Set 버튼을 클릭한다.

위와 같이 Fraudulent pracices라는 결과이다.

35 입찰자번호가 8055 이상인 블랙리스트ID의 개수는 얼마인가? (4점)

Filter Expression: 입찰자번호>=8055   Set

	블랙리스트ID	입찰자번호	시작일자	종료일자	이유
0	11	8080	2009-11-05	2010-03-16	Fraudulent pracices
1	12	8025	2006-07-09	2013-07-09	Currently under investigation
2	13	8075	2009-03-12	2019-03-12	Conflicts of interest
3	14	8055	2009-10-10	2015-10-10	Terrorist connections
4	15	8018	2006-07-25	2012-07-25	Fraudulent pracices

Filter Expression에 입찰자번호>=8055를 입력하고 Set 버튼을 클릭한다.

Filter Expression: 입찰자번호>=8055   Release

	블랙리스트ID	입찰자번호	시작일자	종료일자	이유
0	11	8080	2009-11-05	2010-03-16	Fraudulent pracices
1	13	8075	2009-03-12	2019-03-12	Conflicts of interest
2	14	8055	2009-10-10	2015-10-10	Terrorist connections

Index가 0부터 2까지 총 3건임을 알 수 있다.

36 시작일자가 2009년인 4분기의 월별 건수를 쓰시오. (4점)

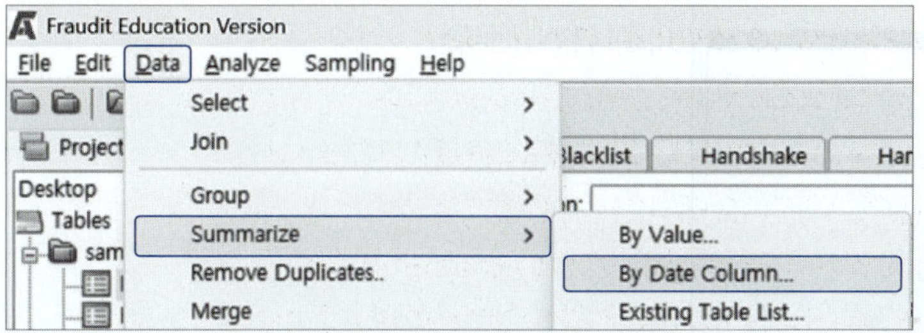

[Data] → [Summarize] → [By Date Column] 메뉴 선택

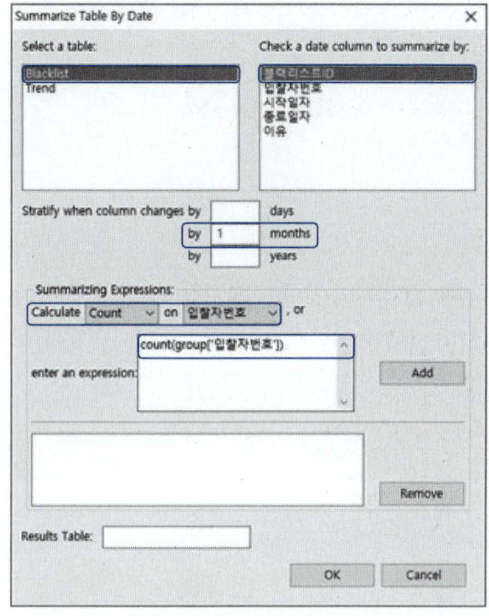

- Select a table은 'Blacklist', Check a date column to summarize by는 '블랙리스트ID'를 선택하고, Stratify when column changes by의 months에는 '1'을 입력한다.
- 그리고 Calculate에는 'Count', on에는 '입찰자번호'로 선택하고, enter an expression에는 'count(group['입찰자번호'])'를 입력한다.

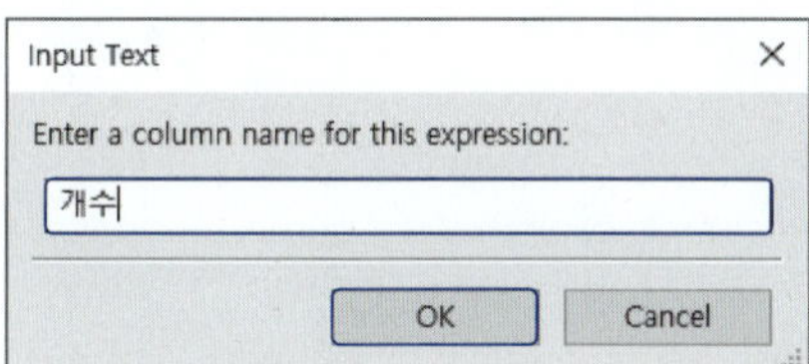

Add 버튼을 눌러 '개수'라고 입력 후, OK 버튼을 클릭한다.

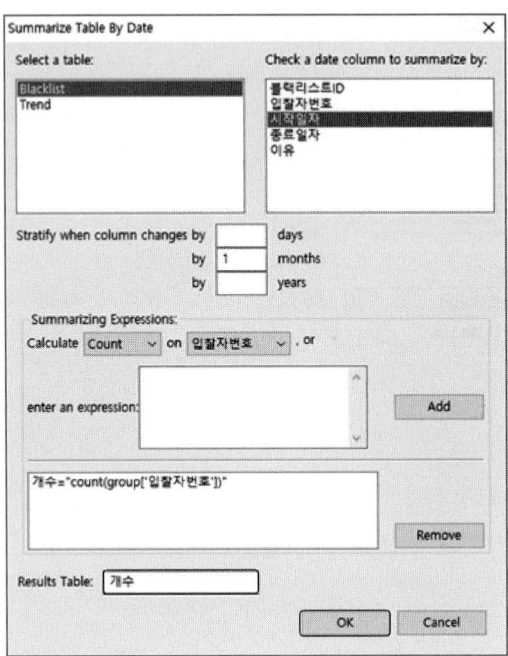

마지막으로 Results Table에는 '개수'라고 입력 후, OK 버튼을 클릭한다.

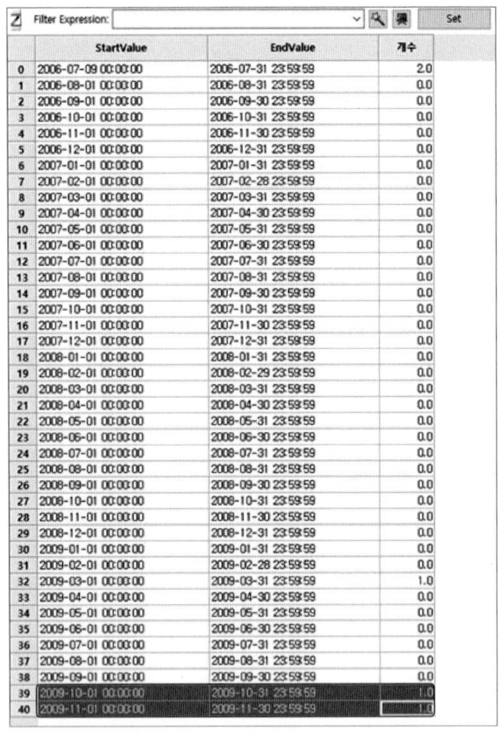

Filter Expression: [ ] Set

	StartValue	EndValue	개수
0	2006-07-09 00:00:00	2006-07-31 23:59:59	2.0
1	2006-08-01 00:00:00	2006-08-31 23:59:59	0.0
2	2006-09-01 00:00:00	2006-09-30 23:59:59	0.0
3	2006-10-01 00:00:00	2006-10-31 23:59:59	0.0
4	2006-11-01 00:00:00	2006-11-30 23:59:59	0.0
5	2006-12-01 00:00:00	2006-12-31 23:59:59	0.0
6	2007-01-01 00:00:00	2007-01-31 23:59:59	0.0
7	2007-02-01 00:00:00	2007-02-28 23:59:59	0.0
8	2007-03-01 00:00:00	2007-03-31 23:59:59	0.0
9	2007-04-01 00:00:00	2007-04-30 23:59:59	0.0
10	2007-05-01 00:00:00	2007-05-31 23:59:59	0.0
11	2007-06-01 00:00:00	2007-06-30 23:59:59	0.0
12	2007-07-01 00:00:00	2007-07-31 23:59:59	0.0
13	2007-08-01 00:00:00	2007-08-31 23:59:59	0.0
14	2007-09-01 00:00:00	2007-09-30 23:59:59	0.0
15	2007-10-01 00:00:00	2007-10-31 23:59:59	0.0
16	2007-11-01 00:00:00	2007-11-30 23:59:59	0.0
17	2007-12-01 00:00:00	2007-12-31 23:59:59	0.0
18	2008-01-01 00:00:00	2008-01-31 23:59:59	0.0
19	2008-02-01 00:00:00	2008-02-29 23:59:59	0.0
20	2008-03-01 00:00:00	2008-03-31 23:59:59	0.0
21	2008-04-01 00:00:00	2008-04-30 23:59:59	0.0
22	2008-05-01 00:00:00	2008-05-31 23:59:59	0.0
23	2008-06-01 00:00:00	2008-06-30 23:59:59	0.0
24	2008-07-01 00:00:00	2008-07-31 23:59:59	0.0
25	2008-08-01 00:00:00	2008-08-31 23:59:59	0.0
26	2008-09-01 00:00:00	2008-09-30 23:59:59	0.0
27	2008-10-01 00:00:00	2008-10-31 23:59:59	0.0
28	2008-11-01 00:00:00	2008-11-30 23:59:59	0.0
29	2008-12-01 00:00:00	2008-12-31 23:59:59	0.0
30	2009-01-01 00:00:00	2009-01-31 23:59:59	0.0
31	2009-02-01 00:00:00	2009-02-28 23:59:59	0.0
32	2009-03-01 00:00:00	2009-03-31 23:59:59	1.0
33	2009-04-01 00:00:00	2009-04-30 23:59:59	0.0
34	2009-05-01 00:00:00	2009-05-31 23:59:59	0.0
35	2009-06-01 00:00:00	2009-06-30 23:59:59	0.0
36	2009-07-01 00:00:00	2009-07-31 23:59:59	0.0
37	2009-08-01 00:00:00	2009-08-31 23:59:59	0.0
38	2009-09-01 00:00:00	2009-09-30 23:59:59	0.0
39	2009-10-01 00:00:00	2009-10-31 23:59:59	1.0
40	2009-11-01 00:00:00	2009-11-30 23:59:59	1.0

결과화면에서 맨 아래를 확인해 보면, 10월에는 1건, 11월에는 1건, 12월은 없는 것을 볼 수 있다.

37 블랙리스트가 가장 많이 등재된 연도와 월을 모두 쓰시오. (4점)

36번까지의 과정을 거친 후.

	StartValue	EndValue	개수	
				Sort ascending
0	2006-07-09 00:00:00	2006-07-31 23:59:59	2.0	Sort descending
1	2006-08-01 00:00:00	2006-08-31 23:59:59	0.0	Table properties...
2	2006-09-01 00:00:00	2006-09-30 23:59:59	0.0	
3	2006-10-01 00:00:00	2006-10-31 23:59:59	0.0	
4	2006-11-01 00:00:00	2006-11-30 23:59:59	0.0	
5	2006-12-01 00:00:00	2006-12-31 23:59:59	0.0	
6	2007-01-01 00:00:00	2007-01-31 23:59:59	0.0	
7	2007-02-01 00:00:00	2007-02-28 23:59:59	0.0	
8	2007-03-01 00:00:00	2007-03-31 23:59:59	0.0	
9	2007-04-01 00:00:00	2007-04-30 23:59:59	0.0	
10	2007-05-01 00:00:00	2007-05-31 23:59:59	0.0	
11	2007-06-01 00:00:00	2007-06-30 23:59:59	0.0	
12	2007-07-01 00:00:00	2007-07-31 23:59:59	0.0	
13	2007-08-01 00:00:00	2007-08-31 23:59:59	0.0	
14	2007-09-01 00:00:00	2007-09-30 23:59:59	0.0	
15	2007-10-01 00:00:00	2007-10-31 23:59:59	0.0	
16	2007-11-01 00:00:00	2007-11-30 23:59:59	0.0	
17	2007-12-01 00:00:00	2007-12-31 23:59:59	0.0	
18	2008-01-01 00:00:00	2008-01-31 23:59:59	0.0	
19	2008-02-01 00:00:00	2008-02-29 23:59:59	0.0	
20	2008-03-01 00:00:00	2008-03-31 23:59:59	0.0	
21	2008-04-01 00:00:00	2008-04-30 23:59:59	0.0	
22	2008-05-01 00:00:00	2008-05-31 23:59:59	0.0	
23	2008-06-01 00:00:00	2008-06-30 23:59:59	0.0	
24	2008-07-01 00:00:00	2008-07-31 23:59:59	0.0	
25	2008-08-01 00:00:00	2008-08-31 23:59:59	0.0	
26	2008-09-01 00:00:00	2008-09-30 23:59:59	0.0	
27	2008-10-01 00:00:00	2008-10-31 23:59:59	0.0	
28	2008-11-01 00:00:00	2008-11-30 23:59:59	0.0	
29	2008-12-01 00:00:00	2008-12-31 23:59:59	0.0	
30	2009-01-01 00:00:00	2009-01-31 23:59:59	0.0	
31	2009-02-01 00:00:00	2009-02-28 23:59:59	0.0	
32	2009-03-01 00:00:00	2009-03-31 23:59:59	1.0	
33	2009-04-01 00:00:00	2009-04-30 23:59:59	0.0	
34	2009-05-01 00:00:00	2009-05-31 23:59:59	0.0	
35	2009-06-01 00:00:00	2009-06-30 23:59:59	0.0	
36	2009-07-01 00:00:00	2009-07-31 23:59:59	0.0	
37	2009-08-01 00:00:00	2009-08-31 23:59:59	0.0	
38	2009-09-01 00:00:00	2009-09-30 23:59:59	0.0	
39	2009-10-01 00:00:00	2009-10-31 23:59:59	1.0	
40	2009-11-01 00:00:00	2009-11-30 23:59:59	1.0	

결과 화면의 '개수' 탭에서 우클릭을 한 후, 내림차순 정렬을 한다.

	StartValue	EndValue	개수
0	2006-07-09 00:00:00	2006-07-31 23:59:59	2.0
1	2009-03-01 00:00:00	2009-03-31 23:59:59	1.0
2	2009-10-01 00:00:00	2009-10-31 23:59:59	1.0
3	2009-11-01 00:00:00	2009-11-30 23:59:59	1.0

위와 같이 가장 많은 건은 2006년 7월에 2건이었음을 알 수 있다.

[38~42] 당신은 (주)영진닷컴의 재무팀 자금운용담당자이다. 38번부터 42번까지의 물음에 답하시오. (A칼럼은 거래번호, B칼럼은 종목코드, C칼럼은 자산군 코드, D칼럼은 증권명, E칼럼은 금액(달러), date는 날짜로 전제한다.)

[테이블 데이터] test.tbl

	A	B	C	D	E	date
0	1	1	A	매도가능증권	3.50	2018-01-01
1	2	2	A	가	4.50	2018-01-01
2	2	2	A	나	5.50	2018-01-01
3	4	4	C	라	6.50	2018-01-02
4	5	4	C	마	7.50	2018-01-02
5	6	6	C	바	8.50	2018-01-03
6	6	6	B	사	9.50	2018-01-03
7	13	9	B	아	10.50	2018-01-04
8	14	11	B	자	11.50	2018-01-05
9	15	13	D	차	12.50	2018-01-06
10	17	14	D	카	13.50	2018-01-07

38 자산군이 'C' 이면서 금액이 8.0 달러를 초과하는 종목의 이름을 모두 쓰시오. (3점)

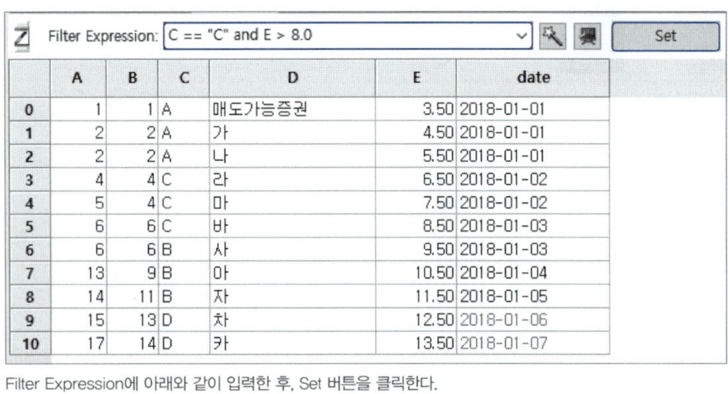

Filter Expression에 아래와 같이 입력한 후, Set 버튼을 클릭한다.

```
C == "C" and E > 8.0
```

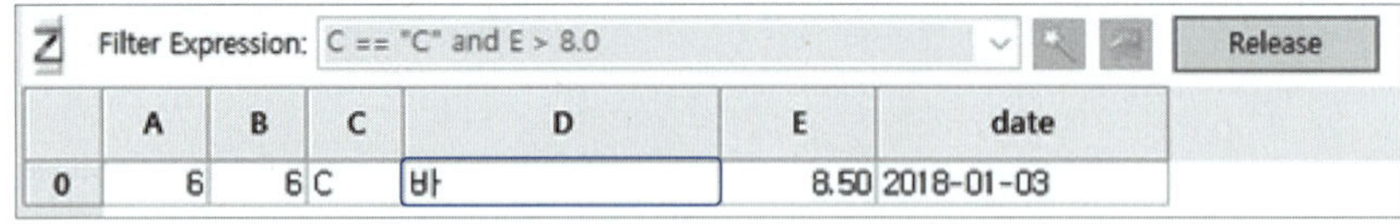

그러면, 두 가지 조건을 만족시키는 결과는 '바'임을 알 수 있다.

39 일별로 정렬했을 때 거래 금액이 가장 큰 연도와 월, 일을 모두 쓰시오. (4점)

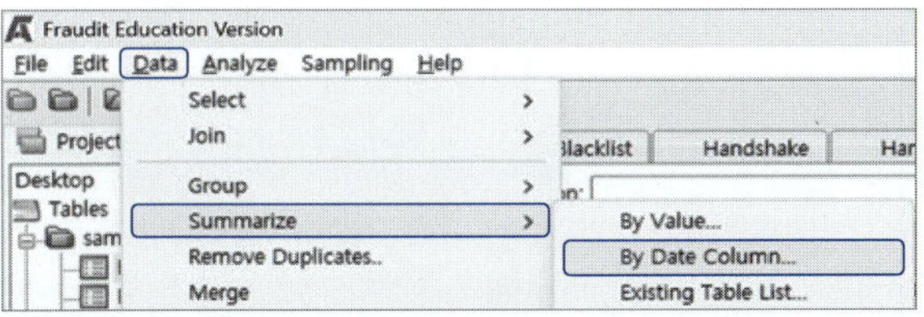

[Data] → [Summarize] → [By Date Column] 메뉴 선택

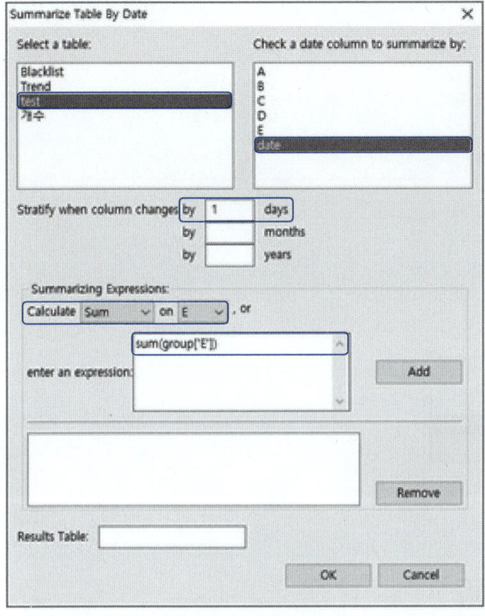

- Select a table은 'test', Check a date column to summarize by는 'date'를 선택하고, Stratify when column changes by의 days에 '1'을 입력한다.
- Calculate에는 'Sum', on에는 'E'로 선택하고, enter an expression에는 'sum(group['E'])'을 입력한다.

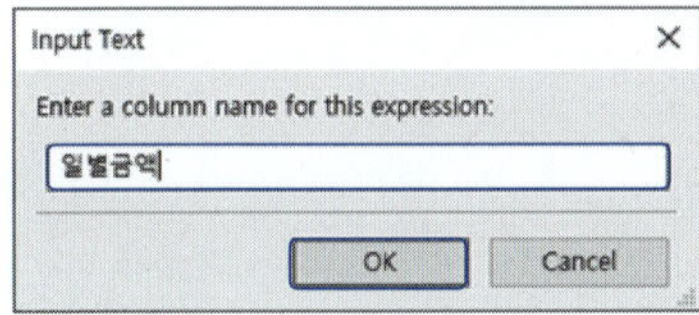

Add 버튼을 눌러 '일별금액'이라고 입력 후, OK 버튼을 클릭한다.

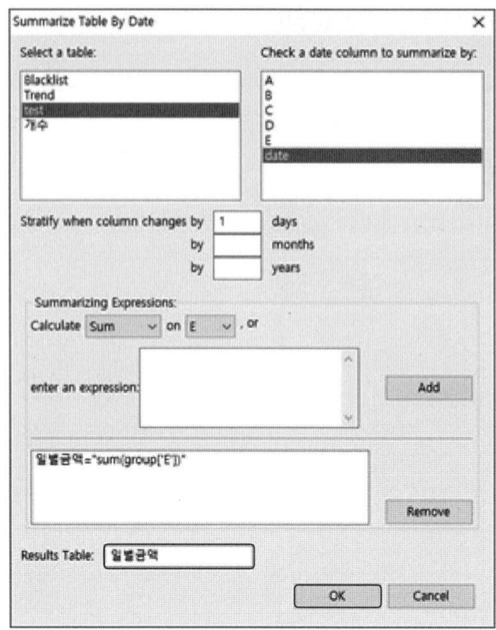

마지막으로 Results Table에는 '일별금액'이라고 입력 후, OK 버튼을 클릭한다.

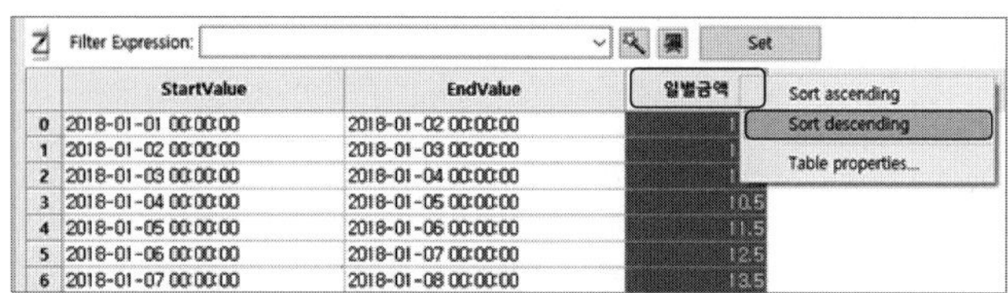

결과화면에서 일별금액 칼럼 위에서 우클릭을 한 후, 내림차순 정렬을 한다.

	StartValue	EndValue	일별금액
0	2018-01-03 00:00:00	2018-01-04 00:00:00	18.0
1	2018-01-02 00:00:00	2018-01-03 00:00:00	14.0

결과는 2018년 1월 3일임을 알 수 있다.

40 2018년 1월 5일의 금액 총합을 구하시오. (4점)

39번의 절차를 그대로 수행한 후,

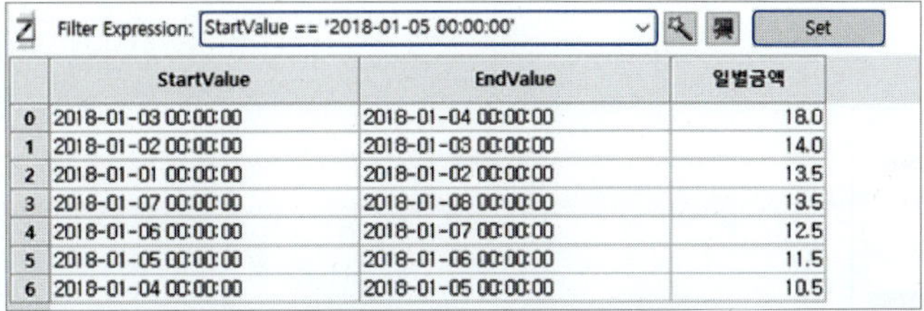

Filter Expression에 아래와 같이 입력 후, Set 버튼을 클릭한다.

StartValue == '2018-01-05 00:00:00'

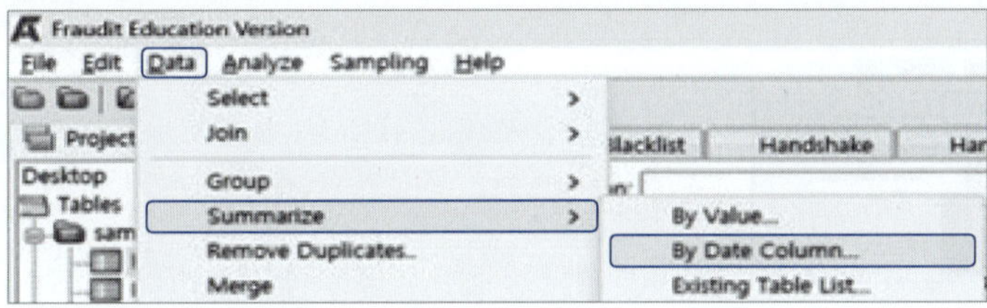

결과는 11.5이다.

41 일별로 거래 건이 가장 많은 일자와 거래 건수는? (4점)

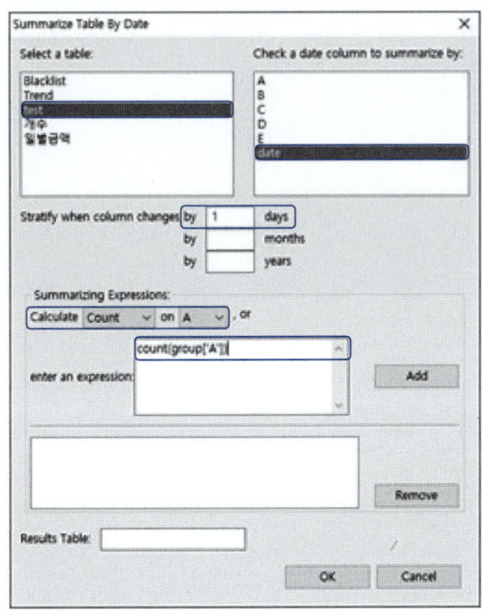

[Data] → [Summarize] → [By Date Column] 메뉴 선택

- Select a table은 'test', Check a date column to summarize by는 'date'를 선택하고, Stratify when column changes by의 days에 '1'을 입력한다.
- Calculate에는 'Count', on에는 'A'로 선택하고, enter an expression에는 'count(group['A'])'를 입력한다.

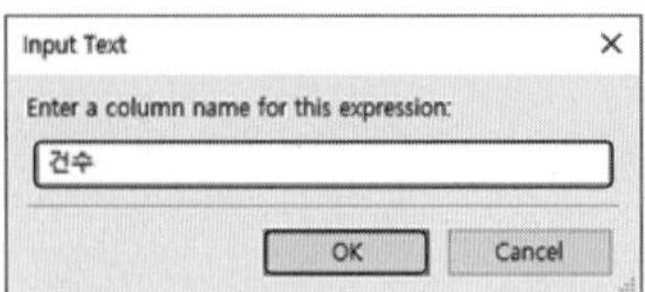

Add 버튼을 누르고 '건수'를 입력한 후 OK 버튼을 클릭한다.

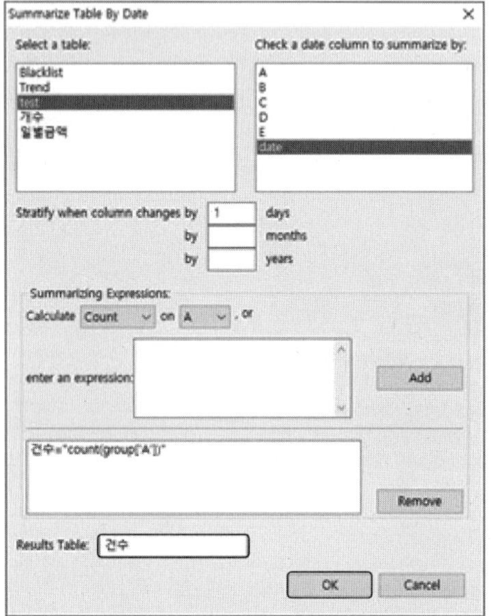

Results Table에도 '건수'를 입력 후, OK 버튼을 클릭한다.

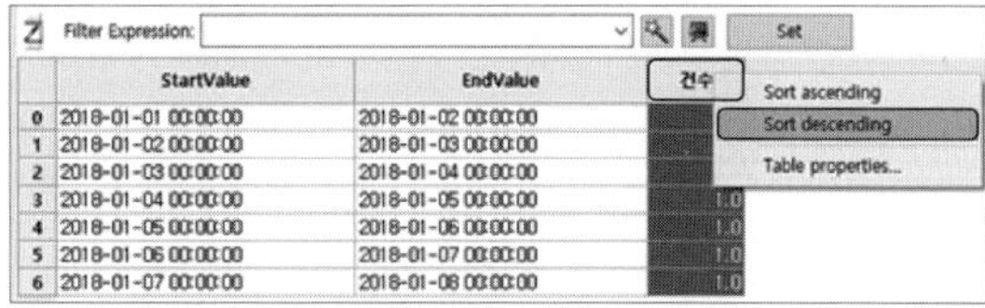

건수 칼럼에서 우클릭을 한 후, 내림차순 정렬을 한다.

	StartValue	EndValue	건수
0	2018-01-01 00:00:00	2018-01-02 00:00:00	3.0
1	2018-01-02 00:00:00	2018-01-03 00:00:00	2.0
2	2018-01-03 00:00:00	2018-01-04 00:00:00	2.0

2018년 1월 1일에 3건임을 알 수 있다.

42 2018년 1월 6일에 몇 건이 거래되었는지 쓰시오. (4점)

41번의 절차를 그대로 수행한 후,

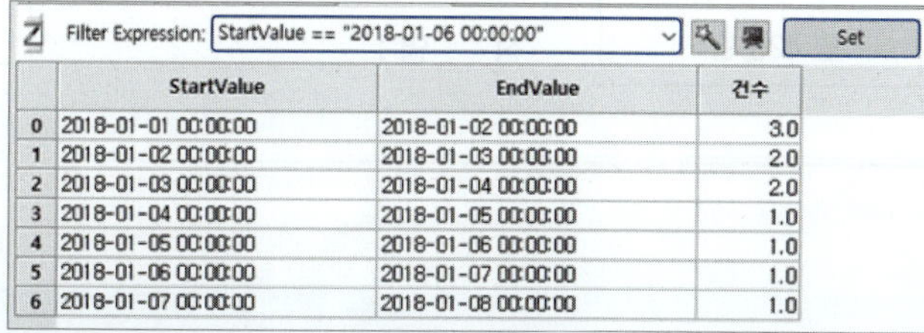

Filter Expression에 아래와 같이 입력 후, Set 버튼을 클릭한다.

StartValue == "2018-01-06 00:00:00"

결과는 1건임을 알 수 있다.

급수	소요시간	문항 수
2급	150분	총 42문항

수험번호 : ______________________

성　　명 : ______________________

이론 객관식

1과목　데이터베이스

01 다음 SQL문을 실행했을 때 나타나는 동작으로 옳은 것은? (2점)

```
UPDATE MOVIES
SET RATING = 9.5
WHERE GENRE = 'SCI-FI' AND DIRECTOR = 'STEVEN SPIELBERG';
```

① 조건을 만족하는 행의 모든 열을 삭제한다.

② 조건을 만족하는 행을 테이블에서 삭제한다.

③ 조건을 만족하는 행의 RATING 열 값을 9.5로 변경한다.

④ 조건을 만족하는 행을 숨기고 실제 변경은 하지 않는다.

⑤ 새로운 행을 추가한다.

- UPDATE 테이블명 SET 열이름 = 값 WHERE 조건; 구문은 조건을 만족하는 행의 특정 열 데이터를 수정하는 명령문이다.
- WHERE 절이 없으면 테이블 전체 행의 값이 변경되므로 주의해야 한다.
- 데이터는 삭제되지 않으며, 지정된 열만 새로운 값으로 변경된다.

02 다음 중 데이터 제어어(DCL, Data Control Language)에 해당하는 것은 무엇인가? (2점)

① SELECT

② INSERT

③ UPDATE

④ GRANT

⑤ CREATE

- DCL(Data Control Language)는 데이터베이스 사용자 권한을 제어하는 명령어이다.
- 주요 명령어는 다음과 같다.
  - GRANT : 권한 부여
  - REVOKE : 권한 회수

오답 피하기

- SELECT, INSERT, UPDATE → DML(데이터 조작어)
- CREATE → DDL(데이터 정의어)

03 다음 SQL 문장에서 빈칸에 들어갈 키워드로 알맞은 것은? (2점)

```
DROP __________ EMPLOYEE;
```

① ROW
② COLUMN
③ TABLE
④ DATABASE
⑤ VIEW

- DROP TABLE 테이블명; 구문은 지정한 테이블의 구조와 데이터를 모두 삭제한다.
- DROP VIEW, DROP DATABASE 등은 각각 뷰나 데이터베이스 전체를 삭제할 때 사용된다.
- DROP은 DDL(Data Definition Language)에 속하며, 삭제된 테이블은 복구가 불가능하다.

04 데이터베이스에서 슈퍼키(Super Key)에 대한 설명으로 옳은 것은? (2점)

① 슈퍼키는 반드시 외래키와 동일한 속성으로 구성된다.
② 슈퍼키는 하나의 행(Row)을 유일하게 식별할 수 있는 속성 또는 속성들의 집합이다.
③ 슈퍼키는 항상 단일 속성으로만 구성되어야 한다.
④ 슈퍼키는 중복된 값을 허용하며 NULL 값을 가질 수 있다.
⑤ 슈퍼키는 후보키 중에서 선택된 대표 키를 의미한다.

슈퍼키(Super Key)는 테이블에서 각 행을 유일하게 식별할 수 있는 하나 이상의 속성 집합이다.

오답 피하기

- 후보키, 기본키 모두 슈퍼키의 부분집합에 해당한다.
- 슈퍼키는 여러 속성으로 구성될 수 있으며, 중복값을 허용하지 않는다.
- 예를 들어, (학번), (학번, 이름) 모두 슈퍼키가 될 수 있지만, 최소한의 속성만 포함한 것이 후보키(Candidate Key) 이다.

05 다음 직원 테이블에서 '부서', '직급'과 같은 열(Column)을 의미하는 용어로 알맞은 것은? (2점)

사번	이름	부서	직급
E101	박지민	인사팀	대리
E102	김하늘	영업팀	과장
E103	이수현	개발팀	사원

① 튜플(Tuple)
② 속성(Attribute)
③ 도메인(Domain)
④ 스키마(Schema)
⑤ 인스턴스(Instance)

속성(Attribute) : 테이블의 열(Column)을 의미하며, 데이터의 특성을 정의한다.
예 위 테이블의 속성은 사번, 이름, 부서, 직급이다.

오답 피하기
• 튜플(Tuple) : 하나의 행(Row)
　　예 (E101, 박지민, 인사팀, 대리)
• 도메인(Domain) : 속성이 가질 수 있는 값들의 집합
• 스키마(Schema) : 테이블의 구조 정의(속성명, 데이터타입 등)
• 인스턴스(Instance) : 특정 시점에 저장된 모든 데이터 집합

06 데이터베이스의 인스턴스(Instance)에 대한 설명으로 옳지 않은 것은? (2점)

① 인스턴스는 특정 시점에 데이터베이스에 저장되어 있는 실제 데이터의 집합이다.
② 인스턴스는 시간이 지나도 변하지 않는 데이터베이스의 구조를 의미한다.
③ 인스턴스는 스키마에 의해 정의된 구조 안에서 값이 저장된 상태를 말한다.
④ 인스턴스는 사용자의 데이터 조작(삽입, 수정, 삭제)에 따라 변할 수 있다.
⑤ 인스턴스는 데이터베이스의 현재 상태(Current State)를 표현한다.

• 인스턴스(Instance)는 데이터베이스의 특정 시점에 저장된 실제 데이터의 집합이다.
• 데이터 삽입, 수정, 삭제 등의 작업이 일어나면 인스턴스는 시간에 따라 계속 변화한다.
• 스키마(Schema)는 데이터베이스의 구조(설계도)로서 일반적으로 잘 변하지 않는다.
• 따라서 "변하지 않는 구조"라는 설명은 인스턴스가 아닌 스키마에 해당하므로 ②가 옳지 않다.

07 회계에서 계정(Account)에 대한 설명으로 옳지 않은 것은? (2점)

① 계정은 거래를 자산, 부채, 자본, 수익, 비용 등으로 분류하여 기록하는 단위이다.

② 모든 거래는 적어도 하나의 계정에만 영향을 미친다.

③ 계정에는 차변과 대변이 있으며, 복식부기의 기본 단위로 사용된다.

④ 계정은 재무제표 작성의 기초 자료가 된다.

⑤ 계정의 잔액은 차변 합계와 대변 합계의 차이로 계산된다.

복식부기에서는 모든 거래가 최소 두 개의 계정(차변 1개 이상, 대변 1개 이상)에 영향을 미친다.

오답 피하기
- 계정(Account) 은 거래를 일정한 항목별로 분류하여 기록하는 단위이다.
- 각 계정에는 차변과 대변이 있으며, 잔액은 두 합계의 차이로 계산된다.
- 계정은 원장 작성과 재무제표 작성의 기초가 된다.

08 다음 중 현금주의 회계기준에 대한 설명으로 잘못된 것은? (2점)

① 수익은 현금이 실제로 유입된 시점에 인식한다.

② 비용은 현금이 실제로 지급된 시점에 인식한다.

③ 현금이 오가지 않아도 거래가 발생하면 수익과 비용을 인식한다.

④ 현금주의는 단순하지만 정확한 기간 손익 측정이 어렵다.

⑤ 개인회계나 소규모 단체에서 주로 사용된다.

- 현금주의(Cash Basis)는 현금의 수입·지출이 실제로 발생한 시점에 수익과 비용을 인식한다. 따라서 현금의 이동이 없으면 거래가 발생해도 회계처리에 반영되지 않는다. 반면, 발생주의(Accrual Basis)는 현금 유입·유출 여부와 상관없이 경제적 사건이 발생한 시점에 인식한다.
- 현금주의는 단순하지만 정확한 기간별 손익 파악에는 한계가 있다.

09 (주)영진닷컴의 2025년 손익계산서는 다음과 같다.

구분	금액(억 원)
매출액	?
매출원가	700
판매비와 관리비	200
감가상각비	50

이 경우 영업이익률(Operating Margin)이 10%가 되려면 매출액은 얼마가 되어야 하는가? (2점)

① 950억 원

② 1,000억 원

③ 1,056억 원

④ 1,100억 원

⑤ 1,200억 원

- 영업이익률 = 영업이익 ÷ 매출액 × 100
- 영업이익 = 매출액 − 매출원가 − 판매비와 관리비 − 감가상각비
- 따라서, 영업이익률 = (매출액 − 700 − 200 − 50) ÷ 매출액 × 100 = 10
  - → (매출액 − 950) = 0.1 × 매출액
  - → 0.9 × 매출액 = 950
  - → 매출액 = 1,055.56 ≈ 1,056억 원
- 따라서 매출액은 약 1,056억 원이어야 한다.

10 다음 중 선수수익에 대한 설명으로 잘못된 것은? (2점)

① 선수수익은 현금을 미리 수취했으나 아직 수익으로 인식하지 않은 부채이다.

② 잡지 구독료, 렌탈 서비스료 등은 선수수익의 대표적 사례이다.

③ 선수수익은 시간이 지나 수익이 발생하면 차변에 기록되어 감소한다.

④ 선수수익은 아직 수익이 실현되지 않았으므로 자산으로 분류된다.

⑤ 선수수익은 향후 상품이나 서비스를 제공할 의무가 있다는 의미이다.

- 선수수익(Unearned Revenue)은 현금을 먼저 받았지만 아직 수익을 실현하지 않은 상태로, 부채로 인식한다.
- 시간이 지나 수익이 발생하면 부채(선수수익)를 감소시키고, 수익을 인식한다.
- 대표 사례 : 잡지 구독료, 렌탈 서비스료, 선불 수강료 등

11 (주)영진닷컴의 회계기간은 1월 1일부터 12월 31일이다. 다음 자료를 토대로 기말 재고자산의 원가를 후입선 출법(LIFO) 으로 구하라. (2점)

구분	수량	단가(원)
1월 1일 기초재고	15	10
3월 1일 매입	25	20
8월 1일 매입	20	30
9월 1일 매출	30	
11월 1일 매출	10	

① 250원

② 350원

③ 450원

④ 500원

⑤ 550원

- 총 수량 : 15 + 25 + 20 = 60개
- 출고 수량 : 30 + 10 = 40개
  → 후입선출법(LIFO) 은 가장 최근 매입분부터 출고로 계산
  – 8월 매입 20개 × 30 = 600
  – 3월 매입 25개 중 20개 출고 → 20 × 20 = 400
  → 출고 총원가 = 1,000원
- 기말 재고 수량 : 60 – 40 = 20개
  – 남은 재고 : 3월 매입 5개(20원) + 1월 기초 15개(10원)
  → (5×20) + (15×10) = 100 + 150 = 250원
- 기말 재고자산의 원가 = 250원

12 다음은 (주)영진닷컴의 지출결의서 일부이다. 회계처리 계정과목으로 옳은 것은? (2점)

지출내역	금액	비고
직원 워크숍 장소 대관료 및 식사비	150,000원	인사팀 행사비용

① 세금과공과

② 보험료

③ 복리후생비

④ 접대비

⑤ 수수료비용

복리후생비는 임직원의 복지 · 후생을 위해 지출한 비용을 처리할 때 사용하는 계정과목이다.
⑩ 직원 워크숍비, 체육대회비, 식사 제공비, 경조사비, 건강검진비 등.

오답 피하기

세금과공과는 세금이나 공과금 납부 시 사용하고, 접대비는 거래처 등 외부인 대상 접대비용에 사용한다.

13 다음 '모수(Parameter)'라는 용어의 정의로 올바르지 않은 것은? (2점)

① 모수는 모집단의 특성을 수치로 요약한 값이다.

② 모집단 전체를 조사해 얻은 평균, 분산, 비율 등은 모수에 해당한다.

③ 모수는 표본의 데이터를 이용해 계산된다.

④ 모수는 통계량과 달리 일반적으로 알 수 없으며, 추정의 대상이 된다.

⑤ 모집단의 평균을 μ, 분산을 σ^2로 표기하는 것이 일반적이다.

표본에서 계산한 수치는 모수가 아니라 통계량(Statistic)이다.

오답 피하기

· 모수(Parameter)는 모집단(Population)의 특성을 나타내는 수치이다.

· 모집단 전체를 조사해야 계산할 수 있으며, 보통 실제로는 알 수 없으므로 표본으로부터 추정한다.

14 다음 중 표본오차(Sampling Error)에 대한 설명으로 옳지 않은 것은? (2점)

① 표본오차는 모집단의 일부만 조사하기 때문에 발생할 수 있다.

② 표본의 크기를 충분히 크게 하면 표본오차를 줄일 수 있다.

③ 표본오차는 측정 도구나 응답자의 오류로 인해 발생한다.

④ 표본이 모집단을 완벽히 대표하지 못할 때 생긴다.

⑤ 표본오차는 표본추출 과정에서 자연스럽게 발생할 수 있다.

· 표본오차(Sampling Error)는 모집단 전체가 아닌 일부(표본) 만을 조사하기 때문에 생기는 오차이다.

· 이는 표본이 모집단을 완벽히 대표하지 못할 때 자연스럽게 발생하며, 표본 크기(n)를 늘리면 감소시킬 수 있다.

· 반면 측정 도구의 부정확성, 응답자의 실수 · 왜곡 등으로 인한 오차는 비표본오차(Non-sampling Error)에 해당한다.

15 한 회사 직원들의 커피 섭취량(하루 평균 잔수)과 업무 성과 점수를 조사한 결과, 두 변수 간의 상관계수 $r = 0.08$로 나타났다. 이에 대한 해석으로 가장 적절한 것은 무엇인가? (2점)

① 커피를 많이 마실수록 업무 성과가 크게 향상되는 경향이 있다.

② 커피를 많이 마실수록 업무 성과가 떨어지는 경향이 있다.

③ 커피 섭취량과 업무 성과 간에는 거의 상관관계가 없다.

④ 커피 섭취량과 업무 성과 간에는 강한 양(+)의 상관관계가 있다.

⑤ 커피 섭취량이 업무 성과에 직접적인 인과관계를 가진다.

- 상관계수 $r = 0.08$은 0에 매우 가까운 값으로, 두 변수 간에 거의 상관관계가 없음을 의미한다.
- 즉, 커피를 많이 마신다고 해서 업무 성과가 뚜렷하게 변하는 경향은 관찰되지 않는다.

오답 피하기

상관계수는 두 변수의 선형 관계의 정도를 나타낼 뿐, 인과관계를 증명하지는 않는다.

16 다음 해당 정의를 나타내는 용어로 가장 적절한 것은? (2점)

> 측정 대상에 숫자를 부여할 때, 그 숫자 간의 서열이나 간격, 비율 등의 관계를 나타내는 기준

① 변수
② 척도
③ 표본
④ 자료
⑤ 정보

- 척도(Scale)는 조사 대상이나 변수에 숫자를 부여할 때, 그 숫자 간의 의미 있는 관계를 규정하는 기준이다.
- 척도에는 명목척도, 서열척도, 등간척도, 비율척도의 4가지 유형이 있다.
  - 명목척도 : 단순 분류(예 성별, 지역)
  - 서열척도 : 순서 구분 가능(예 학년, 만족도 등급)
  - 등간척도 : 간격 의미 있음(예 온도, 점수)
  - 비율척도 : 절대적 0 존재(예 무게, 나이, 소득)

오답 피하기

변수는 조사대상의 속성이고, 표본은 모집단의 일부이며, 정보는 자료를 가공해 의미를 부여한 것이다.

17 다음 상황에서 가능한 확률을 나타내는 것으로 옳지 않은 것은? (2점)

한 야구팀은 인기 경기의 암표 거래를 방지하기 위해 1인당 예매할 수 있는 티켓 수를 최대 4장으로 제한하였다. 고객 한 명이 예매하는 티켓의 수를 X라고 할 때, 다음 중 옳지 않은 확률은 무엇인가?

(가) $P(X=0) = 0.10$
(나) $P(X=1) = 0.25$
(다) $P(X=3) = 0.40$
(라) $P(X=5) = 0.25$

① (가)
② (나)
③ (다)
④ (라)
⑤ 없음

- 고객이 예매할 수 있는 티켓 수는 0, 1, 2, 3, 4장까지만 가능하다. 따라서, 확률변수 X의 가능한 값은 {0, 1, 2, 3, 4} 이다.
- (라)에서 $P(X=5)$ 는 존재하지 않는 경우이므로 불가능한 확률이다.

18 다음 해당 정의 및 특성을 나타내는 용어로 가장 적절한 것은? (2점)

- 정의 : 자료를 가공 · 분석하여 의미와 가치를 가지게 된 결과
- 특성 : 의사결정이나 문제 해결에 활용되며, 단순한 수치나 사실을 넘어선 해석적 의미를 가진다.

① 변수
② 척도
③ 표본
④ 자료
⑤ 정보

- 정보(Information)는 자료(Data) 를 가공 · 분석하여 의미와 목적이 부여된 결과물이다.
- 예를 들어, '매출 데이터'는 단순한 자료이지만, 이를 분석해 "매출이 전월 대비 10% 증가했다."라는 결론을 얻으면 그것이 정보이다.
- 정보는 의사결정, 예측, 경영전략 수립 등에서 활용되며, 데이터 → 정보 → 지식(Knowledge)의 단계로 발전한다.

19 다음 상황에서 시험 점수와 공부시간의 자료 형태를 바르게 묶은 것으로 옳은 것은? (2점)

> 한 대학에서 학생들의 성적 향상 요인을 분석하기 위해 설문조사를 실시하였다. 설문 항목에는 학생들의 주간 공부시간(시간 단위)과 기말고사 점수(점 단위)가 포함되어 있다. 연구진은 이를 활용해 공부시간과 성적 간의 관계를 분석하고자 한다.
>
> • 자료의 형태 : 공부시간 / 시험 점수

① 양적자료–이산형 / 질적자료–범주형

② 질적자료–순서형 / 양적자료–연속형

③ 양적자료–연속형 / 양적자료–연속형

④ 질적자료–범주형 / 양적자료–이산형

⑤ 양적자료–이산형 / 질적자료–순서형

- 공부시간 : 수치로 측정되며, 소수점 단위까지 가능하므로 양적자료–연속형이다.
- 시험 점수 : 수치로 측정되며, 0∼100점 사이의 연속적인 수치값을 가지므로 역시 양적자료–연속형이다.
- 따라서, 두 변수 모두 양적자료(Quantitative Data)에 해당하며, 그중에서도 연속형(Continuous Type) 자료이다.

20 한 회사의 고객센터에서 하루 동안 접수되는 불만 건수 X의 확률분포가 다음과 같이 주어졌다.

X(건수)	0	1	2	4
P(X)	0.15	0.35	0.30	0.20

다음 설명 중 옳지 않은 것은? (2점)

① 기댓값 $E[X] = 0 \times 0.15 + 1 \times 0.35 + 2 \times 0.30 + 4 \times 0.20 = 1.75$이다.

② 제곱의 기댓값 $E[X^2] = 0^2 \times 0.15 + 1^2 \times 0.35 + 2^2 \times 0.30 + 4^2 \times 0.20 = 4.75$이다.

③ 분산 $Var(X) = E[X^2] - (E[X])^2 = 4.75 - (1.75)^2 = 1.6875$이다.

④ 표준편차는 $\sqrt{Var(X)} \approx 1.60$이다.

⑤ 선형성에 의해 $E[2X + 1] = 2E[X] + 1 = 2 \times 1.75 + 1 = 4.5$이다.

- $E[X] = 1.75$(① 옳음)
- $E[X^2] = 4.75$(② 옳음)
- $Var(X) = 4.75 - (1.75)^2 = 4.75 - 3.0625 = 1.6875$(③ 옳음)
- 표준편차 $= \sqrt{1.6875} \approx 1.299$이므로 1.60이 아니라 약 1.30이다(④ 틀림).
- 선형성 $E[aX + b] = aE[X] + b$에서 $a = 2$, $b = 1$적용 시 $E[2X + 1] = 4.5$(⑤ 옳음).

21 다음 중 변수를 설정하는 방법으로 옳지 않은 것은? (2점)

① level7 = 3

② name_1 = "lee"

③ _score = 100

④ userName = "kim"

⑤ 2data = 0

- 변수명은 문자나 언더바(_)로 시작해야 하며, 숫자로 시작할 수 없다.
- ⑤ 2data는 숫자로 시작하므로 잘못된 변수명이다.
- 변수명 작성 규칙 요약
  - 문자(A – Z, a – z) 또는 언더바(_)로 시작해야 함
  - 대소문자 구분함 (예 Name ≠ name)
  - 숫자는 두 번째 문자 이후에만 사용 가능
  - 공백, 특수문자, 예약어 사용 불가

22 다음 중 결괏값이 나머지와 다른 하나를 고르시오. (2점)

① (10 > 3) and (5 < 8)

② (7 == 7) and (4 > 9)

③ (6 < 9) or (3 != 3)

④ (2 != 5) or (10 < 20)

⑤ ("apple" != "banana") and (8 >= 2)

오답 피하기

① (True and True) → True
③ (True or False) → True
④ (True or True) → True
⑤ (True and True) → True

23 튜플 a = (1, 3, 5, 7, 11, 13)가 있다. 다음 중 인덱스 값으로 옳은 것은? (2점)

① a[1] = 5

② a[2] = 3

③ a[3] = 11

④ a[4] = 11

⑤ a[−2] = 13

오답 피하기

① a[1] = 3
② a[2] = 5
③ a[3] = 7
⑤ a[−2] = 11

24 다음 파이썬의 계산식 결과의 자료형이 나머지와 다른 것은? (2점)

```
(가) print(24//6)
(나) print(18//3)
(다) print(25/5)
(라) print(32//8)
(마) print(14//7)
```

① (가)

② (나)

③ (다)

④ (라)

⑤ (마)

- (가) 24//6 → 4 (int)
- (나) 18//3 → 6 (int)
- (다) 25/5 → 5.0 (float)
- (라) 32//8 → 4 (int)
- (마) 14//7 → 2 (int)

25 다음 아래 코드의 출력값 ㉠으로 옳은 것은? (3점)

```python
a = {'cat': 3, 'dog': 5, 'floor': 2}
result = ''
for key in a:
    result += key[0]    # 각 키의 첫 글자만 추출
print(result)
```

[실행결과]

㉠

① adg

② aog

③ cof

④ cdf

⑤ tor

- 딕셔너리 a의 키(key)는 'cat', 'dog', 'floor'
- for key in a: 는 키를 순서대로 순회(iterate)한다.
  – 'cat' → 첫 글자 'c'
  – 'dog' → 첫 글자 'd'
  – 'floor' → 첫 글자 'f'
- 'c' + 'd' + 'f' = "cdf"

26 다음 코드 실행 결과가 ['서울', '부산', '버스', '지하철']을 출력하도록 ㉠에 들어갈 코드로 알맞은 것을 고르시오. (2점)

```python
keys = ['도시', '교통수단']
data = {
    '도시': ['서울', '부산'],
    '교통수단': ['버스', '지하철'],
    '음식': ['김치', '불고기']
}
result = []
for k in keys:
    values = ㉠
    result.extend(values)
print(result)
```

① data.pop(k)

② data[k]

③ data.remove(k)

④ data.find(k)

⑤ data.get('음식')

- keys 리스트에는 '도시', '교통수단' 두 항목이 있다.
- data[k] 로 각각의 값을 가져오면,
  - '도시' → ['서울', '부산']
  - '교통수단' → ['버스', '지하철']
- 두 리스트를 extend()로 합치면 결과는 ['서울', '부산', '버스', '지하철']
- .pop()은 데이터를 꺼내며 원본 딕셔너리에서 삭제, .remove()와 .find()는 딕셔너리 메서드가 아니며, .get('음식')은 다른 키를 참조하므로 적절하지 않다.
- 따라서 정답은 ② data[k]이다.

27 (주)영진닷컴은 취득원가 500,000원의 기계를 정률법(잔존가치 기준 40%) 으로 감가상각하고 있다. 2년 후의 장부가액을 계산하기 위한 ㉠의 값으로 옳은 것은? (2점)

```
def 감가상각_정률법(취득원가, 상각률, 경과연수):
    장부가액 = 취득원가 * ((1 - 상각률) ** 경과연수)
    print('%d년 후의 장부가액은 %.1f원 이다.' % (경과연수, 장부가액))


경과연수 = 2
감가상각_정률법(500000, ㉠, 경과연수)
```

[실행결과]

2년 후의 장부가액은 180000.0원 이다.

① 0.1

② 0.2

③ 0.3

④ 0.4

⑤ 0.5

• 정률법 공식 : 장부가액 = 취득원가 × $(1 - 상각률)^{n}$
• $180,000 = 500,000 \times (1 - ㉠)^{2}$
• $(1 - ㉠)^{2} = 0.36 \rightarrow 1 - ㉠ = 0.6 \rightarrow ㉠ = 0.4$

1과목　파이썬

[28~31] 다음 파이썬 코드의 결과가 아래와 같다.

```python
# 월 저축액 (원)
deposit = 300_000
# 월 이자율 (1%)
㉮ = 0.01

def saving_after(months):
    global ㉯
    total = 0
    for i in range(㉰):
        total = (total + deposit) * (1 + interest_rate)
    return total

# 6개월 후 잔액 계산
saving_after(6)
print(f"6개월 후 잔액: {total:,.0f}원")

# 12개월 후 잔액 계산
㉱(12)
print(f"12개월 후 잔액: {total:,.0f}원")
```

[실행결과]

6개월 후 잔액: 1,836,000원
12개월 후 잔액: 3,826,000원

28 상기에서 ㉮에 들어갈 내용을 입력하라. (1점)

29 상기에서 ㉯에 들어갈 내용을 입력하라. (1점)

30 상기에서 ㉰에 들어갈 내용을 입력하라. (1점)

31 상기에서 ㉱에 들어갈 내용을 입력하라. (1점)

- interest_rate = 0.01 → 월 이자율 1%
- saving_after(months) 함수는 deposit을 매월 더하고 이자를 누적 계산
- 반복문 for i in range(months)로 월 단위 계산
- 6개월 후 잔액: 1,836,000원
- 12개월 후 잔액: 3,826,000원

정답 **28** interest_rate **29** total **30** months **31** saving_after

32 다음 파이썬 코드는 이동평균법(Weighted Moving Average Method)에 따른 기말재고자산의 금액을 구하는 코드이다. 코드의 결과는 아래와 같다. ㉮에 들어갈 내용을 입력하라. (3점)

> • inventory_data 리스트 내의 리스트 원소는 [유형, 수량, 단가] 를 의미한다.
> • ["출고", 4, 0]은 유형이 출고이고, 수량이 4개, 출고단가는 출고 시점에서는 모른다는 가정이다.

```python
# 재고 데이터: [유형, 수량, 단가]
inventory_data = [
    ["입고", 12, 2000],
    ["입고", 6, 2500],
    ["출고", 4, 0],
    ["입고", 5, 3000]
]

inventory_qty = 0
inventory_cost = 0

for transaction in inventory_data:
    if transaction[0] == "입고":
        qty, price = transaction[1], transaction[2]
        inventory_cost += qty * price
        inventory_qty += qty
        avg_price = inventory_cost / inventory_qty    # 이동평균단가 갱신
    elif transaction[0] == "출고":
        qty = transaction[1]
        inventory_cost -= qty * avg_price
        inventory_qty -= qty

ending_inventory_value = round(inventory_qty * ㉮)
print("기말 재고자산 금액:", ending_inventory_value)
```

[실행결과]

기말 재고자산 금액: 45333

• 입고 12개 @ 2000 → 평균단가 = 2000, 수량 = 12, 원가 = 24,000
• 입고 6개 @ 2500 → 총원가 = 24,000 + 15,000 = 39,000 → 수량 = 18 → 평균단가 = 2,166.7
• 출고 4개 → 4×2,166.7 = 8,666.8 차감 → 남은 원가 = 30,333.2, 수량 = 14
• 입고 5개 @ 3000 → 총원가 = 30,333.2 + 15,000 = 45,333.2

※ Fraudit 교육용 버전에 기본으로 포함되어 있는 데이터베이스를 활용한다.

[33~37] 당신은 (주)영진닷컴의 재무팀 자산관리담당자이다. 33번부터 37번까지의 물음에 답하시오. (A칼럼은 ID, B칼럼은 수량, C칼럼은 구분, D칼럼은 항목명, E칼럼은 값, date 칼럼은 기록일자로 정의한다.)

[테이블 데이터] test1.tbl

	A	B	C	D	E	date
0	11	1	A	매도가능주식	3.51	2018-01-14
1	10	2	B	A02	4.50	2018-01-02
2	9	4	C	A04	5.50	2018-01-03
3	8	3	D	A05	6.50	2018-01-04
4	7	6	E	A08	7.50	2018-01-05
5	6	5	F	A09	8.50	2018-01-06
6	5	7	G	A10	9.50	2018-01-07
7	4	8	H	A12	10.50	2018-01-08
8	3	9	I	A13	11.50	2018-01-09
9	2	10	J	A15	12.50	2018-01-10
10	1	11	K	A16	13.50	2018-01-11

33 주식의 금액이 가장 큰 비중의 종목과 비중을 쓰시오(단, 소수점 첫째자리에서 절사하시오). (4점)

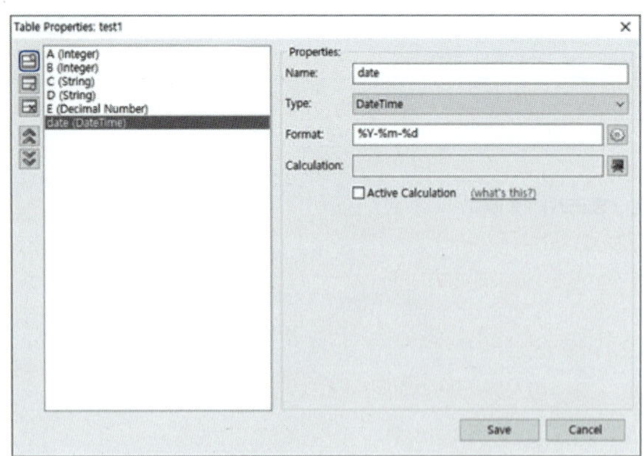

테이블의 칼럼에서 우클릭을 한 후 'Table properties'를 선택한다.

좌측의 5개 아이콘 중 첫번째 버튼을 누르고,

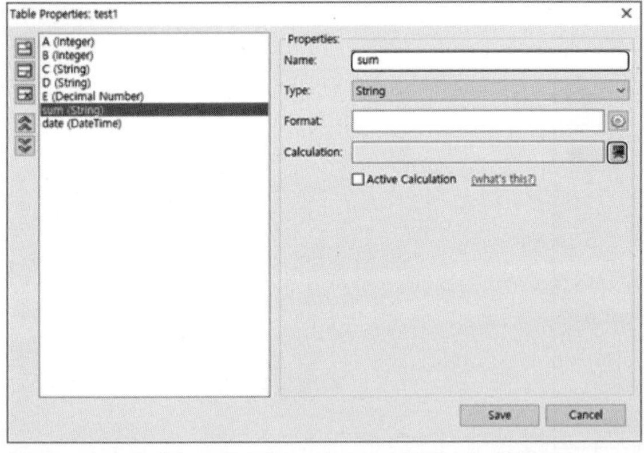

Properties의 Name은 'sum'으로 하고, Calculation의 우측 버튼을 클릭한다.

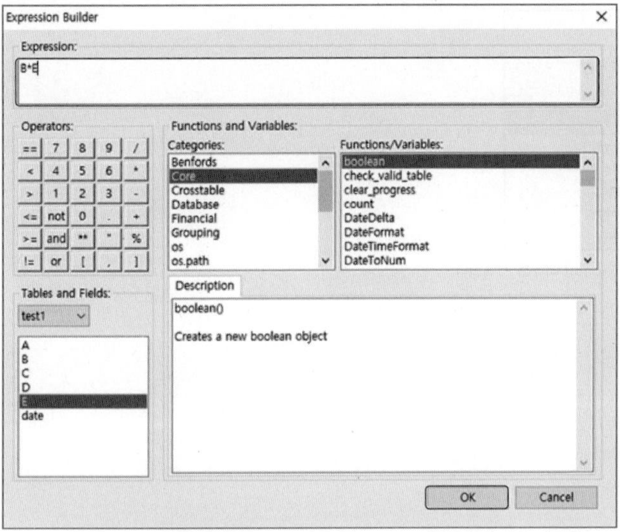

Expression에는 'B*E'라고 입력 후 OK 버튼을 클릭한다. 그리고 창이 닫히면, Save 버튼을 클릭한다.

	A	B	C	D	E	sum	date
0	11	1	A	매도가능주식	3.51	3.512	2018-01-14
1	10	2	B	A02	4.50	9.0	2018-01-02
2	9	4	C	A04	5.50	22.0	2018-01-03
3	8	3	D	A05	6.50	19.5	2018-01-04
4	7	6	E	A08	-7.50	45.0	2018-01-05
5	6	5	F	A09	8.50	42.5	2018-01-06
6	5	7	G	A10	9.50	66.5	2018-01-07
7	4	8	H	A12	10.50	84.0	2018-01-08
8	3	9	I	A13	11.50	103.5	2018-01-09
9	2	10	J	A15	12.50	125.0	2018-01-10
10	1	11	K	A16	13.50	148.5	2018-01-11

그러면, sum이라는 칼럼이 새로 생기고, B와 E값이 곱해진 값이 나온다.

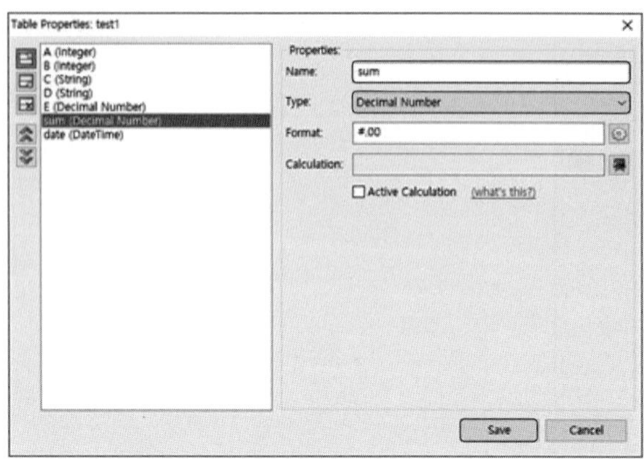

sum 칼럼 위에서 우클릭을 하여 'Table properties'를 선택하고, sum 칼럼을 클릭하여 Type을 Decimal Number로 변경한 후, Save를 클릭한다.

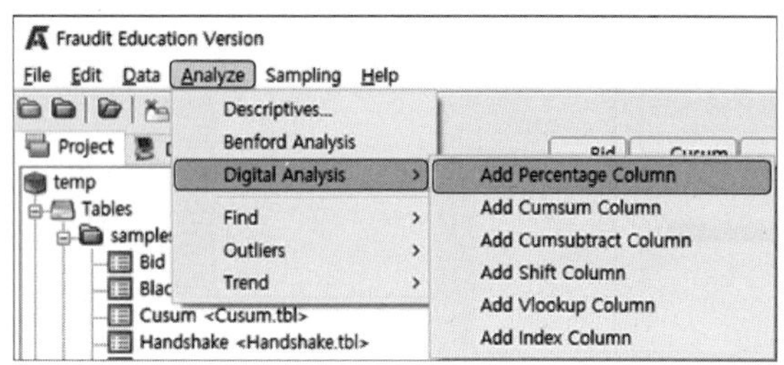

이번에는 [Analyze] → [Digital Analysis] → [Add Percentage Column] 메뉴를 선택한다.

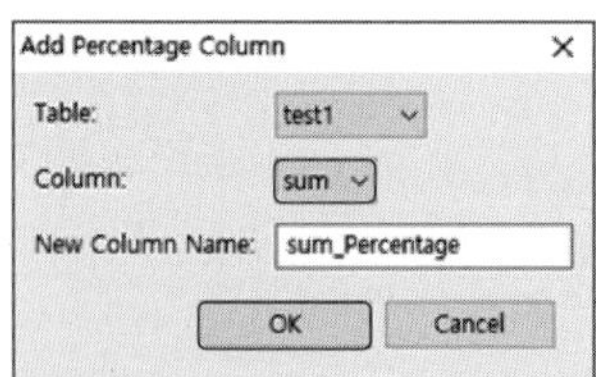

Column은 sum을 선택하고, OK 버튼을 클릭한다.

	A	B	C	D	E	sum	sum_Percentage		
0	11	1	A	매도가능주식	3.51	3.00	0.4505%	Sort ascending	
1	10	2	B	A02	4.50	9.00	1.3514%	Sort descending	
2	9	4	C	A04	5.50	22.00	3.3033%	Table properties...	
3	8	3	D	A05	6.50	19.00	2.8529%	2018-01-04	
4	7	6	E	A08	7.50	45.00	6.7568%	2018-01-05	
5	6	5	F	A09	8.50	42.00	6.3063%	2018-01-06	
6	5	7	G	A10	9.50	66.00	9.9099%	2018-01-07	
7	4	8	H	A12	10.50	84.00	12.6126%	2018-01-08	
8	3	9	I	A13	11.50	103.00	15.4655%	2018-01-09	
9	2	10	J	A15	12.50	125.00	18.7688%	2018-01-10	
10	1	11	K	A16	13.50	148.00	22.2222%	2018-01-11	

sum_Percentage 칼럼이 추가되었고, 해당 칼럼 위에서 우클릭 후, 내림차순 정렬을 한다.

	A	B	C	D	E	sum	sum_Percentage	date
0	1	11	K	A16	13.50	148.00	22.2222%	2018-01-11
1	2	10	J	A15	12.50	125.00	18.7688%	2018-01-10

결과는 A16 종목, 22.2%임을 알 수 있다.

34 A04 주식의 총 금액과 전체 대비 그 비중은 몇 퍼센트인지 쓰시오(단, 소수점 첫째자리에서 절사하시오). (3점)

33번의 과정을 모두 거친다.

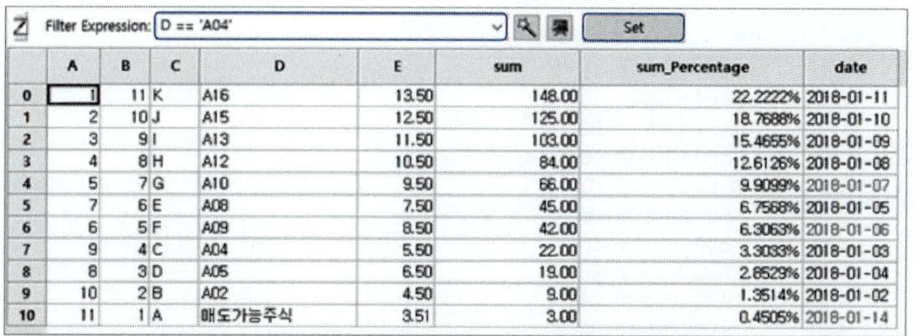

그리고 Filter Expression에 아래와 같이 입력한 후, Set 버튼을 누른다.

D == 'A04'

정답은 22.0, 3.3%이다.

35 거래금액이 10.0 이상, 30.0 미만인 것의 종목을 모두 쓰시오. (4점)

33번의 과정을 모두 거친다.

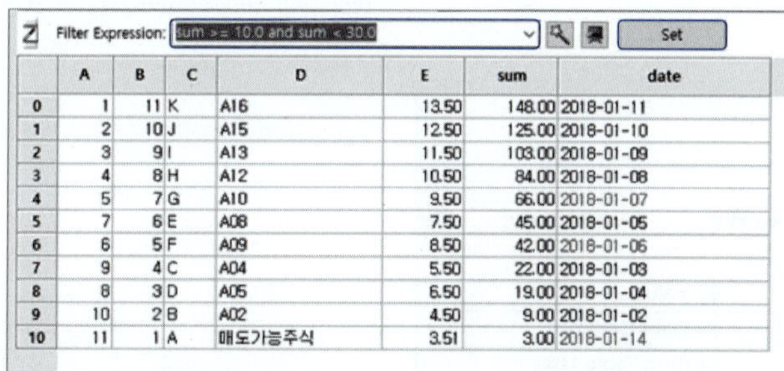

Filter Expression에 아래와 같이 입력한 후 Set 버튼을 누른다.

sum >= 10.0 and sum < 30.0

종목은 A04와 A05임을 알 수 있다.

---

36 'A10' 종목의 거래일을 모두 쓰시오. (4점)

33번의 과정을 모두 거친다.

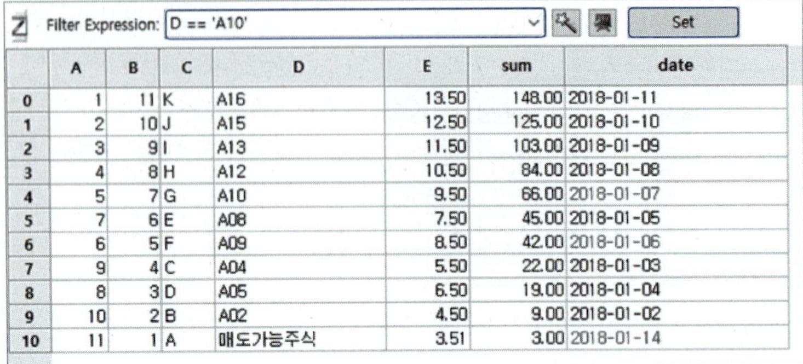

Filter Expression에 아래와 같이 입력 후, Set 버튼을 클릭한다.

D == 'A10'

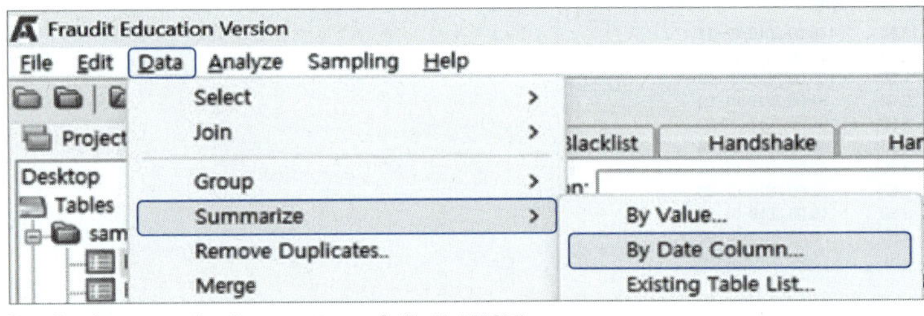

결과는 2018년 1월 7일임을 알 수 있다.

37 2018년 1월의 금액 총합을 구하시오(단, 소수점 첫째자리에서 절사하시오). (4점)

33번의 과정을 모두 거친다.

[Data] → [Summarize] → [By Date Column] 메뉴를 선택한다.

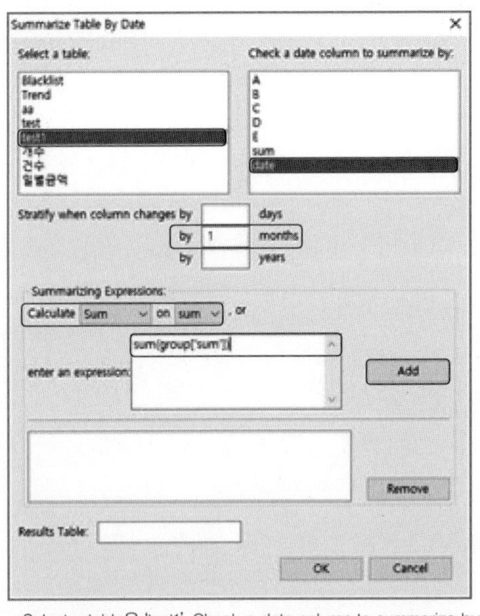

- Select a table은 'test1', Check a date column to summarize by는 'date', Stratify when column changes by의 'months'에는 '1'을 입력한다.
- 그리고 Calculate는 'Sum', on은 'sum'을 선택하고, enter an expression에는 아래와 같은 구문을 입력한 후, Add 버튼을 클릭한다.

sum(group['sum'])

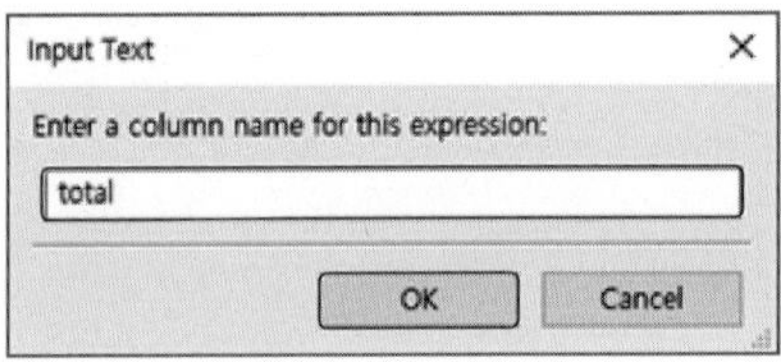

'total'이라고 입력 후, OK 버튼을 클릭한다.

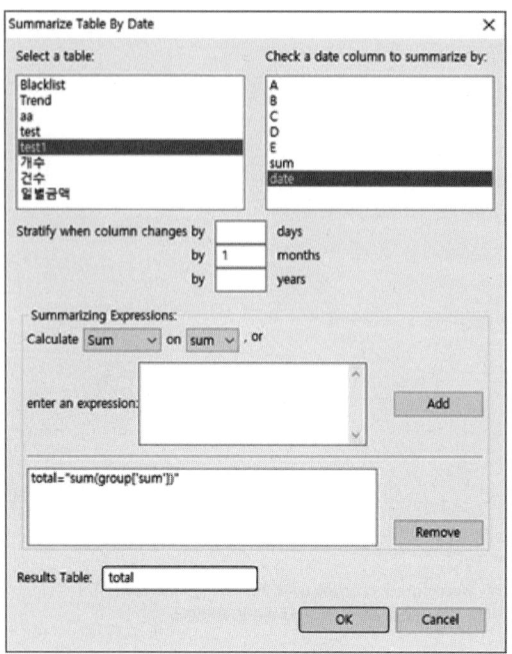

Results Table에 'total'을 입력하고, OK 버튼을 클릭한다.

	StartValue	EndValue	total
0	2018-01-02 00:00:00	2018-01-31 23:59:59	666.0

2018년 1월의 금액 총합은 666.0임을 알 수 있다.

[38~42] 당신은 (주)영진닷컴의 영업팀 물류담당자이다. 38번부터 42번까지의 물음에 답하시오(X칼럼은 물품 ID, Y칼럼은 수량이라고 전제한다).

[테이블 데이터] Trend.tbl

	X	Y
0	1	4
1	2	5
2	3	6
3	4	7
4	5	6
5	6	8
6	7	13
7	8	8
8	9	12
9	10	10

38 수량이 10건 이상인 것들의 물품 아이디를 모두 쓰시오(단, 정수형으로 쓰시오). (4점)

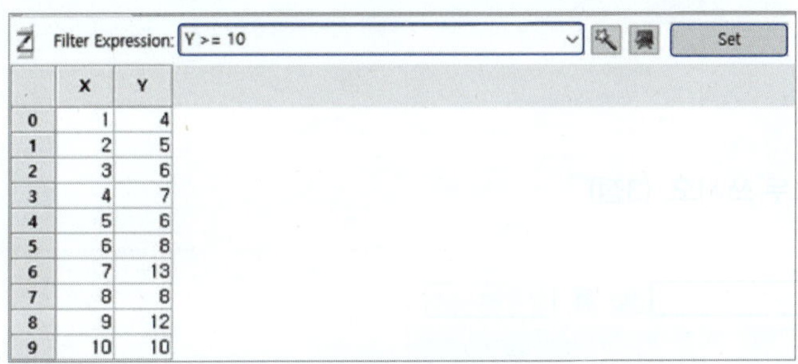

Filter Expression에 아래와 같은 구문을 입력 후, Set 버튼을 클릭한다.

```
Y >= 10
```

	X	Y
0	7	13
1	9	12
2	10	10

결과는 7, 9, 10임을 알 수 있다.

39 네 번째로 가장 많은 수량의 ID를 쓰시오. (4점)

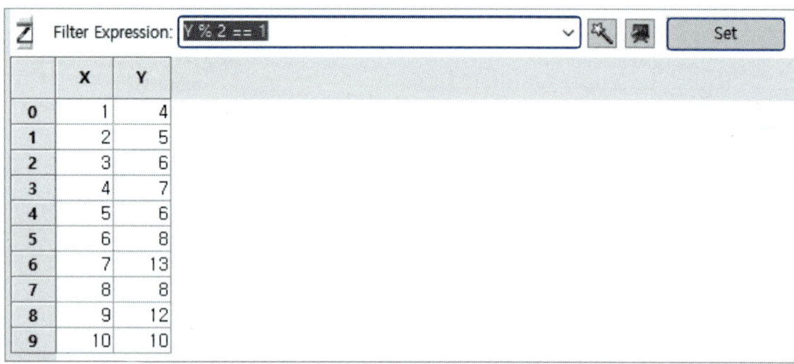

Y 칼럼을 우클릭하여 내림차순으로 정렬한다.

	X	Y
0	7	13
1	9	12
2	10	10
3	6	8
4	8	8
5	4	7

네 번째로 수량이 많은 것은 6, 8임을 알 수 있다.

40 물품의 수량이 홀 수개인 것들의 ID를 모두 쓰시오. (3점)

Z	Filter Expression:	Y % 2 == 1				Set
	X	**Y**				
0	1	4				
1	2	5				
2	3	6				
3	4	7				
4	5	6				
5	6	8				
6	7	13				
7	8	8				
8	9	12				
9	10	10				

Filter Expression에 아래와 같이 입력 후, Set 버튼을 클릭한다.

Y % 2 ＝ 1

Z	Filter Expression:	Y % 2 == 1				Release
	X	**Y**				
0	2	5				
1	4	7				
2	7	13				

결과는 2, 4, 7임을 알 수 있다.

41 물품 ID가 짝수이면서, 수량이 5개 이상인 것을 모두 쓰시오. (4점)

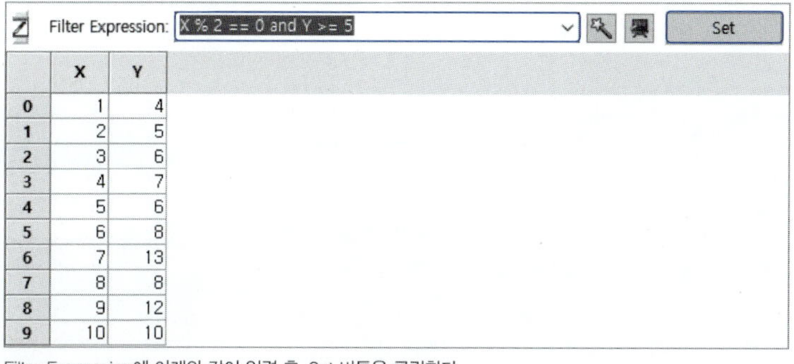

Filter Expression에 아래와 같이 입력 후, Set 버튼을 클릭한다.

X % 2 ═ 0 and Y ﹥= 5

2, 4, 6, 8, 10임을 알 수 있다.

42 물품 수량이 홀수인 것의 개수는? (4점)

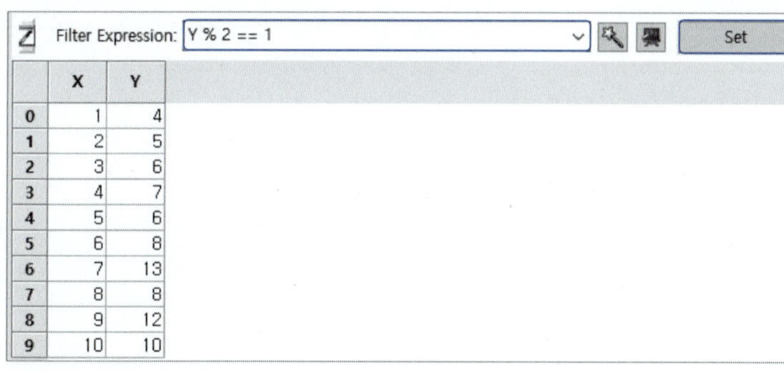

Filter Expression에 아래와 같이 입력 후, Set 버튼을 클릭한다.

Y % 2 ═ 1

인덱스 0부터 2까지 3건임을 알 수 있다.

MEMO

MEMO

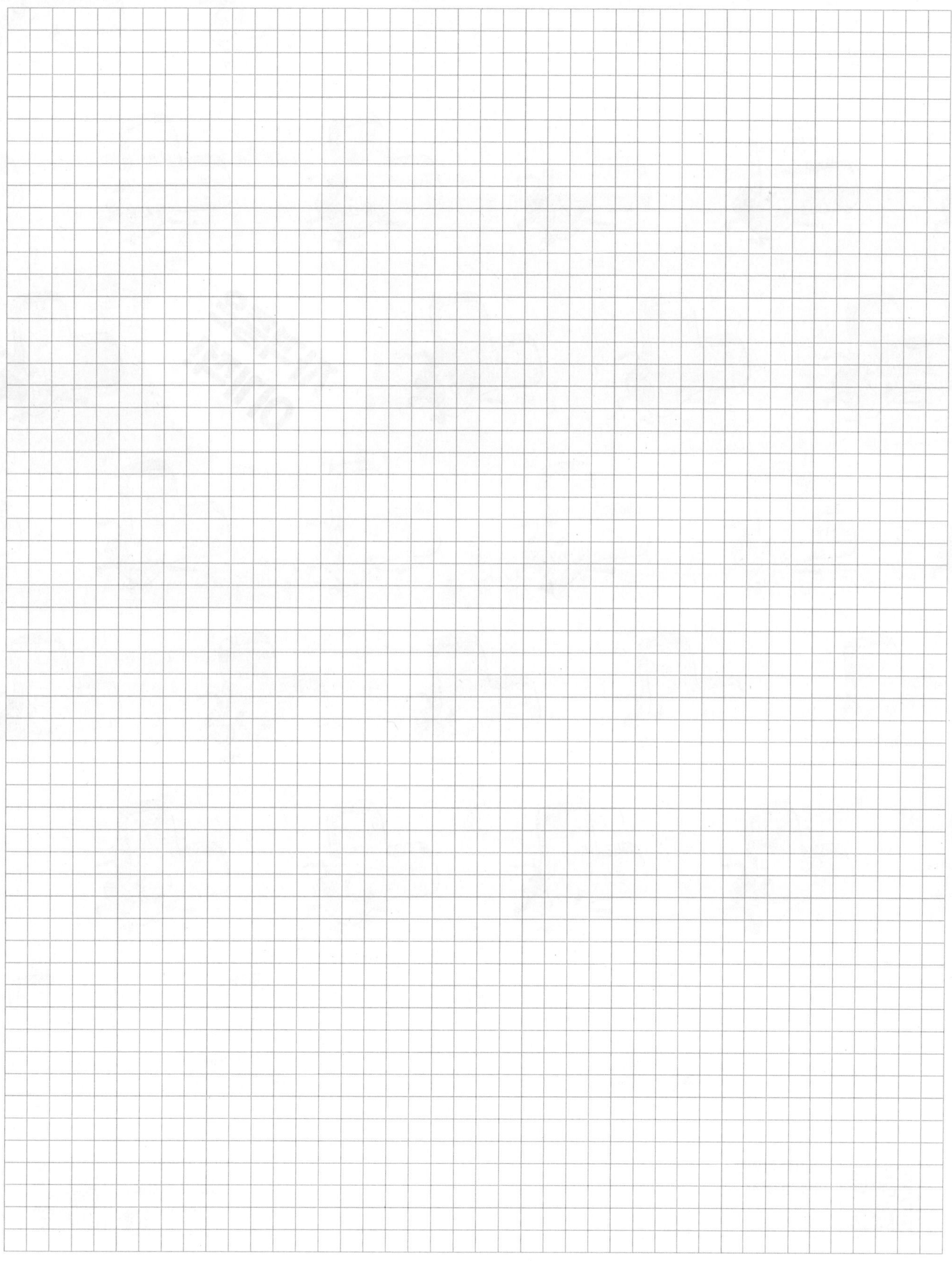

자격증은
이기쩍!

이기적 강의는
무조건 0원!
이기적 영진닷컴

공부하다가
궁금한 사항은?
이기적 스터디 카페